DOCUMENS HISTORIQUES

OU

DISCOURS

« Un corps moral, comme un autre corps, ne peut prospérer qu'autant
« qu'il est régi et qu'il se développe conformément à sa Constitution
« naturelle. .... Il n'est pas même besoin de contrarier essentiellement
« la nature d'une institution pour faire naître une cause de dissolu-
« tion : il suffit qu'elle soit régie d'une manière moins naturelle. »

(*Lettre pastorale de monseigneur l'archevêque de Paris,* 1842).

DOCUMENS HISTORIQUES

OU

DISCOURS

DE

M. LE M^{IS} DE DREUX-BRÉZÉ

PAIR DE FRANCE

PRÉCÉDÉS D'UN AVERTISSEMENT
ET D'UNE INTRODUCTION SUR LES CONSTITUTIONS

PAR

M. A. DELAFOREST

TOME PREMIER

PARIS
LIBRAIRIE DE CHARLES GOSSELIN,
ÉDITEUR DE LA BIBLIOTHÈQUE D'ÉLITE
50 RUE JACOB

M DCCC XLII

AVERTISSEMENT.

De nos jours, l'histoire a acquis un degré de certitude, d'intérêt et d'agrément qu'elle ne possédait pas naguère. Ce n'est point au seul mérite des écrivains qu'il convient d'attribuer ce progrès, favorisé par le goût public. Les historiens modernes n'ont peut-être pas plus d'érudition consciencieuse, d'aperçus ingénieux et de talent de style que leurs devanciers; cependant, on doit le dire, et à peu de chose près, les histoires générales ou privées qui ont été publiées de notre temps, sous quelque forme que ce soit, et quelle qu'ait été la pensée politique de leurs auteurs, offrent plus d'importance et d'attrait que la plupart des livres historiques des temps précédents.

Ce qui semble avoir donné aux historiens modernes estimables quelque avantage sur les historiens antérieurs estimés, c'est l'indépendance avec laquelle ils ont écrit, et j'ajoute avec laquelle ils ont pu écrire; c'est surtout la connaissance des *mémoires* composés, aux époques mêmes de l'accomplissement des faits, par des hommes qui avaient vu les événements ou qui y avaient pris une part personnelle. Depuis cinquante ans, la publication des mémoires *complets* a été complète elle-même, et elle a fourni une carrière de matériaux réels, animés, si on peut le dire, dans laquelle les historiens et le public ont pu s'inspirer et puiser à loisir. La franchise et l'originalité des chroniques se sont communiquées aux écrivains qui étudiaient ces annales particulières, et se sont reflétées dans les histoires plus ou moins générales. Les principes des historiens modernes n'ont pas été les mêmes; le jour sous lequel ils se sont placés pour juger les hommes et les choses n'a pas été semblable; dans la manière de présenter les doctrines et les faits, chacun d'eux a apporté des préjugés, des lumières, des sentiments divers; mais cette diversité même, inévitable effet de la chaleur des opinions, du choc des partis et de la liberté de la presse, a jeté, sur l'étude et les lectures historiques, un intérêt et un éclat qu'elles n'avaient pas précédemment. Quand le burin de l'histoire est tombé des mains privilégiées de l'*historiographie;* quand, libéré de la censure officielle, chacun a pu se servir de ce burin pour raconter ses impressions et ses jugements; lorsque la critique a pu librement discuter les assertions et les systèmes, tout le monde a senti que la vérité historique apparaissait enfin.

Que résulte-t-il de cet aperçu de l'histoire et des historiens pris au point de vue de notre époque? Il en résulte, je crois, que, pour intéresser le public actuel, pour inspirer de la confiance aux lecteurs futurs, pour préparer aux historiens de l'avenir un choix de documents assurés, il faut écrire l'histoire pendant qu'elle se fait; il faut qu'elle soit écrite et publiée tandis que les choses et les personnes sont encore là, prêtes à certifier que l'historien a été véridique ou trompeur; il faut que la voix de celui qui proclame les faits contemporains soit élevée pour être entendue de tous, éloignée des clameurs de l'esprit de coterie et de parti, courageuse à toute occasion, modérée dans son expression pour commander la modération aux autres, raisonnable pour pénétrer et convaincre; il faut enfin que cette voix, déjà puissante par tous ces motifs, soit celle d'un homme de bien, que la considération publique environne et qui, par la nature et la sécurité de ses relations, par le sérieux de ses qualités et de ses mœurs, soit la meilleure garantie de la vérité de ses discours; car, selon l'orateur romain, ce n'est pas assez de bien dire, il faut bien faire, et la réunion de ces deux avantages est rare dans notre siècle, lequel souvent, à défaut de bonne conduite, se contente de belles paroles.

L'histoire de la révolution de 1830, ce nouvel épisode de la révolution française, n'a pas encore été écrite, c'est-à-dire recueillie et publiée. Elle s'enregistre tous les soirs dans les journaux, au milieu de tant de choses, qu'il est, aujourd'hui même, difficile de la suivre, et que, plus tard, il sera plus difficile encore de l'y retrouver et de la démêler. Les *mémoires* se préparent-ils ? tant mieux pour la postérité, qui, cependant, pourrait bien en être privée, car on peut douter qu'avec la liberté de la presse, les générations présentes, qui peuvent tout haut crier tout ce qu'elles veulent, se résignent à parler tout bas dans le secret de leurs confidences manuscrites. D'ailleurs, dans un pays de liberté parlementaire, si l'histoire se débite dans les lieux publics, si elle se libelle dans les journaux, elle se fait à la tribune. A cette sellette nationale viennent nécessairement se poser tous les faits et tous les personnages du temps qui, à titres divers, peuvent intéresser le pays et l'histoire. Là, presque tout se révèle, se dévoile, s'accomplit. Le surplus, si surplus il y a, ne se compose peut-être que de vagues propos et d'intrigues qui ne sont même pas toujours la petite pièce de la grande comédie. Là, toutes les vérités *vraies* se proclament, tous les secrets se disent. A quoi donc bon les *mémoires ?* Les procès-verbaux des débats législatifs deviennent, pour la postérité, les annales les plus authentiques et les plus complètes. L'histoire des peuples parleurs ne commence, en réalité, qu'au moment où s'ouvrent les chambres et où se lève le rideau de la tribune publique. C'est donc là qu'il faut la prendre, encore toute chaude de ses aveux obligés et de ses combats personnels. — « Nous « savons bien qu'à l'Assemblée constituante... c'é- « taient les principes mêmes qui étaient en jeu. De là

« l'intérêt que ces discussions gardent encore de nos
« jours... Il manque aux débats de nos chambres
« une seule chose, mais qui est tout : il manque l'in-
« térêt sérieux et grave qui vient des principes...
« Voilà pourquoi les discours d'aujourd'hui auront
« peu de durée, excepté ceux des orateurs qui, dans
« les questions particulières, visent à la question gé-
« nérale et aux principes (1). »

Cette tribune qu'il fallait choisir bien, cette voix élevée qu'il était nécessaire de faire entendre pour pouvoir écrire l'histoire parlementaire de la révolution de 1830, le public trouvera sans doute que nous avons eu le bonheur de les rencontrer, lorsque M. le marquis de Dreux-Brézé a bien voulu nous permettre de recueillir et de publier les discours que, depuis douze ans, il a prononcés à la chambre des pairs. Certainement le noble orateur n'est pas le seul qui, dans la carrière législative, ait fait retentir le cri de l'honneur, de la vérité, de la raison, du talent. Qui pourrait oublier la hauteur oratoire de M. de Fitz-James, la discussion calme et profonde de M. de Noailles, l'ardeur incessante et courageuse de M. Dubouchage? A la chambre des députés, MM. Hennequin, Dugabé, de Valmy, Béchard, n'ont pas manqué de répandre la lumière avec éclat et succès sur une grande partie des questions publiques et des faits occultes soulevés et produits par la révolution de 1830. Enfin, celui de tous

(1) *Journal des Débats* du 7 février 1842.

les hommes de la parole qui, par son admirable éloquence, s'est placé à la tête des plus puissants orateurs, M. Berryer, dans ses discours, a accumulé pour l'avenir les documents les plus heureux et les pages les plus brillantes. Mais déjà l'on a annoncé la publication de ses magnifiques inspirations; il ne nous était donc plus possible d'y recourir; et quant aux autres hommes politiques que nous citons plus haut, les uns n'ont point occupé la tribune depuis l'origine de la période révolutionnaire, les autres n'ont pas cru devoir traiter toutes les questions qui ont été agitées, et par conséquent le recueil de leurs discours eût présenté des lacunes historiques, et n'aurait pas offert aux lecteurs de nos jours et de l'avenir cette unité et ce complément indispensables dans le tableau et dans l'appréciation des faits de l'histoire.

Nous devons faire remarquer, en effet, que, dès premiers jours de la révolution de 1830 jusqu'à ce moment, M. de Brézé a pu occuper constamment la tribune, proclamer et discuter tous les faits, éclaircir les questions de doctrines et de personnes que l'esprit révolutionnaire soulevait et poursuivait, et qu'ainsi, dans le devoir que nous nous étions imposé, le recueil de ses discours répondait au but historique qu'il s'agissait d'atteindre.

Toute la vie de M. de Brézé n'y répondait pas moins. Non engagé, par son âge, dans les souvenirs de l'émigration; élevé, en partie, dans les écoles militaires et dans les camps de l'Empire; soldat échappé aux dernières guerres de Napoléon; ayant pu, tout en exerçant, sous la Restauration, l'une des grandes charges de la maison du roi, conserver l'indépendance d'opinions qui lui permettait d'étudier, avec la jeune génération, le développement des institutions et des principes de monarchie et de liberté; défenseur respectueux, mais ouvert, avant juillet 1830, et vis-à-vis de la royauté, de ces libertés qu'il regardait comme des priviléges nationaux, en même temps que, comme seule garantie de ces mêmes priviléges, il défendait le droit monarchique et héréditaire avec le dévouement inaltérable d'un sujet fidèle, M. de Brézé, repoussant à la fois la guerre civile et la guerre étrangère, n'a jamais été l'homme d'un parti quelconque, et, tout uni qu'il restait et qu'il reste à ses amis, on ne l'a jamais vu, dans ses actions comme dans ses discours, que l'homme des intérêts publics. Et ce que nous disons ici, d'autres avant nous l'ont déjà dit, sous toutes les bannières, sous toutes les formes.

M. de Brézé, cela est simple, a dû être et, en effet, a été déjà le sujet de plusieurs de ces notices biographiques que l'intérêt, la curiosité et, si l'on veut, la malignité de notre temps demande et accueille tous les jours avec un empressement qui accuse plutôt le secret besoin de dénigrer ce qui est célèbre que le désir de rendre hommage à qui le mérite : réelle et fatale disposition des peuples livrés aux ambitions de tous les partis, et par conséquent aux préjugés, aux médisances, aux calomnies de *l'opinion publique!*

M. de Brézé, toutefois, n'a pas eu à s'en plaindre ; et, au contraire, ces biographies contemporaines, dont les auteurs ont trop souvent oublié le précepte qui veut que l'on ait toujours des égards pour les vivants; ces biographies, disons-nous, et les réflexions des journaux sur les questions personnelles n'ont jamais présenté la vie publique et privée de M. de Brézé qu'avec des ménagements ou des éloges qui, d'ailleurs, nous semblent sincèrement dus à l'indépendance de ses opinions, à la politesse élevée de ses manières, à la simplicité grave et à la fois gracieuse de ses mœurs, à cet esprit de conciliation et de fermeté qui forme, selon nous, le trait distinctif et prédominant de son caractère, comme de sa conduite politique et de son talent parlementaire.

Mais si ces qualités réelles ont mérité à M. de Brézé l'heureuse exception d'échapper au dénigrement et à la calomnie si commune aux époques de dissensions publiques, il n'en faut pas moins tenir compte aux écrivains de tous les nuances qui ont parlé de lui avec une équité malheureusement oubliée vis-à-vis de beaucoup d'autres. Honneur à lui ! honneur à eux !

Nous venons de dire qu'on avait pu être facilement équitable envers M. de Brézé : c'est qu'en effet, par un concours de circonstances aussi favorables que naturelles, on n'a jamais eu à attendre ou à exiger de lui autre chose que ce qu'il a été, que ce qu'il a fait, que ce qu'il a dit. Alors même qu'on pourrait ne pas approuver ses actions ou ses paroles, il serait difficile de lui en faire un crime ou un reproche, les unes et les autres se trouvant, avec toute sa vie, dans une parfaite harmonie, et complétant la ligne de conduite, nette, droite, dégagée de fautes et de torts, qu'il n'a jamais cessé de suivre. Ce sont les prétentions mal fondées, les déviations de caractères, les contradictions de naissance, de position et de discours ; ce sont les disparates entre ce qu'on a été, ce qu'on aurait dû être et ce qu'on est, qui, le plus souvent, excitent, irritent et justifient les remarques, les critiques, les clameurs de l'opinion. Il y a des erreurs, des écarts, des passions, des *dissonances,* ou, quelquefois, seulement ce qu'on appelle des *malheurs* dans la vie de presque tous les hommes entourés de célébrité politique ; et alors ils en portent la peine ; et alors la voix publique, ou, pour dire plus vrai, la sévérité, la rigueur des jugements trouve à s'exercer avec quelque apparence de justice. Mais qu'on regarde d'aussi loin et d'aussi près que l'on voudra dans toute la carrière de M. de Brézé, et on verra que si la haine, l'envie, la calomnie, la médisance, n'ont point élevé leurs voix devant lui, c'est que, jusqu'ici du moins, elles auraient inutilement essayé de se faire écouter.

Quelque simple donc que puisse d'abord paraître cette réflexion, M. de Brézé est ce qu'il doit être, et de là vient, sans doute, ce qu'on a été, ce qu'on est pour lui. Nulle contradiction, en effet, ne se fait remarquer entre le *point de départ* de M. de Brézé et ses opinions, ses actes, ses discours; sur toutes choses, *foi lui est due,* si cette formule est ici permise, parce que rien n'autorise et ne conduit à suspecter la foi du noble orateur. Pourquoi la considération publique a-t-elle sans cesse environné M. de Brézé, et a-t-elle été s'accroissant en même temps que sa célébrité? C'est que, pour le dire une dernière fois, la vérité de ses paroles a été toujours en harmonie avec la vérité de ses faits, et la dignité de sa conduite d'accord avec la dignité du talent.

M. de Brézé n'a eu rien à envier ou à disputer à personne; aussi voit-on que personne ne lui dispute rien. Rien donc n'est plus facile que de présenter dans sa vérité la vie publique, et par conséquent l'éloge de M. de Brézé, sans que l'on s'en étonne et s'en offense, parce que cette vie simple, concordante, s'est complétement écoulée au grand jour, sous les yeux des contemporains.

Si M. de Brézé n'est pas et n'a jamais pu être

l'objet des suspicions élevées contre l'émigration et les émigrés, c'est que, par la date même et le lieu de sa naissance, le préjugé populaire était naturellement impossible à son égard (1).

S'il se montre le juste appréciateur des mœurs, des besoins, des mouvements de la société moderne, si l'on ne peut l'accuser de la condamner dans ses écarts, par amour du temps passé, ou de la louer dans ce qu'elle a de louable, pour s'en faire hypocritement l'ami, c'est que M. de Brézé a été élevé au milieu des générations actuelles, qu'il en connaît naturellement le faible et le fort, le mal et le bien (2).

S'il a été grand maître des cérémonies de France, s'il est membre de la pairie française, il n'a pas dû ces dignités à des services équivoques ou à des titres usurpés (3).

Quand il parle de courage et d'honneur militaire, de l'indépendance et de l'intégrité du territoire; quand il célèbre la gloire de nos armées et l'amour de la patrie; quand il réclame, pour les soldats de toutes les époques, les récompenses et les droits qui leur sont acquis, il en a le droit lui-même, puisqu'il a pris avec eux une large et bonne part aux

---

(1) Né le 13 décembre 1793, aux Andelys, département de l'Eure.
(2) Élève de l'École militaire de La Flèche.
(3) Il a succédé à M. le marquis de Dreux-Brézé, son père, dans la charge de grand maître des cérémonies de France, héréditaire dans la famille depuis deux cents ans.

combats de l'empire, à la discipline et à la bravoure de la garde royale (1). Sa noble familiarité dans les habitudes privées ne saurait être soupçonnée de quelque recherche affectée de popularité, puisqu'il a eu naturellement, ainsi, dans toutes les classes, dans les écoles, dans les camps, des amis que ses qualités et sa loyauté ont su toujours mériter, discerner et conserver.

Si M. de Brézé défend les intérêts de la propriété, s'il s'élève contre le poids et l'abus des contributions révolutionnaires, on doit l'écouter et on l'écoute avec confiance, car, là encore, il parle avec une juste autorité.

Ce n'est pas non plus avec l'ostentation d'un vain patronage que M. de Brézé réclame les encouragements du pouvoir, les ménagements du fisc, les avantages de la liberté en faveur du commerce, des industries et des classes ouvrières. Patriote sincère, selon les mouvements et les besoins du siècle, il s'est associé par ses capitaux et son administration personnelle, à des entreprises utiles et honorables pour notre pays.

Lorsque sa voix s'élève encore sur les grands intérêts de la religion et de l'église, la parole de M. de Brézé inspire également la confiance, parce

(1) Il a fait toutes les dernières campagnes de l'empire, comme officier de cavalerie. Il ne quitta l'armée qu'après l'entrée du roi à Paris; il fut ensuite aide de camp du maréchal Soult, puis capitaine dans les cuirassiers de la garde royale, et se retira en 1827 avec le grade de lieutenant-colonel.

que chacun rend hommage à la sincérité de ses convictions.

Si depuis la révolution de 1830, M. de Brézé s'est montré le défenseur des libertés promises, sans que personne ait pu loyalement élever le moindre doute sur la bonne foi de ses réclamations, c'est que ses *antécédents* politiques, quoique bien nouveaux encore, l'avaient déjà posé, en face de l'autorité légitime, comme gardien aussi fidèle que respectueux de toutes les garanties de libertés renfermées dans une Charte qu'il avait jurée sans avoir eu encore le droit de la juger (1).

(1) En 1830, le roi Charles X avait nommé M. de Brézé président du collége électoral d'Évreux (Eure). Déjà des bruits malveillants s'étaient répandus, et l'on répétait partout que le gouvernement voulait porter atteinte à la Charte. M. de Brézé, qui appartenait à cette nuance politique dont M. de Martignac était le représentant, alla trouver M. le comte de Peyronnet, alors ministre de l'Intérieur : « J'accepte, lui dit-il, la mission que le roi « vient de me confier ; mais je dois vous avertir que je crois de mon devoir « de me prononcer contre les bruits qui circulent, et de vous déclarer que je « combattrai de tout mon pouvoir les attaques contre la constitution. — Mon« sieur, répondit le ministre du roi, je vous remercie de votre franchise ; « mais soyez assuré qu'il n'y a, de notre part, aucune mauvaise pensée. Il y a « plus : je crois que, si le gouvernement voulait violer la constitution, il ne le « pourrait pas. » Au procès des ministres, et à leur décharge, M. de Brézé a rapporté cette conversation.

Voici le discours qu'il avait adressé aux électeurs d'Évreux :

Messieurs,

Appelé par la volonté du roi à l'honneur de présider ce collége, le premier besoin de mon cœur est de vous témoigner tout le prix que j'attache à cette faveur, précieuse pour moi, Messieurs, puisqu'elle m'associe plus particulièrement à des travaux que trois fois déjà j'ai partagés avec vous ; faveur doublement précieuse, s'il m'est permis de croire que mes titres, pour

Cette double fermeté de l'honneur envers le serment et de la fidélité respectueuse envers le souverain, c'est en la retrouvant dans les paroles et les actes politiques du noble pair, que toutes les opinions semblent se plaire à la reconnaître et à l'honorer. Elle ne s'est point démentie, en effet, dans les jours difficiles, et la publicité que nous donnons de nouveau, aujourd'hui, à quelques détails politiques,

l'obtenir, ont pu être mon attachement à ce département, et le désir bien vif de concourir par tous mes efforts à sa prospérité.

Au milieu des graves circonstances qui nous réunissent, il peut être utile, Messieurs, de reporter un moment ses regards en arrière, pour mieux apprécier le présent. Après les fléaux prolongés d'une guerre ruineuse et sanglante, seize années d'une paix qu'ont à peine interrompues une marche triomphante, au nom de la légitimité, et une brillante expédition qui vient de venger l'honneur français; à la place du silence de l'oppression et de la souffrance, une libre manifestation donnée aux sentiments de la nation, dont les vœux sont entendus, dont les besoins sont connus; la religion de nos pères respectée au milieu de la liberté de tous les cultes; les propriétés devenues inviolables; enfin une telle activité communiquée à chaque branche d'industrie et de commerce, que, depuis quelques années, elle pénètre dans toutes les classes de la société, en y répandant l'aisance et la lumière, et que si nous souffrons quelquefois, c'est de la rapidité même du mouvement qui nous entraîne : voilà, Messieurs, des biens dont nous jouissons, dont nous sommes fiers, sans réfléchir peut-être assez qu'ils sont nés sans efforts, et qu'ils sont les fruits naturels de la puissante action des trois pouvoirs concourant en commun à la prospérité publique. Tremblons d'interrompre un si glorieux état! Que nous reste-t-il à désirer? si ce n'est de suivre la route dans laquelle nous avons obtenu de si grands bienfaits, de voir s'affermir chaque jour des institutions à l'ombre desquelles nous avons grandi, de fermer pour jamais la porte des révolutions par lesquelles tout se brise et tout périt.

Messieurs, la franchise est de même origine que nos Bourbons : elle est toute française. Nous venons d'entendre notre roi proclamer avec une solennité nouvelle son inébranlable volonté *de maintenir la Charte et les institutions qu'elle a fondées*. La coopération des chambres lui est nécessaire pour continuer à travailler au bonheur de ses peuples, conquête la plus digne de

peu connus mais certains, doit ajouter encore à l'estime dont l'opinion publique entoure M. de Brézé (1).

Enfin, et retenu dans le cercle d'une soumission légale, si, depuis 1830, M. de Brézé repousse l'insurrection, quelle que soit la couleur qu'elle arbore, c'est qu'en même temps il parle d'exemple : les organes

son noble cœur; ce ne peut être en vain que le roi en ait appelé à la loyauté de ses sujets. Aimons la France, Messieurs, et par conséquent soutenons le trône qui l'a placée la première entre les nations. Aimons nos institutions, et par conséquent affermissons cette royale puissance dont elles émanent. *Malheur aux agresseurs, ils seraient les auteurs des maux qu'entraînerait leur coupable aveuglement!*

Écartant ces inquiétudes, nous procéderons avec calme et conscience au choix de ceux qui doivent être les représentants de ce département. Nous serons unis afin d'être forts, et par ce motif, nous n'hésiterons pas à faire au bien public l'hommage complet de tout sentiment personnel d'affection, s'il devait nuire à l'intérêt général. Nous dirons à nos mandataires : Vous devez défendre les libertés publiques, mais n'oubliez pas qu'elles ne peuvent subsister sans le pouvoir auguste dont elles découlent ; et plus la source sera puissante et élevée, plus le fleuve qui en descend sera large et fécond. Vous soutiendrez les intérêts des contribuables, mais les prérogatives de la couronne si indispensables au repos et au bonheur de la France, ne vous seront pas moins sacrées :

VIVE LE ROI !!!

(1) Le vendredi, 31 juillet 1830, une réunion de pairs eut lieu dans un des salons du rez-de-chaussée du Luxembourg. Elle devait recevoir la communication de la chambre des députés relative à la lieutenance-générale du royaume qui venait d'être conférée à M. le duc d'Orléans. — Les commissaires de la chambre élective étaient MM. Hyde de Neuville, Guizot et Sébastiani.

M. Guizot parla le premier. Après avoir fait un sombre tableau de la situation de la capitale et de l'irritation des esprits, il demanda l'adoption immédiate, par la chambre des pairs, de la résolution prise par MM. les députés de déférer au prince le titre de lieutenant-général.

M. le vicomte de Chateaubriand s'éleva avec une chaleureuse éloquence contre cette proposition, et déclara qu'il ne reconnaîtrait à M. le duc d'Orléans le titre de lieutenant-général du royaume que dans le cas où l'ordonnance

même du pouvoir ont été forcés de le reconnaître en plus d'une circonstance (1).

qui annoncerait sa nomination aux habitants de Paris, serait revêtue de la signature du roi Charles X.

M. Sébastiani combattit l'opinion de M. de Chateaubriand, et dit que le nom du roi soulèverait plus vivement l'exaspération populaire.

M. Hyde de Neuville parla dans le même sens que M. de Chateaubriand.

M. de Brézé prit la parole à son tour et dit, à peu près dans les termes suivants :

« Je partage tous les sentiments qui viennent d'être si bien exprimés par
« M. de Chateaubriand et M. Hyde de Neuville ; mais je ne saurais m'empê-
« cher de reconnaître la réalité des assertions de M. Guizot et de M. le
« général Sébastiani. Oui, le nom sacré du roi, qui, en toute occasion, doit
« être l'objet de nos respects et de nos hommages, placé aujourd'hui au bas
« de l'ordonnance par laquelle on annoncerait la nomination de M. le duc
« d'Orléans à la lieutenance-générale du royaume, loin de calmer l'irritation
« des esprits, ne ferait, selon moi, que l'accroître encore ; mais, Messieurs,
« le sort de la France ne saurait se décider dans la rue et par l'insurrection ;
« c'est seulement par l'union des deux chambres avec le prince investi de la
« faveur populaire, qu'il est possible de résoudre les difficultés dans lesquelles
« de nombreuses fautes nous ont placés. C'est dans le sein des pouvoirs pu-
« blics que la grave question qui nous occupe doit être décidée. Or, pour ma
« part, convaincu comme je le suis, que, dans la situation présente, M. le
« duc d'Orléans seul peut sauver la France, je n'hésiterai pas à le reconnaître,
« dès aujourd'hui, comme lieutenant-général du royaume, si l'on veut nous
« donner l'assurance que le prince déclarera demain au palais Bourbon, de-
« vant les deux chambres, qu'il n'acceptera cette dignité qu'avec la ferme
« volonté d'user des pouvoirs qu'elle lui confère *dans la limite de ses devoirs*
« *et de la constitution.* Ainsi se trouveraient conciliés tous les intérêts. La
« signature du roi ne sera pas profanée ; l'irritation populaire ne recevra pas
« un aliment nouveau, et les attributions du lieutenant-général ainsi déter-
« minées, sa nomination sera revêtue publiquement par les chambres, et de
« l'aveu même de M. le duc d'Orléans, de la sanction qui lui est indispen-
« sable. »

Dans la séance du 9 août, M. de Brézé, décidé à rester à la chambre des pairs, pour y soutenir ses convictions et défendre les intérêts généraux, prêta le serment qui fut exigé alors, parce que, ajouta-t-il en le prêtant, « *dans la
« situation des choses, c'est le seul moyen de contribuer au salut de la
« patrie.* »

(1) Une visite domiciliaire avait été faite au château de Brézé, en l'ab-

Voilà ce qui fait comprendre cette sorte d'unanimité de l'opinion publique sur M. de Brézé, l'accueil sence du propriétaire, dans le mois de septembre 1832, et avec le déploiement et l'éclat de forces militaires considérables. Elle ne produisit, bien entendu, aucun résultat. A cette occasion, M. le marquis de Dreux-Brézé adressa à M. de Montalivet la lettre suivante, publiée à cette époque par presque tous les journaux :

« Monsieur le comte,

« Je ne saurais croire que l'autorité administrative et judiciaire puisse se
« permettre d'envahir le domicile d'un pair de France avec cent hommes de
« troupes et une escouade de gendarmes sans un ordre émané du ministre de
« l'intérieur.

« Vous trouverez donc tout simple que je m'adresse directement à vous
« pour vous demander les motifs de la perquisition qui vient d'avoir lieu
« dans mon habitation de Brézé, près de Saumur.

« En attendant votre réponse, il m'est permis de supposer que vous avez
« voulu vous venger ainsi de mon opposition parlementaire.

« Vous n'ignorez pas, Monsieur le comte, que je ne conspire point, et que
« j'ai l'habitude de penser tout haut. Vous savez très-bien que je déplore
« la guerre civile autant que qui se soit, et que, sincère ami de la liberté, je
« comprends trop bien l'époque où je vis pour demander le triomphe de
« mes opinions politiques à la violence ; mais je l'attends du temps et de la
« conviction générale.

« En me persécutant, en cherchant à appeler la vindicte publique sur un
« citoyen paisible, voudriez-vous caresser une opinion menaçante à laquelle
« la puissance ministérielle se croit, de temps en temps, obligée d'offrir un
« holocauste en réparation de ses rigueurs à son égard ? — Je vous plaindrais
« d'en être réduit à employer d'aussi misérables moyens de gouvernement.

« Qu'est-il résulté de la visite domiciliaire que vous avez ordonné de faire
« chez moi ? rien, absolument rien. Les hommes à qui (à leur grand regret,
« j'en suis convaincu) vous imposez le triste rôle d'inquisiteurs, ont été
« obligés de s'en retourner avec leur armée, sans avoir pu rapporter le plus petit
« trophée. De cette campagne, il ne reviendra donc au pouvoir que le ridi-
« cule d'une mystification et l'odieux qui s'attache invinciblement à un acte
« illégal et vexatoire.

« L'inutile essai de ces mesures arbitraires envers mes nobles amis poli-
« tiques, MM. de Chateaubriand, de Fitz-James, Hyde de Neuville, n'aurait-
« il pas dû faire abandonner un semblable système ?

qu'elle a toujours fait à ses discours. Pourrions-nous, dans une autre vie et dans d'autres documents, chercher et trouver, plus honorables et mieux écrits, l'historien et l'histoire de notre temps? Nous ne le croyons pas, et d'ailleurs, par un rapprochement qui ne doit point échapper à la sagacité politique,

« Puisque vous avez trouvé convenable d'appeler sur moi, dans mon dé-
« partement, l'attention publique par une rigueur inconstitutionnelle, sur-
« tout après la levée de l'état de siége, vous ne serez pas surpris que je donne
« à cette lettre la publicité que j'invoquerai toujours sur ma conduite.

« Agréez, Monsieur le comte, etc., etc.

« Marquis de DREUX-BRÉZÉ.

« Aix-les-Bains, 18 septembre, 1832. »

A la suite de toutes ces violences de l'autorité, et dans la session de 1833, après une discussion fort vive avec M. d'Argout sur les vexations commises dans la Vendée, M. de Brézé s'était engagé à la tribune et envers M. le ministre de la guerre (le maréchal Soult) à rapporter la preuve de tous les faits arbitraires qu'il avait dénoncés à la France. Le noble pair tint parole, et les journaux de cette année donnent, sur l'envoi officiel qu'il leur en fit, la nomenclature de 310 actes illégaux. C'est alors que la Vendée fit frapper une médaille d'or, d'argent et de bronze, pour conserver le souvenir des efforts et des discours courageux de M. de Brézé en faveur de ce malheureux pays, et aussi le témoignage de la reconnaissance qu'elle en conservait. Sur le revers de cette médaille, on lit : « *Séance de la chambre des pairs du 4 juin 1833. — Hommage de la Vendée à son défenseur.* » En remettant cette médaille à M. de Brézé, au nom de la Vendée, le chef de la députation qui avait été chargée de la lui offrir, lui adressa le dicours suivant :

« NOBLE PAIR »,

« Nous avons l'honneur d'offrir à Votre Seigneurie, au nom de la Vendée,
« un gage d'affection et de reconnaissance. Vous avez énergiquement flétri
« les actes d'arbitraire et d'illégalité dont elle a été la victime, en même
« temps que vous lui avez donné place dans une de ces belles harangues où
« sont si admirablement développées vos doctrines politiques et sociales.

le nom de M. de Brézé, qui appartient à l'histoire actuelle, se lie encore à la révolution de 89, dont la révolution de 1830 semble être le dernier acte. Quoique Mirabeau n'ait pas osé tenir au grand-maître des cérémonies de Louis XVI le propos que lui ont prêté les annales révolutionnaires, c'est pourtant dans cette journée du 23 juin 1789 que l'orateur

« C'est une bien noble tâche que vous avez remplie au détriment d'une santé dont le rétablissement fait le bonheur de vos amis et même de vos adversaires politiques. Tous espèrent entendre bientôt votre voix vraiment nationale. A elle, il appartient de faire triompher la vérité, et de ramener le pays dans la voie dont on voudrait l'éloigner.

« La gratitude de vos concitoyens vous est à jamais acquise ; mais la Vendée, impatiente de témoigner la sienne par un hommage civique, dont vous êtes digne à tant de titres, a voulu perpétuer, par cette médaille, le souvenir de votre généreuse éloquence.

« Permettez-moi de trouver, dans l'honneur d'être l'interprète de sa députation auprès de vous, la plus douce récompense de tous nos efforts pour sa sainte cause. »

A ce discours (15 juillet 1835), et à peine remis d'une longue et douloureuse maladie qui l'avait forcé à s'absenter pendant une partie de l'année 1834, M. de Brézé répondit à peu près dans ces termes :

« Nous ne sommes pas dans un temps où l'on puisse toujours espérer la récompense d'une conduite consciencieuse ; aussi, je ne saurais trop vous exprimer ma gratitude pour l'honneur que vous me faites aujourd'hui. En signalant les actes odieux, abominables, dont la Vendée a été la victime, je n'ai fait que remplir un devoir de justice et d'humanité. Je m'étonne que, parmi ceux qui professent des doctrines de liberté, pas une voix ne se soit élevée contre tant de mesures arbitraires. Je suis monté à la tribune, preuves en main, car j'avais réuni plus de trois cents faits de vexations et d'illégalités, qui ont démontré que nos réclamations en faveur de ce malheureux pays n'étaient que trop fondées. Je serai fier toute ma vie du témoignage d'affection que la Vendée veut bien me donner. Soyez assurés, Messieurs, et dites-le lui bien, que ses intérêts me seront toujours chers, et qu'en tout temps, en toute circonstance, je ne cesserai de me glorifier du titre de son défenseur, qu'elle vient de me donner d'une manière si flatteuse pour moi. »

marseillais méconnut l'envoyé du roi, qu'il déchira par là le mandat qu'il avait reçu des électeurs de la Provence, et qu'il foula ainsi aux pieds la déclaration de Louis XVI, cette véritable constitution nationale, puisqu'elle était la consécration des vœux et des libertés de tous les Français. Par ce crime de lèse-nation, Mirabeau jeta notre pays dans l'abîme de toutes les folies *constituantes* où se précipitèrent successivement les fondateurs des constitutions qui, depuis, ont opprimé la France et qui lui ont ravi les franchises que nos aïeux avaient obtenues de nos rois.

Ce que le député de Louis XVI n'a pu répondre alors au député de la Provence, son fils l'a dit plus tard. Depuis douze ans, depuis qu'il lui a été possible de faire entendre sa voix dans les assemblées publiques, M. de Brézé n'a cessé de demander raison à Mirabeau de son insolente usurpation et des malheurs de la France ; il n'a cessé de demander à Mirabeau, dans la personne des constituants de 1830, le rétablissement d'une représentation réelle et la restitution des droits nationaux à tous ceux qui participent aux charges de la patrie. N'est-il pas curieux, n'est-il pas instructif, n'est-il pas providentiel que ce soit sous la parole et les yeux du fils que vienne expirer la révolte soulevée en présence du père et que tous les deux se trouvent, l'un au commencement, l'autre à la fin d'une révolution de même nature, celui-là pour protester contre elle, celui-ci pour la venger (1).

Les discours de l'orateur de la Chambre des pairs sont la lumière et le développement historiques de toute cette situation. Voilà l'histoire, comme nous l'entendons, nationale, authentique, animée, s'offrant d'elle-même à la contradiction ou à l'approbation publique pour l'explication du passé, pour l'enseignement du présent et de l'avenir.

(1) Au refus de Mirabeau de recevoir les ordres du roi, M. le marquis de Brézé avait répondu : « Je reconnais en M. de Mirabeau le député du bailliage d'Aix, mais non l'organe de l'Assemblée. »

INTRODUCTION.

I.

Il n'y a point d'effet sans cause. La vérité de cette maxime n'est contestée par personne, probablement; et toutefois, ceux-là mêmes qui en proclament la justesse n'en tiennent bien souvent aucun compte lorsqu'il s'agit de l'appliquer aux faits de l'histoire et aux mouvements des sociétés.

Pour beaucoup d'esprits vulgaires, illogiques ou intéressés dans les événements contemporains, il est, sans doute, plus facile de prendre les choses comme elles se présentent, sans en chercher l'origine ; il est plus facile, aussi, de les accommoder aux passions et aux besoins du moment, sans attention à ce qui les a produit et sans prévoyance de ce qu'elles doivent produire.

Pour quelques autres, aveugles, sophistes ou incrédules, une nation n'est point soumise à ces lois morales et mathématiques, à cet enchaînement des principes et des faits qui régissent les opérations d'un certain ordre de choses et d'après lesquels seulement on doit raisonner et juger.

Cependant, ces mêmes esprits n'oseraient nier que la destinée de chaque homme est liée au fait et au principe de son existence, aux conditions physiques et sociales qui ont présidé à sa naissance, à son éducation, à sa fortune, au développement successif de ses actions et de son intelligence.

Et qu'est-ce donc qu'une nation, sinon le composé de toutes les familles, qui, elles-mêmes, ne se composent que d'individus?

Une nation, c'est donc un homme; et comme lui, dès lors, une nation dépend donc de toutes les conditions de son origine, de son territoire, de sa religion, de ses mœurs, de ses intérêts toujours liés aux intérêts antérieurs. En d'autres termes, le malaise ou la prospérité, le repos ou l'agitation d'une société sont soumis aux lois de sa nature et des institutions sous l'empire desquelles ont été formés les rapports des familles et des hommes entre eux.

Or, depuis cinquante ans, la nation française est livrée à des troubles de toute nature qui affectent également son intelligence, ses mœurs et ses intérêts.

Nul ne peut nier ces faits et ces effets. Quelle en est donc la cause?

Ne serait-ce pas que la *constitution* de la France est troublée et que cette pertubation dans les conditions essentielles de son existence produit tous les phénomènes, toutes les agitations, tous les désordres physiques et moraux, dont nous et nos pères, nous avons été les témoins et les victimes.

Cette première question entraîne naturellement celle-ci: Quelle est donc la *Constitution* de la nation française?

Est-ce la Charte de 1830?

Est-ce la Charte de 1814?

Est-ce la Constitution impériale?

Est-ce la Constitution consulaire?

Est-ce la Constitution du Directoire?

Est-ce la Constitution de la Convention?

Est-ce la Constitution de l'Assemblée Constituante?

Qui dit: nation, dit: société organisée, peuple *constitué*, ayant un état politique qui assure, dans tous les rapports réciproques, généraux et privés, les garanties de paix, de liberté, de bonne intelligence, de puissance et de bonheur, sans lesquelles un peuple ne saurait exister.

Or, c'est un fait, incontesté et vraiment incontestable, que, sous l'empire de ces actes *constituants* ou *constitutifs*, énumérés plus haut, la société française a eu à subir la banqueroute, l'anarchie, l'usurpation, le despotisme, l'invasion étrangère, l'insurrection, la guerre civile, ramassés, dans le court espace d'un demi-siècle, par la division constante des partis que ces actes ont créés. La rapidité de leurs proclamations et de leurs chutes ne permet à aucun esprit sensé de reconnaître dans ces actes un caractère respectable de nationalité, d'authenticité et d'autorité.

Il semble donc résulter invinciblement, de cet état, en quelque sorte permanent, de révolution plus ou moins intense, qu'aucune de ces constitutions n'était la vraie constitution de la France.

Qu'est-ce que la constitution d'un pays?

C'est l'état naturel et nécessaire d'un peuple; c'est le résultat authentique et prolongé de sa formation primitive; c'est la situation politique produite par son territoire, sa religion, ses alliances; c'est l'ensemble des lois qui, depuis l'origine de son établissement, ont *constitué* ses familles, gouverné ses rapports publics, régi ses mœurs, administré ses intérêts et favorisé les relations de ce pays avec les autres peuples.

Comment l'existence de cette constitution peut-elle être reconnue et prouvée?

Par la consécration du temps, par ses actes écrits et traditionnels, par la masse des faits historiques, par les traités nationaux, par l'assentiment de la nation réunie dans des assemblées générales.

Dans ces questions et dans ces réponses, on n'accusera sans doute ni la bonne foi ni la simplicité des propositions et des termes.

Alors ne suffit-il pas, en quelque sorte, que la question de constitution française, antérieure à 1791, soit ainsi posée pour être affirmativement résolue?

Car nul ne saurait nier que, depuis quatorze siècles, la France a successivement développé un magnifique système de civilisation; que, selon les temps et leurs progrès naturels, elle a assuré tous les établissements qui étaient nécessaires à son génie et à ses intérêts, par l'ensemble et la succession de ses rois, de ses lois, de ses édits, de ses ordonnances, de ses guerres, de ses actes commerciaux et diplomatiques, de ses cours de justice, de ses administrations ou assemblées municipales, provinciales et générales ?

Et puisque c'est infailliblement à ces caractères que l'on doit reconnaître l'existence réelle et les bienfaits progressifs d'une constitution nationale, la France qui présentait, avant 1791, un état territorial, religieux et politique, ainsi constitué, possédait donc une constitution ?

Si l'on demande ensuite ce qui résultait effectivement de cette constitution, dans le sens de la liberté ou des libertés publiques, comme on l'entend aujourd'hui, nous répondrions aussitôt par les faits suivants :

1° Liberté d'élection aux fonctions municipales par tous les contribuables ;

2° Liberté d'association pour toutes les professions ;

3° Liberté d'enseignement ;

4° Liberté des déplacements individuels sans passeports à l'intérieur ;

5° Liberté des corporations ;

6° Liberté qui renfermait toutes les libertés privées, celle de l'administration de la commune, de la cité, de la province, au moyen d'officiers municipaux, consuls, capitouls, échevins, qui étaient élus par tous les citoyens inscrits aux rôles des impôts, des milices et des corporations ;

7° Enfin, liberté qui comprenait toutes les autres

libertés publiques et venait les affermir : liberté des assemblées provinciales et des états-généraux ou assemblées générales dans lesquelles l'impôt particulier de la province et l'impôt total de la France étaient discutés, accordés, répartis, contrôlés par des députés à l'élection desquels l'universalité des contribuables avait également participé selon les formes et les moyens du temps, et qui, néanmoins, avaient toujours pour bases les instructions et les mandats des électeurs aux députés.

N'est-ce pas là, franchement, un établissement *constitutionel* de libertés politiques et pratiques qui pourrait satisfaire les plus difficiles ? Et si l'on veut bien ajouter à cette esquisse de la constitution française, la liberté du souverain, nécessaire pour l'unité du gouvernement et constituée par le droit de succession ainsi que par l'indépendance des revenus royaux ; la liberté du clergé constituée par des possessions territoriales ; la liberté des magistrats constituée par la nature même des cours de justice bien ou mal formées, on sera, sans doute, forcé de convenir que la constitution de la France n'était pas trop illibérale.

Demandera-t-on les titres et la preuve de ces libertés et de la jouissance de ces droits contenus et agissants dans l'ancienne et véritable constitution française ? La question pourrait sembler dérisoire ; mais nous y répondrons sérieusement, comme ce philosophe marchant devant un incrédule qui niait le mouvement, et nous dirons d'abord : N'est-ce point un irréfragable axiome de jurisprudence que la possession se prouve par la possession, *possideo quia possideo?* Et puisque la France jouissait de ces droits et de ces libertés, n'est-ce pas la preuve qu'elle les possédait ?

Puis, parcourez les archives des villes et des provinces ; à moins qu'ils n'aient été détruits par l'anarchie, partout vous trouverez les titres qui garantissaient à nos pères ces libertés et ces droits.

N'est-ce point assez ? voulez-vous des dates et des textes ? voulez-vous en connaître l'origine, l'application et les effets ? ouvrez les capitulaires de Charlemagne, les ordonnances de saint Louis, de Louis-le-Hutin, des Philippes, des Charles, de Louis XI, de Louis XII, de Louis XIII, de Louis XVI. Lisez les chroniques des champs de mars, des champs de mai, des états-généraux ; lisez les Mémoires de Christine de Pisan, de Philippe de Comines, de Sully, du cardinal de Retz, du marquis de Ferrières ; lisez l'Introduction à l'histoire de Charles-Quint, par Robertson ; l'Histoire de France, de Mézeray, l'Histoire du droit municipal, de Raynouard ; l'Histoire des Sessions de 1815 et 1816, par Fiévée ; les États de Languedoc, par M. Trouvé ; l'Histoire de la Fronde, par M. de Saint-Aulaire ; la Restauration de la société française, par M. de Lourdoueix ; l'Essai sur la Centralisation administrative, par M. Béchard ; le Petit Thalamus, ou Archives de Montpellier, publiées par une *Société d'antiquaires et d'archéologues*, et vous ne pourrez plus douter ni de l'existence de la Constitution française, avant 1791, ni des libertés générales, particulières et réelles dont notre pays était en possession.

« Cela ne suffit point encore, » diront peut-être quelques esprits inéclairés ou prévenus. Il a été établi précédemment (pag. 26), « qu'un des caractères « essentiels d'une constitution nationale résidait « dans la reconnaissance de cette constitution par « la nation réunie en assemblées générales. Il faut « donc fournir la preuve matérielle que la constitu- « tion antérieure à 1791 avait reçu cette sanction. »

Rien n'est plus facile assurément ; car, outre les autres preuves que l'histoire détaillée fournit abondamment, ce sont les faits eux-mêmes qui démontrent cette vérité.

Mais il est bon de remarquer et de constater ici que la constitution de la monarchie française, depuis son origine jusqu'au xixe siècle, repose entièrement sur ces deux principes inséparables : l'un, l'hérédité de la couronne de mâle en mâle, par ordre de primogéniture, à l'exclusion des femmes ; l'autre, le vote libre de l'impôt, exprimé par les états-généraux, ou, comme on le disait plus haut, assemblées générales des députés élus par tous les ayants-droit. C'est à l'un et à l'autre de ces principes constitutifs de notre société politique, créateurs et conservateurs de sa liberté, de son bien-être et de sa gloire, que viennent se rattacher exclusivement tous les faits militaires, législatifs, financiers, administratifs et judiciaires de la France. Ces deux principes forment à la fois la base et le résumé de la constitution française, ou, pour mieux dire, ils sont la constitution nationale elle-même.

Eh bien ! maintenant, et sans qu'il soit besoin de remonter plus avant dans les siècles, l'ignorance, le sophisme ou le préjugé ne peuvent aller jusqu'à ne pas savoir ou jusqu'à nier que, depuis l'an 987, notre nation a été gouvernée par une seule race de rois, successeurs les uns des autres, selon la loi d'hérédité légitime, de mâle en mâle, par ordre de primogéniture et à l'exclusion des femmes (1). Ce fait incontestable, qui a duré pendant neuf siècles et duquel trente rois sont sortis sans interruption, ne prouve-t-il pas complétement que l'hérédité monarchique était le premier principe de la constitution française, et que c'est à l'aide et à la faveur de ce principe et de ces rois que se sont formés les libertés et les droits publics inhérents à cette constitution?

Puis, concurremment avec le développement séculaire de ce principe monarchique, n'est-ce pas un fait également incontestable que les assemblées des champs de mars et de mai convertis en états-généraux? (2) Faut-il rappeler le fait chronologique et

---

(1) Pendant toute la première race, la couronne de France n'avait été portée que par les descendants de Clovis, à la vérité, sans droit d'aînesse et avec partage. Elle fut possédée de même sous la deuxième race, par les enfants de Pepin..... Enfin, sous la troisième race, le droit successif héréditaire s'est si bien établi, *que les rois ne sont plus les maîtres de déranger l'ordre de la succession.* (*Le président Hénault.*)

(2) « Les assemblées générales de la nation furent fréquentes sous les rois de la première et de la seconde race, » dit *la France pittoresque*, chap. statistique politique et administrative.

matériel, les dates des principales de ces assemblées sous la troisième race?

1307 et 1313, sous Philippe-le-Bel;
1315, sous Louis-le-Hutin;
1321, sous Philippe-le-Long;
1328, sous Philippe de Valois;
1355, 1356, 1357, sous le roi Jean;
1380, sous Charles VI;
1468, sous Louis XI;
1483, sous Charles VIII;
1505, 1506 et 1507, sous Louis XII;
1526, sous François Ier;
1558, sous Henri II;
1560 et 1561, sous Charles IX;
1576 et 1588, sous Henri III;
1614, sous Louis XIII.

Or, puisque dans les formes consacrées alors et que nous rappellerons plus bas, ces assemblées se réunissaient à l'appel des rois de France; puisqu'elles leur accordaient des impôts; puisqu'elles discutaient les traités; puisqu'elles décidaient de la régence et des conditions relatives aux droits héréditaires de la couronne, n'est-ce pas la preuve qu'elles reconnaissaient l'hérédité monarchique comme le principe de la constitution nationale, et le maintien de ce principe comme nécessaire au salut public?

Et, puisque les rois convoquaient ces assemblées et leur soumettaient les questions de subsides, d'alliances, de mariages, de succession et de législation, n'est-ce pas la preuve que le vote de l'impôt et l'intervention du peuple, par ses libres représentants, formaient l'autre principe de la constitution nationale dont le maintien, aux yeux des rois, était également nécessaire au bien général ?

Enfin, de la réunion de ces deux faits incontestables, ne résulte-t-il pas la preuve la plus claire, la plus authentique, la plus complète, que cette constitution et les développements successifs qu'elle produisait avaient reçu, outre la consécration du temps, la sanction continuelle et réitérée de la nation réunie en assemblées générales, caractères indispensables de tout véritable état politique d'un peuple ?

Tout homme de France et de bonne foi, de bon sens et de raison, est donc obligé de reconnaître que telle était la vraie et glorieuse constitution de notre pays ; et alors il est également juste, raisonnable et salutaire de conclure :

1° Que la nation française étant née, s'étant formée, ayant vécu et prospéré sous les principes de cette constitution, ne peut continuer à se développer et à prospérer que sous le régime de ces mêmes principes ;

2° Que les malheurs publics et privés que la nation a éprouvés et peut éprouver encore ne proviennent et ne proviendront que de l'interruption, de l'abandon ou de la violation de l'un, de l'autre ou des deux principes de cette constitution ? — C'est ce que notre histoire démontre à chaque page.

Est-il nécessaire d'ajouter que, sous l'empire de

ces deux principes, il n'est aucune modification sociale, produite par les intérêts, les intelligences ou les mœurs, qui, appréciée, élaborée, discutée et convertie en loi générale par l'accord du souverain et des assemblées légitimes, ne trouve naturellement sa place dans l'édifice constitutionnel? Du xe siècle au xixe, de Hugues-Capet jusqu'à Louis XVI, la France a subi dans sa langue, dans sa législation, dans ses arts, dans ses costumes, les transformations les plus diverses, et les deux principes constitutifs n'y ont pas mis d'obstacles; c'est en leur présence, c'est avec ou sans leur influence que ces transformations se sont opérées.

Puis, quant aux faits qui ont agité la nation française, alors que cette constitution se développait et traversait le cours des siècles en augmentant sans cesse le bien-être, la liberté et la gloire du peuple français, comme ce n'est point ici l'histoire de France que nous écrivons, mais seulement l'esquisse historique de nos constitutions que nous traçons rapidement, nous demandons la permission de renvoyer à ce sujet à un ouvrage où ces divers points ont été plus amplement traités (1). On y verra que, malgré les troubles généraux et privés auquel notre pays a été en proie et qui provenaient de l'interruption, de l'abandon ou de la violation momentanée des principes de la constitution nationale, il a toujours suffi que l'un des deux fût en vigueur, soit pour ra-

---

(1) *L'interrègne, le règne et les moyens*, par M. Delaforest, brochure in-8°. 1834, chez Dentu, au Palais-Royal, à Paris.

viver l'autre, soit pour calmer les discordes publiques ou prévenir les guerres générales. Nous en verrons la preuve tout à l'heure en ce qui touche l'histoire de la charte de 1814.

Tel était l'état *constitutionnel* de la France au commencement du XVII° siècle, en 1614, lors de la dernière tenue des états-généraux.

Pourquoi ces assemblées générales ont-elles cessé alors d'être réunies conformément à la constitution nationale ?

Nous allons en montrer la cause. On en verra l'effet plus tard.

Celui qui a dit que le cardinal de Richelieu était le premier révolutionnaire de France, a proclamé une triste mais profonde vérité. C'est ce ministre, en effet, qui, malgré les lois fondamentales de la monarchie française, a porté la première atteinte à la constitution nationale ; car, en suspendant la convocation des états-généraux, il introduisit une révolution dans les institutions de notre pays.

Richelieu, en arrivant au pouvoir, avait le choix entre deux lignes de conduite politique :

1° Ou maintenir la constitution de l'état, c'est-à-dire, fortifier le pouvoir royal héréditaire et indépendant contre les attaques des grands vassaux de la couronne qui voulaient obtenir, aristocratiquement, le maniement des affaires publiques ; et en même temps servir les intérêts populaires, liés au sort de la royauté, en respectant l'autre principe de notre constitution, celui du vote libre de l'impôt, consacré par les états-généraux, lesquels, élus selon les formes adoptées, venaient apporter au roi tout l'appui de leur force nationale dans les grandes questions politiques ;

2° Ou bien charger la royauté, seule, du soin doublement périlleux de contenir les ambitions des grands seigneurs et de pourvoir à tous les besoins de l'état sans le concours des représentants nationaux.

C'est, malheureusement, à ce dernier parti que Richelieu s'arrêta. La volonté royale devint, par la grâce du ministre, la maxime fondamentale de la monarchie, et ce changement dans les constitutions de l'état n'était autre chose qu'une révolution.

Le génie de cet homme célèbre ne fut point effrayé de la route qu'il avait choisie, de la tâche qu'il s'était imposée ; et, pour tout dire, Richelieu ne manquait pas de bonnes raisons pour adopter ce système politique. Ce n'était pas lui qui avait créé la situation dans laquelle se trouvait l'Europe, et il pouvait croire, au contraire, que son système était le meilleur remède à appliquer à cette situation inquiétante.

Dans le siècle précédent, le protestantisme avait appelé tous les peuples à la révolte. Sauf l'identité des temps, l'insurrection était déjà le plus saint des devoirs. Les ambitieux aristocratiques et populaires s'étaient emparés de cette maxime funeste jetée par Luther au milieu de la république chrétienne. Des flots de sang avaient coulé au nom de ce principe d'une liberté indéfinie, non définie, dégagée de tous les rapports et de tous les devoirs qui lient les hommes à l'autorité pour le bonheur de tous.

Comme les peuples avaient eu le malheur de croire que la révolte était la liberté, les rois et leurs ministres firent la faute de prendre le despotisme pour l'ordre. En Angleterre, en Espagne, en Allemagne, Henri VIII, Élisabeth, Jacques II, Charles V, Philippe II, Maximilien et les autres princes du Nord, catholiques ou protestants, n'eurent plus d'autre maxime politique que celle du pouvoir absolu.

Effrayée par les horribles excès de la Ligue, par le meurtre de Henri IV et les troubles fâcheux de la minorité de Louis XIII, la France, qui voulait rester catholique et monarchique, qui ne pouvait, sous peine de mort, cesser d'être l'une et l'autre, la France se voyait encore menacée des agitations qui déjà l'avaient mise au bord de sa perte par l'appel aux passions populaires. Richelieu crut donc et put croire qu'il était indispensable de concentrer toute l'autorité entre les mains de la royauté, et de n'en souffrir aucune apparence dans les autres pouvoirs de l'état. Il se sentait de force à réaliser cette déplorable tentative. De là les mesures rigoureuses contre l'aristocratie et le protestantisme qui tendaient sans cesse à se soulever : l'une, pour exercer le pouvoir sous le nom du roi ; l'autre, dit l'historien Millot, pour changer la France en république. De là, également, la suspension des états-généraux qui, précédemment, formaient équilibre au pouvoir absolu en maintenant, par le vote de l'impôt, les franchises et les droits nationaux.

Du point de vue où il était placé, on peut comprendre et excuser Richelieu ; mais, du point de vue où le temps nous a fait parvenir, après l'expérience de son système aboutissant à la réaction révolutionnaire de la fin du xviiie siècle, nous devons être persuadés que si le ministre de Louis XIII eût continué à convoquer les assemblées générales, selon l'esprit de la constitution française, cette imposante réunion des députés de la nation, élus librement par tous les ayants-droit, catholiques et monarchiques, eût contenu les protestants et les aristocrates, sans porter atteinte aux conditions de l'autorité royale, et, au contraire, en fortifiant ses prérogatives salutaires de tout l'appui de l'assentiment national. Les exemples antérieurs en étaient une preuve.

Le cardinal de Marie de Médicis légua ce funeste système au cardinal d'Anne d'Autriche. Les troubles de la minorité de Louis XIII se réveillèrent sous la minorité de Louis XIV, et les désordres de la Fronde vinrent encore effrayer la France, qui n'avait pas eu le temps d'oublier les fureurs populaires de la *Ligue* et les prétentions armées de la *cabale* aristocratique. A son tour Louis XIV hérita de ces souvenirs et de ce système politique. Les troubles sanglants de l'Angleterre, le meurtre judiciaire de Charles Ier, le protectorat de Cromwell, l'expulsion de Jacques II et l'usurpation de Guillaume III, semblaient donner raison à la politique de Richelieu. Les deux cardinaux et les deux rois ne virent pas que le parlement anglais comme le parlement français, qui avaient présidé aux événements de Whitehall, de la Ligue et de la Fronde, n'étaient que des assemblées de priviléges et de partis, de *petites* assemblées, si l'on peut nous permettre cette expression, qui servaient d'instruments aux factions, et ne pouvaient, sous aucun rapport, être assimilées aux *grandes* assemblées nationales, lesquelles, véritables représentations du pays, parce que le pays tout entier concourait à leur élection, auraient pu, seules, prévenir et dominer les contentions de l'esprit factieux, populaire ou aristocratique. Louis XIV ne vit que le côté mauvais des libertés publiques représentées par des assemblées fallacieuses. Il ne put ou ne voulut plus comprendre qu'une partie de la constitution monarchique et du génie national. Il pensa que la gloire pouvait seule, en France, déplacer et satisfaire les idées et les intérêts. Il voulut être le roi que Richelieu avait commencé.

Déjà, de 1614 à 1643, des derniers états-généraux jusqu'à l'avénement de Louis XIV, vingt-huit ans s'étaient écoulés sans qu'aucune nouvelle assemblée générale eût été convoquée. Le roi, mineur ou majeur, continua cet interrègne. La révolution, ébauchée par Richelieu, fut consommée par Louis XIV. La France resta muette devant la splendeur de ce règne merveilleux. Pour le malheur futur du peuple et du souverain, le premier principe de la monarchie étouffa l'autre par sa grandeur. Le roi s'était chargé de faire seul la gloire et la prospérité de la nation, et pendant longtemps il avait si bien réussi, que la nation n'avait rien à faire, rien à dire, pas même à se plaindre. Peu à peu, et durant les soixante-douze années et demie de cette royauté si magnifiquement exercée, les esprits s'étaient assouplis et assoupis; les traditions *constitutionnelles* s'étaient effacées dans les idées des masses; les maximes de l'état étaient changées; à coup de victoires, de monuments et de chefs-d'œuvre, la monarchie représentative avait été successivement transformée en monarchie absolue. Les institutions intermédiaires de quelques libertés locales, les assemblées de provinces et les assemblées du clergé, images isolées des droits nationaux, avaient été tolérées parce que la spécialité de leurs réunions ne pouvait être évitée, ou parce que leur résistance partielle était facilement dominée. Mais Louis XIV, qui avait annihilé les grandes assemblées nationales, en avait agi plus cavalièrement encore avec les petites assemblées judiciaires qui, dans les troubles antérieurs, avaient voulu jouer aux états-généraux et dont les membres, magistrats législatifs et financiers, avaient essayé de se poser comme les représentants de la nation. Quand les états-généraux n'étaient plus rien, que pouvaient être les parlements? Ils portèrent eux-mêmes le dernier coup à leurs prétentions politiques et à leur considération magistrale, le jour où ils confirmèrent la légitimation des enfants nés du double adultère de Louis XIV, et plus tard, encore, lorsqu'ils cassèrent, dans les vingt-quatre heures, le testament royal qu'ils avaient reçu et juré de maintenir.

Aux termes des constitutions françaises et des règles de l'état, c'était aux états-généraux seuls qu'appartenait le droit de conférer la régence de Louis XV à M. le duc d'Orléans. Mais ce prince n'avait garde de les convoquer. L'honnêteté nationale qui, sans aucun doute, n'aurait jamais consenti, dans l'assemblée générale, à légitimer les adultères monarchiques, eût bien moins encore sanctionné les billets de Law, la banqueroute publique, les turpitudes de Dubois, l'alliance vénale de l'Angleterre et les débauches scandaleuses du Palais-Royal. A un tel gouvernement, il fallait la complaisante comédie d'un parlement courtisan pour revêtir d'une apparence de régularité les désordres des finances et la violation continuée des lois fondamentales de la monarchie.

Ces désordres et cette violation ne manquèrent pas de se prolonger et de s'aggraver sous le long règne de Louis XV. Les états particuliers des provinces et l'usage de libre administration des communes, par le fait de la libre élection des officiers municipaux, maintenaient bien encore une partie de l'ancien édifice *constitutionnel;* mais cet admirable système de libertés municipales était toutefois chancelant et vicié par le défaut de convocation des états-généraux. L'établissement politique de

Louis XIV avait été si longuement et si fortement soudé par les maximes, l'attention et la gloire de ce prince, que Louis XV put régner et que l'état put se traîner, pendant plus d'un demi-siècle encore, sur les doctrines de monarchie absolue créées dans le règne précédent.

Cependant, plus encore que sous Louis XIV, l'assemblée de la nation était nécessaire au gouvernement de Louis XV. Seule, elle aurait pu, par des impôts facilement prélevés, puisqu'ils auraient été consentis, réparer les misères financières ; mais surtout elle aurait empêché que ces misères ne fussent augmentées par les prodigalités que le roi laissait tomber sur ses maîtresses et sur ses courtisans.

C'est sans doute ici le lieu de rappeler que le droit de la nation française de se réunir en assemblées générales repose principalement sur cet autre droit que le peuple ne peut être imposé que du libre consentement exprimé par les députés qu'il a nommés; d'où résulte invinciblement que tout contribuable, tout assujetti aux charges publiques, doit participer à l'élection de son représentant; car nul, en effet, ne doit disposer, sans l'acquiescement direct ou indirect du possesseur, de la moindre partie des biens de celui-ci. C'est là tout le fondement de la représentation nationale.

L'état dans lequel Louis XV et madame Dubarry laissaient la France est trop connu pour qu'il soit besoin de s'étendre sur ce point. Disons pourtant qu'au danger résultant de la violation de la constitution, par la suspension des états-généraux, vinrent se joindre encore, en leur absence, les dangers de la corruption répandue dans toutes les doctrines sociales par les ouvrages du philosophisme et de quelques écrivains politiques, qui cherchèrent à substituer les lois et les maximes de la constitution anglaise à celles de notre charte nationale. Si les grandes assemblées de France eussent continué d'être convoquées, non-seulement elles auraient arrêté les déprédations financières ; non-seulement elles auraient empêché les scandales de la Régence, du Parc aux Cerfs, de la guerre de sept ans et du partage de la Pologne, mais encore elles auraient apporté, par leur seule présence, une barrière insurmontable à l'émission des doctrines antinationales, soit d'aristocratie britannique, soit de républicanisme fédératif et d'égalité radicale, que l'*Esprit des lois*, le *Contrat social* et la *Constitution américaine* propageaient dans toutes les classes démoralisées par les sophistes. En regard de la chambre des communes anglaises, élue sous toutes les influences du privilége, on aurait vu les députés de la nation française nommés librement sous les seules conditions du mandat, par tous les citoyens et formant ainsi une représentation sincère de tous les intérêts et de tous les vœux nationaux. Au lieu de cette monarchie bâtarde, usurpée, nominale et inerte de la Grande-Bretagne ; au lieu de cette pairie héréditaire des hauts barons de l'Angleterre ; au lieu de cette faction de grands seigneurs anglais, *constitués* en parlement, opprimant à la fois la royauté et la démocratie au profit de leur orgueil, de leur ambition, de leur égoïsme et de leur avide désir de toutes les jouissances matérielles, on aurait vu la puissante et active grandeur du roi de France, appuyé, d'un côté, sur les droits héréditaires qui garantissaient, dans notre ordre social et politique, ceux de la succession et de la propriété, et de l'autre côté, sur les états-généraux, nobles, clergé et bourgeois, qui par l'égalité de leur élection et le désintéressement de leur intervention dans les affaires, liaient toutes les maximes et les conditions des libertés publiques à l'unité, à la force, à la perpétuité de la couronne.

Si tout ce qui précède était purement le fruit d'un système plus ou moins ingénieux, sans doute l'esprit d'objection et d'incrédulité pourrait le nier et le combattre. Mais, dans ce rapide aperçu de l'état *constitutionnel* de la France, il n'y a que des faits, et si l'ignorance, la déloyauté ou le préjugé en voulaient douter encore, ils seraient cependant obligés de reculer devant les autres preuves plus modernes et plus évidentes encore que nous allons mettre sous leurs yeux; car, encore une fois, et selon madame de Staël, « c'est la liberté qui est ancienne, c'est le despotisme qui est nouveau. » Et après un interrègne de cent soixante-quinze ans, comme les droits de la nation sont imprescriptibles, nous allons voir les états-généraux, c'est-à-dire la constitution française, sortir vivace et brillante des ruines dans lesquelles elle avait failli périr depuis Richelieu jusqu'à Louis XVI.

Peut-être, ici, devons-nous aller au-devant d'une objection qui semble se présenter sous un aspect naturel et spécieux. On peut dire : Mais puisque, de 1614 jusqu'en 1788, pendant plus d'un siècle et demi, les états-généraux n'ont point été convoqués; puisque, dans cette longue période, la France a été gouvernée sans ses assemblées générales et sans que le pays ait fait entendre de réclamations à ce sujet, n'est-ce pas la preuve, d'une part, que la France pouvait s'en passer; et d'autre part, que ces états-généraux ne faisaient pas une partie inhérente et sacrée de ce que vous appelez la constitution française?

La preuve, au contraire, que la France ne pouvait se passer de ces assemblées, c'est que, lorsque leur réunion a été suspendue, l'état est entré sous le régime d'une monarchie absolue qui, pour n'avoir pas immédiatement révélé tous ses dangers, n'en était pas moins une révolution opérée dans notre système constitutionnel. Si le génie et la puissance de Richelieu et de Louis XIV, aidés par les circonstances de l'époque, ont pu élever la nation à une grande prospérité sans le concours des états-généraux, cette force et cette grandeur tenaient aux qualités personnelles de ces deux grands hommes qui n'ont pu même y parvenir sans opprimer et vicier une partie de notre ordre politique, naturel et fondé.

La preuve encore que la réunion constitutionnelle

des états-généraux était nécessaire à la France, c'est que, quand le génie de Louis XIV fut affaibli, l'état a penché vers sa ruine, ce qui ne fût point arrivé si la nation eût pu faire entendre sa voix dans les assemblées législatives ; c'est que le gouvernement même de Louis XIV a laissé après lui tous les germes des désordres qui ont éclaté plus tard ; c'est que cet établissement de monarchie absolue, si puissamment formé en dehors du principe de la constitution française, n'a duré que pendant la vie de son fondateur ; c'est qu'enfin, laissé aux mains du régent, de Louis XV et de leurs ministres, ce système purement monarchique a produit désordres, scandales, banqueroute, guerres honteuses, démoralisation générale. Ainsi, loin qu'on puisse inférer du long interrègne des états-généraux la preuve de leur inutilité et de leur *inconstitutionnalité*, c'est au contraire le résultat final, incontestable et funeste de leur absence qui prouve combien leur convocation eût été nécessaire, et, par conséquent aussi, combien cette institution était fortement attachée au principe de la constitution française, puisque sa suspension et son inertie ont produit tant de malheurs dans l'état.

Puis il n'est pas exact de dire que la convocation des grandes assemblées n'était pas réclamée. — Le traité de Sainte-Menehould, qui a amené les états-généraux de 1614, avait stipulé qu'on les appellerait selon les formes de la monarchie ; pendant les troubles de la Fronde, ils furent souvent invoqués, et, dans l'histoire de cette époque, M. de Saint-Aulaire fait fort justement remarquer toute la gravité et la portée de cet épisode, que les historiographes de Louis XIV ont voulu faire passer ensuite pour une échauffourée politique. Les troubles de 1648, suscités d'abord par les nouvelles prétentions de l'aristocratie, finirent par présenter tout le caractère d'un mouvement national étouffé par le parlement qui, pour conserver la prépondérance qu'il avait usurpée, ne voulait pas laisser convoquer les états-généraux, lesquels, en effet, n'eussent pas manqué de rappeler le roi et de mettre tout le monde à la raison. — Fénelon, à qui la clientelle politique dont il était entouré donnait assez d'importance et de poids sur ce sujet, demandait la convocation des états-généraux à Louis XIV, qui lui répondait par un exil, et il la lui demandait au nom de toutes lois fondamentales de l'état, « contre lesquelles tout ce qui se fait est nul de soi. » Les ouvrages des écrivains politiques, sous le régent et sous Louis XV, malgré la sévérité des lois sur la librairie, contiennent, à cet égard, des allusions fort positives. — Enfin, les assemblées des notables, et les parlements eux-mêmes, sous Louis XVI, réclamaient, avec la voix publique, la convocation des états-généraux. — Donc, avec l'hérédité monarchique, les assemblées générales formaient le droit national ; donc, la suspension de ces assemblées a été l'une des causes principales des troubles, des excès, des désordres et des malheurs de la Fronde, de la régence, du *bon plaisir* et de la révolution ; donc, à chacune de ces époques, les bons esprits ne cessaient de demander la libre réunion de ces assemblées.

Arrivés à 1789, nous allons avoir une nouvelle preuve de leur réalité *constitutionnelle*.

En 1789, Louis XVI a convoqué les états-généraux.

Pourquoi les avait-il convoqués ? — Toutes les pièces sont sous nos yeux :

Il les avait convoqués pour aviser aux moyens de combler un déficit financier, de le combler à l'aide de nouveaux impôts nécessaires aux besoins du royaume ;

Et c'est aux états-généraux qu'il s'adressait, c'est-à-dire à la grande assemblée de la nation, parce que les petites assemblées ou assemblées de privilége et de bon plaisir, telles que parlement, grand conseil souverain et assemblée des notables, avait précédemment déclaré qu'elles n'avaient ni le pouvoir ni le droit d'établir et de prélever de nouveaux impôts. Les états-généraux, réunis, devaient, en outre, s'entendre avec le roi sur divers autres points d'intérêt public.

Après cent soixante-quinze ans de suspension de ces assemblées, il était simple que les traditions se fussent égarées. Dans son héroïque bonne foi, Louis XVI avait fait un appel à tous les corps et à tous les écrivains de la nation, pour les inviter à rechercher et à faire connaître la nature réelle et légale de la monarchie française et de la constitution des états-généraux.

Pour ne citer que celle-ci, voici quelle fut la réponse du parlement de Paris, dans son mémorable arrêt du 3 mai 1788 :

« La France est une monarchie *gouvernée* par le
« roi, suivant les lois, et ces lois, dont plusieurs
« sont fondamentales, consacrent :

« 1° Le droit de la maison régnante au trône, de
« mâle en mâle, par ordre de primogéniture ;

« 2° Le droit de la nation, d'accorder librement
« des subsides par l'organe des états-généraux *régu-*
« *lièrement convoqués et composés;*

« 3° Les coutumes et les capitulations des pro-
« vinces;

« 4° L'inamovibilité des magistrats ;

« 5° Le droit de chaque citoyen de n'être jamais
« traduit, en aucune manière, par-devant d'autres
« juges que ses juges naturels ;

« 6° Le droit de chaque citoyen de n'être arrêté,
« par quelque ordre que ce soit, que pour être
« remis, sans délai, entre les mains des juges com-
« pétents. »

Qu'est-ce donc que cela, sinon une Constitution, sinon la Constitution de la nation française?

Et si l'on considère que, dans les provinces où il n'y avait pas d'*états*, le roi, qui avait déjà apporté des améliorations si remarquables dans plusieurs parties de l'ordre public, avait créé des *adminis-*
trations provinciales, on répétera, ce que nous

avons déjà dit plus haut, que la constitution politique du peuple français laissait bien peu de choses à désirer et que le surplus pouvait être le facile ouvrage des états-généraux subséquents et périodiquement convoqués.

Toujours est-il que cet arrêt du parlement de Paris, dépositaire des lois et des traditions fondamentales du royaume, conforme sur ce point aux déclarations des autres parlements et de l'assemblée des notables, justifie ce que nous avons cherché à établir : l'existence d'une constitution nationale appuyée sur les deux principes du droit monarchique héréditaire et du libre vote de l'impôt.

Maintenant, comment les états-généraux furent-ils convoqués ?

« Selon les lois fondamentales et dans les formes consacrées de la monarchie, » disent les lettres-patentes de la convocation.

Louis XVI, avec la même loyauté, avait consulté sur ce point la seconde assemblée des notables, qui, les archives du royaume à la main, avaient répondu que tous et chacun des citoyens inscrits aux divers rôles des charges publiques devaient concourir à l'élection des représentants aux états-généraux, en doublant le nombre des députés du tiers-état.

Qu'importe que, avant et plus tard, il y ait eu des contestations, des divisions sur des questions de préséance, de votes par ordre ou par tête, et que les embarras préliminaires, élevés par des vanités, entretenus et irrités par des factieux, aient été plus ou moins la cause des malheurs publics ! la question principale n'est pas là, et ces contentions funestes ne sauraient, auprès des esprits positifs, faire perdre de vue que, malgré tout, les deux grands ressorts, les deux grands principes de la constitution nationale étaient constatés dans leur réalité et dans leurs moyens d'exécution, puisque les états-généraux se réunissaient à l'appel du droit monarchique héréditaire, et qu'en même temps la royauté reconnaissait que le droit de la nation était de consentir l'impôt à l'aide de ses députés librement élus par tous les contribuables. Ce fait démontre qu'il suffisait que l'un de ces deux principes agît régulièrement dans la sphère de son pouvoir pour rétablir la constitution de l'État, et que, de l'aveu universel, la constitution naturelle, antique, écrite et traditionnelle, résidait dans les deux principes et dans les formes qui venaient d'être observées pour le développement de leurs rapports. — Suivons.

Comment les députés devaient-ils être et ont-ils été élus ? Selon les écrits du temps, les recherches et les solutions de l'assemblée des notables et l'ordonnance du roi, ils furent nommés, également, d'après les lois fondamentales et les formes consacrées de la monarchie.

Au jour indiqué par l'ordonnance de convocation, tous les citoyens portés aux rôles des tailles (contributions), de la milice (garde nationale) et des corporations représentées par leurs syndics, se réunirent à la paroisse (aujourd'hui commune); ils choisirent parmi eux le nombre déterminé d'électeurs qui, ensuite, se réunirent le dimanche suivant au bailliage (aujourd'hui chef-lieu de canton). Ceux-ci nommèrent les députés au nombre fixé ; ils les choisirent, si bon leur sembla, parmi les hommes distingués des autres provinces de la France ; ils leur remirent les cahiers exprimant les vœux et les besoins de la province, contenant le résumé des réformes désirables dans l'administration civile, financière et judiciaire du royaume ; et à ces cahiers étaient joints les mandats, impératifs sur quelques points, limitatifs et généraux sur quelques autres, que les députés acceptèrent et jurèrent d'observer. Ce fut le seul serment exigé et prononcé dans les opérations électorales.

A ces élections concoururent 5,800,000 électeurs, et 1,200 députés environ furent nommés.

N'est-ce pas là une réelle et importante réunion de la nation ?

N'est-on pas assuré qu'elle est effectivement représentée ?

N'est-on pas certain que l'influence du pouvoir central est nulle, et que les influences, exercées dans l'élection, sont purement celles qui doivent agir, celles qui résultent de la réputation et de la capacité librement appréciées dans les localités ?

N'est-on pas sûr, enfin, que les instructions et les mandats donnés aux députés expriment tous les vœux, tous les besoins, tous les intérêts de la France, qui a véritablement agi et parlé par l'universalité de ses habitants ?

Dans cette situation réciproque, du souverain légitime convoquant une telle assemblée et de la nation qui possède et exerce de tels droits avec ordre, sagesse et ensemble, se révèle une admirable constitution politique et sociale ; et cette constitution était celle de notre pays !

Ce fut donc, certainement, la voix de la France tout entière qui se fit entendre dans les élections de 1789, et les cahiers qui furent rédigés dans chaque bailliage étaient bien véritablement l'expression de la situation et de la volonté nationales. Qui oserait le nier ? qui pourrait le contester ?

Il s'agissait ensuite de savoir et de constater ce que la France demandait avec unanimité, ou dans sa plus grande majorité, afin de réaliser les vœux qu'elle avait manifestés. Aussi s'empressa-t-on de faire le relevé de tous les votes uniformes sur les points principaux. Le surplus, dans les questions partagées et qui ne présentaient pas de résolutions unanimes, fut réservé, et devait être apprécié et discuté dans la suite de la tenue des états-généraux.

A cette fin, un des premiers travaux de l'assemblée avait été, en effet, le dépouillement de tous les articles contenus dans les cahiers, instructions et mandats remis aux députés par les électeurs. Évidemment, n'était-ce pas dans ces actes que se trouvait le véritable esprit de la nation ?

Que fit le roi ? Quand ce dépouillement fut achevé et que son résultat fut connu, Louis XVI, dans la forme alors usitée, proclama, le 23 juin 1789, et sous le titre de Déclaration, l'acte, en trente-cinq articles, qui donnait la force de loi fondamentale de la monarchie française à ces titres, à ces vœux, à ces droits, sagement et librement exprimés par des électeurs qui avaient été nommés par tous les contribuables.

Certes, il valait bien mieux, n'est-il pas vrai, s'en rapporter aux électeurs qu'aux députés, aux mandants qu'aux mandataires? En agissant ainsi, Louis XVI, loin de se séparer de la nation, s'unissait avec elle, avec le peuple, avec tous les corps intermédiaires et réguliers. Les députés représentaient les électeurs; mais ceux-ci représentaient l'universalité des contribuables; ils étaient vraiment la France. C'étaient donc leurs désirs et leurs actes qui, aux yeux du souverain, de la raison, de l'équité, du droit, devaient être et étaient, en effet, légalement proclamés par une déclaration royale. Rien ne manquait ainsi à la vérité, à l'unanimité, à l'authenticité de ce pacte national, le seul qui ait présenté l'accord sincère et assuré du souverain et de la nation.

Et remarquez bien que cette *déclaration*, relevée, puisée, calquée dans les cahiers des électeurs, n'était autre chose que le résumé des délibérations de l'assemblée des notables, de l'arrêt du Parlement, auxquels, par une juste concession à la marche des idées et des faits depuis cent soixante-quinze ans, la même déclaration royale avait ajouté, toujours d'accord avec les votes électoraux, l'établissement complet des assemblées provinciales, la *liberté de la presse*, et, ce qui valait mieux que tout le reste, la *périodicité des états-généraux*.

Ne sont-ce pas là les caractères désirables et désirés d'un pacte fondamental? Êtes-vous sûr, à présent, qu'avant 1791 la France avait une constitution, et que même cette constitution a été délibérée, votée et proclamée du consentement unanime de la nation ? Qu'est-elle devenue? Qu'en a-t-on fait ?

En avançant dans l'examen de cette dernière question, et en montrant que les diverses constitutions imposées à la France depuis cette époque n'ont présenté aucun des caractères d'authenticité, de durée et d'unanimité qui, seuls, pouvaient leur donner, aux respects et aux yeux du peuple, l'autorité de constitutions nationales, nous nous trouverons nécessairement conduits à la démonstration de la vérité établie au commencement de cette introduction; savoir : qu'un peuple est, comme un homme, soumis aux conditions de sa nature, de sa constitution, de son principe physique et moral; que, si ce peuple est jeté hors des conditions essentielles de son existence; si, par un enchaînement de faits quelconques, il est privé des biens, des lois, des droits sous lesquels il avait vécu et prospéré, il reste dans le trouble et dans l'agitation jusqu'à ce qu'il les ait recouvrés. Je crois aussi devoir rappeler qu'après avoir dit, avec tout le monde, qu'il n'y a pas d'effet sans cause, j'ai ajouté que, si la bonne foi et le patriotisme éclairé voulaient trouver la cause des troubles et des agitations dans lesquels la France est restée plongée depuis 1789, il faudrait sans doute la chercher dans le dérangement apporté à sa constitution naturelle par tous les partis qui se sont emparés du pouvoir, et qui ont voulu gouverner le peuple français au mépris et en dehors des deux principes fondamentaux de cette constitution : le droit monarchique héréditaire et le droit de représentation nationale, établis comme nous l'avons vu plus haut. Ainsi, comme résumé de ce qui précède, par suite de la suspension d'une partie de la constitution française, sous Richelieu, sous Louis XIV et sous Louis XV ; par suite de toutes les idées répandues à l'aide des faits et des écrits des protestants, des philosophes et des sophistes politiques, il y avait, si l'on peut s'exprimer ainsi, en style géologique, trois couches d'idées et de doctrines, ou trois ordres de personnes qui, pour sortir la France de la situation où elle se trouvait avant 1789, voulaient : les uns le retour aux principes et aux lois de sa constitution nationale : c'étaient Louis XVI, Turgot, Malesherbes, Cazalès, les notables, les électeurs, les contribuables et ce qu'on appelle *l'école française;* les autres, sans tenir compte de la religion, du territoire, des mœurs, du temps et des intérêts, voulaient l'application à la France du régime de la constitution de l'Angleterre, selon Voltaire et Montesquieu : c'étaient M. Necker, M. de Talleyrand et ce qu'on appelle *l'école anglaise;* les troisièmes, faisant aussi l'abandon du passé et du présent, voulaient l'essai de la constitution des États-Unis, du

Contrat social, de l'état républicain selon J.-J. Rousseau et Thomas Payne : c'étaient Condorcet, M. de Lafayette et ce qu'on appelle *l'école américaine*. Nous allons voir, en effet, se réaliser ces idées, ces expériences et ces essais.

Ceci posé, continuons l'esquisse chronologique des constitutions imposées à la France, en dépit de sa nature et de ses besoins.

Telle était donc, le 23 juin 1789, la situation constitutionnelle de la nation proclamant, avec le roi, les parlements, les notables, les électeurs et 5,800,000 contribuables, les droits fondamentaux et imprescriptibles de la monarchie représentative de la France.

Comment cette charte, si authentique, si nationale, n'a-t-elle pas produit les résultats de grandeur et de prospérité qu'on devait en attendre ?

C'est que, foulant aux pieds tous les devoirs sociaux, toutes les obligations politiques, tous les engagements sacrés qu'il avait contractés comme député, Mirabeau entraîna les états-généraux à la double méconnaissance de l'autorité royale et du mandat populaire. Il refusa de se soumettre à la proclamation souveraine ; il méprisa le pouvoir qu'il avait reçu des électeurs, et, dans une inconcevable exaltation d'orgueil et d'esprit de faction, il déclara que lui seul était la France, que lui seul savait ce que la France voulait, et que, seul, il ferait le bonheur de la patrie. C'est le résumé de ses paroles et de ses actes ; car la majeure partie de l'assemblée, surprise, émue, éblouie, opprimée par l'ascendant de cette action téméraire, fatale et à jamais déplorable, se laissa enchaîner et conduire par Mirabeau, qui régna, sous Louis XVI, comme Voltaire avait régné sous Louis XV. Voltaire avait mené son siècle à l'athéisme; Mirabeau mena le sien à l'échafaud.

En déchirant les mandats qu'elle avait reçus des électeurs, en annulant les votes et les instructions que la France avait formulés dans ses cahiers électoraux, en repoussant la déclaration royale, qui n'était autre chose que la consécration constitutionnelle des mandats nationaux, l'Assemblée *constituante* se créa en état de faction; car elle venait, en un instant, de repousser et d'anéantir les deux principes de la véritable constitution française et de dépouiller le peuple comme le roi de tous les droits qu'ils tenaient de cette constitution. Nous allons voir immédiatement les effets trop réels de cette cause bien certaine; car, privée des conditions indispensables du pouvoir et de la liberté, c'est-à-dire d'une royauté indépendante, régnante, gouvernante, et d'une assemblée unie, par ses cahiers et ses mandats, aux électeurs et aux contribuables qui l'avaient élue, la nation française entra dès lors dans le cercle de l'anarchie et du despotisme, des fausses constitutions, des fausses autorités et des fausses libertés, au milieu desquelles elle n'a cessé de se débattre.

Loin de moi la pensée de dénier à quelques-uns des travaux de l'Assemblée *constituante* les éloges qui peuvent leur être dus. Dans l'ordre administratif et judiciaire, elle a produit des lois et des règlements auxquels on peut encore applaudir et qui donnent la preuve de tout le bien qu'on pouvait espérer de l'Assemblée nationale convoquée par Louis XVI, si elle fût restée dans les attributions constitutionnelles de ses mandats électoraux ; mais je n'ai point à examiner cette partie de l'accomplissement de sa mission. Je n'ai à suivre l'Assemblée *constituante* que dans ses actes d'ordre politique, là où, par une double usurpation de la souveraineté, elle détruisait les deux principes sur lesquels reposait la monarchie représentative et qui avaient servi au développement progressif du génie, de la grandeur et de la prospérité de la France.

Est-il nécessaire d'entrer dans la discussion, soit de chacun des décrets, soit de la constitution compacte enfin proclamée, en 1791, par l'Assemblée constituante? La rapidité de cette esquisse historique ne semble pas l'exiger; et, d'ailleurs, à quoi servirait cette discussion détaillée? J'ai voulu montrer dans ce tableau succinct, et seulement par des faits incontestables, que la nation française a été souffrante, opprimée, divisée, menacée, lorsque l'un des principes d'autorité et de liberté de sa véritable constitution a été négligé ou violé, et, à bien plus forte raison, lorsque tous les deux ont cessé d'être la base fondamentale des institutions.

Or, comme il est évident et avoué que Mirabeau a déchiré les mandats électoraux, qu'il a formé les états-généraux en assemblée *constituante*, et qu'il a conduit cette assemblée jusqu'à la proclamation d'une constitution nouvelle, il résulte de ces faits primordiaux qu'il a détruit à la fois le principe d'autorité et le principe de libre représentation. L'examen détaillé des actes constituants serait donc superflu. Il ne s'agit plus que de voir, par les faits subséquents, et comme preuve du thème établi, ce que la société française est devenue quand elle a été dépouillée de ses droits nationaux et qu'elle a été soumise au régime de constitutions imposées par l'esprit de faction (1).

Mais qu'ai-je besoin aussi d'énumérer tous les faits d'émeutes, d'émigration, d'assignats, de guerre civile, d'anarchie sanglante, de désordre, de despotisme, que la France a eus à subir depuis cette époque et depuis cette première violation de ses lois fonda-

(1) Pour compléter cette démonstration, pour montrer le résultat infaillible d'un premier écart *constitutionnel* et essayer de les rendre plus sensibles par une comparaison, nous rappellerons ce tableau populaire où l'on voit : d'abord, la tête de l'Apollon du Belvédère, comme principe ou type de la beauté humaine; vient, ensuite, une copie de la même figure, belle encore, mais dans laquelle, déjà, on remarque des lignes et des traits moins purs ; la dégradation est plus visible à la troisième copie, quoiqu'on puisse y retrouver quelque chose de la ressemblance primitive ; enfin, de dégradation en dégradation, ou pour mieux dire, de conséquence en conséquence, de la première déviation on arrive au portrait d'un hideux reptile. — C'est ainsi qu'en s'éloignant de la réelle constitution, contenue dans les cahiers et les mandats des électeurs et proclamée par la déclaration royale du 23 juin 1789, l'acte *constituant* de l'assemblée constituante, en 1791, a, par degré, conduit la France à l'anarchique et effroyable constitution de 1793 ! Arrivé à ce point extrême, le travail de réaction logique, providentiel et social de la nation française, semble avoir été de revenir graduellement à ses premiers et naturels principes de constitution nationale, de les dégager des obstacles et des illusions qui en ont arrêté le développement, et, à l'aide de tous les faits accomplis, de rétablir et de reprendre le cours et le progrès de ses destinées.

mentales? Il est un moyen plus prompt et moins contestable encore de montrer la folie, le danger, la déception de tous les actes constituants qui ont pesé sur la nation française dès qu'elle a été entraînée hors des principes et des droits constitutionnels qu'elle avait proclamés dans ses anciennes assemblées, dans ses cahiers, dans ses mandats, dans sa déclaration du 23 juin 1789, et ce moyen, c'est le rappel pur et simple de toutes les chartes ou constitutions qui ont succédé à celle de 1791, qui sont tombées les unes sur les autres, et dont la chute, plus ou moins précipitée, doit convaincre les plus incrédules qu'aucune de ces constitutions ne répondait au génie, aux mœurs et aux intérêts nationaux. — Les faits sont à côté de nous et les dates suffisent.

Depuis 1791 jusqu'au 9 août 1830, nous avons traversé trente-neuf années sous le régime déclaré *impérissable* de sept constitutions principales : c'est donc, pour chacune d'elles, une existence traditionnelle et moyenne de cinq ans et demi environ, ou une durée *personnelle*, savoir :

Pour les constitutions de l'Assemblée constituante, de l'Assemblée législative et de la Convention, quatre ans;

Pour les constitutions de la République directoriale et consulaire, neuf ans;

Pour la constitution impériale, dix ans;

Pour la charte de 1814, seize ans (1).

En présence de ces faits et de ces dates authen-

(1) Remarquons seulement en passant 1° que, à quelque époque, de

tiques, n'y aurait-il pas un préjugé profond ou une dérision absurde à prétendre que l'un ou l'autre de ces établissements politiques, quoique les actes en aient été écrits, proclamés et jurés, renfermait les conditions véritables de bonheur public et présentait aucun caractère d'unanimité nationale, de consécration ou de tradition obligatoire, surtout lorsque la création, l'installation et le maintien provisoire de chacun de ces pactes constituants a été l'occasion et la cause de tous les troubles civils, de toutes les divisions d'opinions, de toutes les perturbations d'intérêts qui ont disséminé et affaibli les forces de la France?

A l'aspect de ces fausses *constitutions*, il n'est pas difficile de distinguer sur-le-champ pourquoi elles ont eu si peu d'empire et de durée. C'est que, plus ou moins, elles n'étaient pas d'accord avec les principes des lois fondamentales de la monarchie française.

Du moment que l'Assemblée nationale avait déchiré ses mandats nationaux, qu'elle avait répudié la déclaration constitutionnelle du 23 juin, et qu'elle s'était créée *Assemblée constituante*, elle était sortie des principes de la vraie liberté; et, en attaquant l'in-

---

quelque façon et sous quelque forme que l'usurpation se soit emparée du pouvoir, son succès durable et salutaire est sans exemple dans l'histoire de France ; 2° que de tous les actes constitutifs énumérés plus haut, c'est la Charte de 1814 qui a eu, jusqu'ici, le plus de durée d'exécution et qui a procuré à la nation française deux avantages sociaux considérables dont elle avait été privée depuis l'invasion constituante : l'un, un réel état de paix ou de guerre honorable ; l'autre, inhérent à celui-ci, une prospérité matérielle générale dont le souvenir n'a point été effacé.

dépendance de l'autorité souveraine, elle était sortie du principe de la vraie royauté.

Tant que Louis XVI put vivre, l'édifice social semblait encore pouvoir se soutenir et sortir de la crise où la constitution de 1791 l'avait engagé. Représentant véritable de l'un des principes essentiels de la France, le monarque héréditaire restait toujours comme *l'un des soutiens de ce tremblant État*. Ainsi, sous Richelieu, sous Louis XIV et sous Louis XV, si le principe et les formes des libertés publiques avaient été suspendus, l'autre principe, du moins, celui de l'autorité légitime, tout en agissant seul, avait pu contenir la nation dans le repos, et même lui procurer de la grandeur et de la prospérité. Mais Louis XVI, désarmé de son indispensable pouvoir par les actes constituants de 91, et ne pouvant même plus convoquer une légitime assemblée nationale, puisque les mêmes actes avaient également vicié le principe de la vraie liberté; Louis XVI, dis-je, était dès lors sans possibilité de maintenir la paix publique.

L'Assemblée législative, après avoir livré le roi aux prisons du Temple et avoir proclamé la république, s'était, plus encore que l'Assemblée constituante, éloignée des deux principes de la constitution nationale, et par conséquent, en augmentant le désordre, elle dut vivre moins encore que l'Assemblée qui l'avait précédée.

La Convention tua le roi et gouverna par la *Terreur*. L'une et l'autre furent étouffées par le sang.

Le Directoire arrêta la terreur, et, s'il n'y eut encore ni ordre ni prospérité, du moins, l'anarchie ayant cessé, la France put commencer à respirer, et, de ce moment, à réagir vers les seules conditions de son repos.

Le Consulat, en rétablissant l'ordre et les relations sociales par le retour de l'établissement religieux, ramena les esprits, les mœurs et les intérêts vers les idées de monarchie, et procura ainsi à la France plus de tranquillité et d'avenir.

L'Empire rétablit, au profit d'une nouvelle dynastie, les formes de l'édifice monarchique, et le pays se laissa facilement aller à une illusion que la gloire et la conquête embellissaient. Encore effrayée et dégoûtée de la Convention et du Directoire, la France, comme pendant la minorité de Louis XIII et de Louis XIV, après la Ligue et la Fronde, croyait devoir préférer le despotisme à l'anarchie; et d'ailleurs, elle n'avait plus le choix. Napoléon écrasa la légitimité et la liberté sous une masse de lauriers et de décrets. Mais la France est tellement *constituée*, que, quelque éprise qu'elle soit de la gloire, elle ne peut vivre et prospérer véritablement que sous le régime qui lui est naturel et propre. Les hautes qualités de Napoléon ne pouvaient suffire ni à lui ni à la France. Il n'y a pas de grand homme qui vaille un bon principe. Napoléon avait placé son droit dans sa force; il fut vaincu par la force. La double invasion qu'il avait provoquée mit un terme à sa puissance personnelle, et les dix années du siècle de Napoléon vinrent montrer que, non plus que les autres, les constitutions impériales ne pouvaient remplacer pour la France les institutions fondamentales qui liaient la déclaration de 1789 à la longue suite de notre monarchie nationale.

A nos yeux, il n'est pas de faits intermédiaires, de circonstances plus ou moins importantes, d'histoires modernes plus ou moins spécieusement présentées et écrites, qui puissent effacer ou affaiblir le résultat de ces événements, de ces dates si brièvement rapportées, de ce tableau dépouillé, à dessein, de tout artifice de réflexions et de phraséologie.

La France a une constitution définie dans ces deux mots : monarchie représentative. Elle n'est libre, glorieuse et prospère que sous l'empire complet de cette constitution ;

Cette constitution repose sur deux principes ;

Quand l'un de ces principes domine l'autre, la France est, tôt ou tard, conduite au désordre ;

Quand tous les deux sont violés, elle tombe dans l'anarchie ou le despotisme.

L'aperçu historique des constitutions, depuis 1791 jusqu'en 1814, le démontre évidemment ;

L'aperçu historique de la charte de 1814 va continuer cette démonstration.

II.

Nous avons fait remarquer précédemment que de toutes les constitutions imposées à la France, seule, jusqu'ici, la Charte de 1814 a eu une existence prolongée et a procuré à notre pays un état de paix et de prospérité inconnu depuis 1791.

Quelle est la cause de ce fait incontestable?

C'est qu'avec cette constitution nouvelle, et indépendamment des autres conditions d'ordre politique qu'elle renfermait, l'un des principes *constitutifs* de la France se représentait entier, complet, et reprenait, dans l'état social, la place et le pouvoir qui lui étaient naturels et qui sympathisaient avec les mœurs et les intérêts nationaux fondés par la monarchie représentative.

Comme l'homme, depuis sa chute, a toujours gardé le sentiment de son origine; comme, au milieu des désordres de son esprit et de ses sens, il conserve toujours l'instinct de sa première condition; comme il s'efforce sans cesse de recouvrer la paix et le bien qu'il a perdus; comme il ne peut trouver le repos et le bonheur véritables qui lui sont nécessaires qu'en rétablissant les rapports religieux et sociaux qui sont conformes à sa nature et à ses besoins; comme enfin, même dans l'ordre privé, l'homme dépouillé des biens et des droits dont il sait, dont il sent qu'il est le légitime possesseur, reste dans l'agitation jusqu'à ce qu'il les ait recouvrés, et puis laisse éclater sa joie quand il croit rentrer en possession de ce qu'il a perdu, ainsi un peuple ne peut perdre le sentiment de son origine, de ses institutions, de sa constitution primitives, des lois et des droits sans lesquels il ne pourrait jouir du bien-être, du repos qu'il doit établir et conserver dans toutes ses relations.

C'est à ce sentiment inné et indestructible, c'est à ce besoin d'ordre véritable, c'est à cet instinct de retour vers la constitution nationale, qu'il faut attribuer les acclamations qui accueillirent la rentrée de Louis XVIII en France; car, sans doute, elles ne pouvaient s'adresser ni à la personne de ce prince, ni aux membres de sa famille, eux, ainsi que lui, à peu près inconnus, même historiquement, aux générations modernes.

Que le souvenir des contemporains de la famille royale, quoique déjà usés et rares; que les espérances de la classe nobiliaire; que le besoin de la paix fortement senti dans toutes les classes; que le goût du changement assez familier aux Français, aient contribué à cet élan public, il serait inutile de le nier ou de le combattre. Mais comme, en même temps, ce changement réveillait des haines, des préjugés et des préventions; comme il froissait des sentiments, des intérêts présents et actifs, la bonne foi politique et une juste appréciation des choses doivent tenir compte de cette situation et reconnaître que l'assentiment général qui s'est manifesté au retour de Louis XVIII et qui est devenu universel après les cent-jours, était une sorte de révélation de l'instinct public qui sentait que la nation recouvrait ainsi la possession des droits nécessaires et naturels à son existence politique et sociale.

En effet, chacun comprenait qu'il devenait libre,

et que la France rentrait dans la grande famille des nations européennes par le rétablissement de tous les rapports. Le principe de légitimité monarchique produisit immédiatement ses fruits salutaires. Ce phare d'ordre moral placé au faîte de la société française semblait éclaircir, diriger, dominer dorénavant toutes les transactions attachées au droit des gens et au droit privé. Les conditions de possession, de propriété, d'hérédité, devinrent plus assurées et plus sacrées dans les relations de la famille et des individus entre eux. L'idée du droit propagea et fortifia le sentiment, les notions et les maximes publiques du bien et du mal, du juste et de l'injuste si déplorablement niées ou embrouillées par le triomphe du *fait* et de la *force* sous le régime des constitutions et des gouvernements de la convention, du directoire et de l'empire.

A ces avantages de moralité publique, vinrent se joindre les avantages du bien-être matériel produit par la paix, par la sécurité de tous les rapports d'intelligence, de libre communication et de commerce avec les peuples voisins. Ces effets bienfaisants n'avaient pour cause que le principe du droit héréditaire présidant aux destinées de la France et se répandant dans les idées et dans les affaires; car, encore une fois, si nul plus que nous ne rend un hommage profond et sincère aux vertus et aux qualités de tous les membres de la famille royale, comme cette esquisse historique n'est écrite sous l'influence d'aucune inflammation politique, d'aucune déclamation royaliste, nous devons reconnaître que, malgré l'esprit éminent de Louis XVIII, la générosité, la bonté, l'amabilité de Charles X, ni l'un ni l'autre de ces princes ne possédaient ces hautes facultés *gouvernementales* dont l'influence, seule, régit les états et leur donne une impulsion de grandeur et de prospérité; et puisque ce n'est point à ces princes, personnellement, que l'on peut attribuer l'incontestable bien-être qui se répandit progressivement sur la France pendant seize ans, il faut bien reporter la situation florissante de la France industrielle, commerciale, agricole, artistique, militaire, à la puissante, naturelle et salutaire action du principe de la légitimité monarchique, laquelle jetait partout des germes de prospérité, en même temps qu'elle prenait, vis-à-vis des cours étrangères, l'attitude qui convient à la nation française, qu'elle se livrait à l'expédition d'Espagne, qu'elle contribuait à l'indépendance de la Grèce, qu'elle faisait la conquête d'Alger, et qu'en présence et en dépit de l'Angleterre, elle s'occupait de la réunion de la Belgique et se préparait à la grande et nationale alliance de la France avec la Russie.

Mais ce n'était point assez que le principe *constitutionnel* de la véritable royauté fût rétabli pour que la France jouît, d'une manière fixe et durable, du repos, de la gloire et de la liberté dont les éléments reposaient dans les institutions fondamentales de l'antique monarchie nationale, telle que les électeurs et la déclaration royale de 1789 les avaient reproduites Pour que la France jouît pleinement de la force et des bienfaits de sa *constitution* naturelle, il fallait encore : 1° que cette royauté légitime fût dans la réelle indépendance de son action ; 2° que l'autre principe *constitutionnel* ou constitutif de la véritable liberté fût également rétabli dans toutes les conditions d'une même indépendance. Or, c'est ce que la constitution ou la charte de 1814, ne permettait pas, comme on va le voir.

La royauté n'était pas indépendante, car la rétribution annuelle de la liste civile plaçait le représentant du principe monarchique dans la catégorie des fonctionnaires de l'état et lui enlevait ainsi tout le caractère de la perpétuité et de l'inviolabilité inhérentes et indispensables à l'exercice du pouvoir souverain ; car l'hérédité de la Pairie créait, à côté de la royauté, un privilége législatif que rien ne pouvait justifier ni tolérer dans l'histoire et les mœurs nationales.

Ce n'est pas que l'institution d'une seconde chambre fût dangereuse ou antipathique aux habitudes et aux intérêts soit de la royauté, soit du peuple ; au contraire : l'esprit national s'y prêtait et les exemples anciens et modernes favorisaient cet établissement. Alors que les états-généraux votaient par ordre, les assemblées nationales se trouvaient ainsi presque naturellement divisées en trois chambres. Louis XII avait lui-même créé une seconde chambre pour la tenue des états de 1506, et l'avait composée de notabilités qui ne faisaient point partie des députés nommés par les électeurs. La constitution de l'an v avait eu le Conseil des anciens avec le Conseil des cinq-cents. La constitution de l'an VIII, outre le Tribunat et le Corps législatif, avait eu les sénateurs inamovibles. L'Empire avait conservé ces deux derniers corps. La chambre des pairs de 1814, en tant que second conseil législatif, n'était donc point une innovation dans les institutions fondamentales ; c'était peut-être même un progrès dans l'ordre politique; mais ce qui était une nouveauté à la fois antipathique, dangereuse et *inconstitutionnelle*, c'était l'hérédité des pairs déclarée, non par la charte elle-même, mais par une ordonnance qui devint en quelque sorte une annexe de cette charte. La nation française qui, par ses mœurs, plus encore que par ses lois, avait traversé les siècles en détruisant successivement, ou en rendant applicables à tous, les priviléges de la féodalité, de l'aristocratie nobiliaire et du clergé, pour arriver à l'égalité politique si légalement proclamée en 1789, la nation française, dis-je, sentait toute sa nature se révolter contre le nouveau privilége jeté sur la pairie de 1814 : cette seule disposition viciait toute la constitution nouvelle, car elle établissait un pouvoir quasi-égal à celui de la royauté, en même temps qu'elle blessait les sentiments nationaux.

C'était là un des triomphes de *l'école anglaise*, de M. de Talleyrand et de ses amis qui, n'ayant pu réussir, en 1791, à attirer la France dans l'imitation complète des institutions de l'Angleterre, réalisaient ce projet en 1814, en créant un principe aristocratique qui, avec le temps, pourrait dominer la royauté et gouverner le pays, contrairement au génie et aux lois fondamentales de la nation française.

Mais l'institution de la pairie *héréditaire* n'était pas la seule dérogation que l'école anglaise apportait dans la constitution nationale. Après avoir réduit le principe monarchique à une royauté presque nominale, rendue plus dépendante encore par le vote annuel du budget des dépenses ordinaires, la charte de 1814, au lieu de rétablir dans toute sa latitude le principe de la liberté d'élection et d'administration dans les institutions secondaires, créa le privilége électoral. Il fallut payer cent écus pour être électeur; mille francs pour être éligible; les conseils municipaux et les conseils généraux étaient nommés ou composés par le pouvoir; le système de centralisation administrative, inventé par la convention et perfectionné par l'empire, dans la seule vue, dans le seul intérêt du despotisme républicain ou monarchique, fut entretenu, et les communes ne purent ni abattre, ni construire, ni disposer de leurs deniers sans l'approbation du pouvoir central. Ainsi, au lieu des états ou assemblées provinciales et communales, il y avait des préfets, des sous-préfets, des maires, des commis qui disposaient de toutes les libertés locales;

Au lieu de tous les contribuables électeurs, il y avait des privilégiés censitaires;

Au lieu de 5,800,000 participants à la libre

élection, il y avait quatre-vingt mille usurpateurs et monopoleurs du droit électoral;

Au lieu des états-généraux ou d'une assemblée nationale, ou d'une représentation libre et véritable, il y avait une chambre des députés restreinte, influencée, qui n'était ni locale ni générale;

Au lieu de la constitution nationale, demandée, votée, reproduite et proclamée par la déclaration du 23 juin 1789, il y avait une charte octroyée, non pas même par la véritable volonté du souverain légitime, mais par la persévérance, la ruse, la corruption et l'intérêt égoïste de quelques gens qui, soumis à l'influence étrangère, voulaient courber la France sous le joug de l'imitation des institutions anglaises.

Quoique *l'octroi* royal de la charte de 1814 se trouvât exprimé dans le préambule de ce nouvel acte constituant et que cette disposition eût pu être ainsi le premier objet de nos réflexions, nous avons contenu et reporté ces réflexions à la fin de l'examen auquel nous nous livrions, parce qu'elles viennent compléter cette rapide discussion des constitutions implantées en France depuis 1791. Nous sommes parvenus, nous l'espérons du moins, à bien poser et à bien faire comprendre l'idée et le but de cette esquisse historique. Il résulte du simple exposé des faits précédents que la constitution d'un peuple réside essentiellement et exclusivement dans la formation primitive de ce peuple, dans l'ensemble des principes, des faits et des lois qui ont présidé à son développement progressif et qui ont donné à son génie, à ses mœurs, à ses intérêts, un caractère ineffaçable, authentique, lorsque ce peuple a, durant de longs siècles, fourni les preuves les plus réelles, par ses actes et ses assemblées publiques, de son attachement et de son assentiment aux institutions auxquelles sont liées son existence et sa prospérité sociale et politique.

Les faits de la monarchie et de la nation française, depuis quatorze sièles, et particulièrement depuis les huit derniers siècles, ont montré que les actes, les lois, le génie, les mœurs et les intérêts de la France, en un mot l'ordre politique et social sous lequel elle s'est formée, viennent se résumer dans les deux principes du droit monarchique héréditaire et du libre vote de l'impôt représentés et garantis, l'un par le souverain légitime, l'autre par une assemblée élue au nom de tous les contribuables qui participent aux charges publiques; et que les institutions secondaires, relevant du gouvernement royal et des libertés générales, ont été reconnues, consacrées et proclamées par l'accord unanime du peuple et du roi, dans les cahiers électoraux et dans la déclaration royale de 1789, ce qui établit ainsi la véritable constitution nationale.

Ce sommaire chronologique prouve encore, sous l'empire de cette constitution, le développement et le progrès de la grandeur et de la prospérité française, interrompus seulement lorsque les deux principes ou l'un ou l'autre des principes de cette constitution ont été viciés, oubliés, inactifs, comprimés.

Or, comme ce n'est ni le roi ni le peuple, en d'autres termes, comme ce n'est ni le principe légitime de la souveraineté monarchique, ni le principe légitime de la liberté publique, qui ont, séparément, fondé cet ordre de choses, il est absurde et impossible que l'un de ces deux principes *octroie* à l'autre ce qui appartient nécessairement à celui-ci; il est également absurde et impossible ou que l'un *constitue* l'autre, ou que l'autre *constitue* l'un. La nation française est; elle est constituée par elle-même; les conditions de sa constitution sont connues. L'expérience la plus complète a prouvé par l'assemblée constituante, la convention, le directoire, l'empire, que quand le principe de la souveraineté populaire *octroie* une constitution, le peuple français tombe dans le désordre, l'anarchie ou le despotisme; et l'expérience de la charte de 1814, prouve que quand le principe du droit héréditaire règne seul ou *octroie* une constitution, l'état est agité et que de nouvelles catastrophes peuvent se manifester.

On a pu remarquer, dans le cours de cette histoire abrégée des constitutions, que j'ai négligé tous les faits occasionnels et intermédiaires qui ont signalé la chute de ces constitutions, le changement des régimes et des gouvernements. Les esprits vulgaires, seuls, peuvent prendre l'illusion pour la réalité, des prétextes pour des motifs, et des effets pour des causes. Dans l'histoire de notre révolution, la multiplicité et la culbute des divers gouvernements *constitutionnels*, sont des effets produits par une seule cause, et cette cause c'est l'absence complète ou partielle des conditions essentielles de la véritable constitution française, le principe de légitimité monarchique et le principe de liberté légitime; le souverain héréditaire dans toute l'indépendance de l'autorité et du gouvernement, la représentation sincère fondée sur l'élection générale avec la liberté de l'administration communale.

Sans doute, pour la paix publique et le bien-être moral et matériel, mieux valait, en 1814, le droit héréditaire que le fait des usurpations antérieures; sans doute, il y avait plus de liberté que sous les dominations précédentes; mais ce n'était encore là ni la véritable royauté ni la véritable représentation nationale, comme le temps, les mœurs, les lois fondamentales et les intérêts les avaient constituées dans notre pays; et quelles que fussent, tant en apparence qu'en réalité, la force et la prospérité de la France sous le régime de la charte de 1814, les anomalies que renfermait cette charte octroyée étaient trop certaines pour qu'elles n'amenassent pas, un peu plus tôt, un peu plus tard, le renversement de cette nouvelle constitution. La souveraineté à gage, la pairie héréditaire, le vote annuel du budget des dépenses ordinaires, le privilége du cens d'élection et d'éligibilité, l'hypocrisie et l'absurdité du serment électoral, couronnés par la centralisation administrative, s'éloignaient trop des vérités monarchiques et des droits nationaux proclamés en 1789, pour que cet établissement *constitutionnel* fût solide et durable.

Les événements de 1830 l'ont bien prouvé. La charte de 1814 a subi le sort qu'avaient subi les constitutions antérieures, lesquelles, plus ou moins, mais comme elle, ne reposaient pas sur les bases nationales des élections et de la déclaration de 1789, déchirée par l'esprit de faction qui, depuis cette époque, a, sous toutes les formes, gouverné la France.

A son tour, la charte ou la *constitution* de 1830 a-t-elle été plus en harmonie, s'est-elle assimilée, plus que les autres actes *constituants*, aux deux principes de l'existence et de la prospérité de la nation française ? En d'autres termes, cette constitution a-t-elle été la *cause*, a-t-elle produit, pour le peuple français, des *effets* de grandeur et de puissance, d'agrandissement de territoire, d'alliances fructueuses, de moralisation publique, de dégrèvement d'impôts, de paix intérieure, de libertés étendues et réelles (1) ?

L'histoire, depuis 1791, a déjà répondu pour les

---

(1) La postérité le croira-t-elle ? Nous-mêmes, pourrions-nous le croire, si les preuves écrites et vivantes n'en étaient encore sous nos yeux ? La France, par ses exemples et son action, exerce une telle influence sur le monde, que plus de CENT CINQUANTE constitutions sont nées de la nôtre depuis 1791, et, comme la nôtre, sont successivement tombées les unes sur les autres dans tous les pays où elles avaient été implantées par l'esprit de révolution, de faction, de tyrannie qui avait comme soufflé, de toutes parts, une sorte de *choléra constituant*. Le tableau de ces actes violents et éphémères nous semble devoir être donné ici comme dernière preuve des folies fatales auxquelles se trouvent condamnées les sociétés qui méconnaissant les lois et les conditions véritables de leur naturelle constitution, veulent en changer les principes et y

constitutions subséquentes; c'est à la charte de 1830 à répondre maintenant pour elle-même; et comme les annales de cette constitution ne sauraient rencontrer un historien plus sincère, plus consciencieux, plus estimé que M. de Dreux-Brézé, c'est à lui, désormais, c'est à ses discours publics, que nous remettons le soin de présenter l'appréciation de tous les *effets* produits par la *cause* de 1830.

apporter des innovations qui arrêtent, compromettent, détruisent le bienfait du présent et les progrès de l'avenir. Ainsi, à partir de 1791, il y a eu en France treize constitutions ou modifications constitutionnelles fondamentales, y compris la Charte de 1830. — En Suisse, neuf constitutions générales : une en 1798; trois en 1801, deux en 1802; l'acte de médiation en 1803; le nouveau pacte au 7 août 1815; les modifications depuis 1830, et sans parler de vingt-quatre constitutions particulières pour les divers cantons. — En Lombardie : deux constitutions pour la république Cisalpine, 1797 et 1798; une pour la république italienne en 1802, trois statuts constitutionnels sous Bonaparte, en 1805. — Genève a eu huit constitutions : deux en 1797; une le 2 septembre 1801; deux en 1802; une en 1805; une en 1814; une, enfin, qui s'élabore encore au moment où nous écrivons. — Les États Romains: une républicaine en 1798, et deux décrets fondamentaux en 1816 et 1824. — Naples, cinq constitutions. — Sicile, quatre. — Grèce, sept. — Iles Ioniennes, deux. — Espagne, cinq constitutions, y compris l'*Estatudo real*. — Portugal, trois constitutions, y compris, dernièrement, le retour à la charte pédriste de 1826. — Hollande et Belgique, neuf constitutions jusqu'en 1830, et une dixième à cette époque, pour la Belgique seulement. — Suède et Norwége, trois — Pologne, trois. — Plus, toutes les constitutions des États de l'Allemagne : Saxe, Hanovre, Westphalie, Cracovie; plus, la constitution du Brésil, et toutes les constitutions des États de l'Amérique du Sud. — Et tous ces actes constitutionnels sont, aujourd'hui, ou abrogés, ou expirants, ou cause de guerres civiles! — *Et nunc, intelligite!*

SITUATION

SOMMAIRE

DE LA FRANCE

PENDANT LES PREMIERS MOIS DE L'ANNÉE 1830.

MAISON DE BOURBON.

Charles X, roi de France, né à Versailles, 9 octobre 1757; Roi de France et de Navarre, 16 septembre 1824; sacré à Reims, 29 mai 1825; marié, 16 novembre 1773, à Marie-Thérèse de Savoie, princesse de Sardaigne; veuf, 2 juin 1805; — de ce mariage :

1° Louis-Antoine de France, né à Versailles, 6 août 1775 (*Dauphin*), marié, 10 juin 1799, à

Marie-Thérèse-Charlotte de France, née à Versailles, 19 décembre 1778 (*Dauphine*), fille de Louis XVI et de Marie-Antoinette d'Autriche;

2° Charles Ferdinand d'Artois, duc de Berry, mort le 14 février 1820; marié, 17 juin 1816, à

Caroline-Ferdinande-Louise, princesse des Deux-Siciles (*Madame*), née, 5 novembre 1798; — de ce mariage :

Henri-Charles-Ferdinand-Marie-Dieudonné d'Artois, duc de Bordeaux, né à Paris, 29 septembre 1820;

Louise-Marie-Thérèse d'Artois (*Mademoiselle*), née à Paris, 21 juillet 1819.

BRANCHE D'ORLÉANS.

Louis-Philippe d'Orléans, duc d'Orléans, né à Paris, 6 octobre 1773, marié, 25 novembre 1809, à

Marie-Amélie, sœur de François, Roi du royaume des Deux-Siciles, née 26 avril 1782.

De ce mariage :

Ferdinand-Philippe-Louis-Charles-Henri-Joseph d'Orléans, duc de Chartres, né à Palerme, 3 septembre 1810.

Louise-Marie-Thérèse-Charlotte-Isabelle d'Orléans, née à Palerme, 3 avril 1812.

Marie-Christine-Caroline-Adelaïde-Françoise-Léopoldine d'Orléans, née à Palerme, 12 avril 1813.

Louis-Charles-Philippe-Raphael d'Orléans, duc de Nemours, né à Paris, 25 octobre 1814.

Marie-Clémentine-Caroline-Léopoldine-Clotilde d'Orléans (mademoiselle de Beaujolais), née à Neuilly, 3 juin 1817.

François-Ferdinand-Philippe-Louis-Marie d'Orléans, prince de Joinville, né à Neuilly, 14 août 1818.

Henri-Eugène Philippe-Louis d'Orléans, duc d'Aumale, né à Paris, 16 janvier 1822.

Antoine-Marie-Philippe-Louis d'Orléans, duc de Montpensier, né à Neuilly, 31 juillet 1824.

SOEUR DU DUC D'ORLÉANS

Eugène-Adélaide-Louise (Mademoiselle d'Orléans), née, 23 août 1777.

BRANCHE DE BOURBON-CONDÉ

Louis-Henri-Joseph de Bourbon-Condé, duc de Bourbon, prince de Condé, né 13 avril 1756, veuf le 10 janvier 1822 de Louise Marie-Thérèse-Bathilde d'Orléans, tante du duc d'Orléans.

CHARTE DE 1814.

Louis, par la grâce de Dieu, roi de France et de Navarre, à tous ceux qui ces présentes verront, salut.

La divine Providence, en nous rappelant dans nos états après une longue absence, nous a imposé de grandes obligations. La paix étant le premier besoin de nos sujets, nous nous en sommes occupé sans relâche; et cette paix, si nécessaire à la France comme au reste de l'Europe, est signée. Une Charte constitutionnelle était sollicitée par l'état actuel du royaume; nous l'avons promise et nous la publions. Nous avons considéré que, bien que l'autorité tout entière résidât en France dans la personne du roi, nos prédécesseurs n'avaient point hésité à en modifier l'exercice, suivant la différence des temps; que c'est ainsi que les communes ont dû leur affranchissement à Louis-le-Gros, la confirmation et l'extension de leurs droits à saint Louis et à Philippe-le-Bel; que l'ordre judiciaire a été établi et développé par les lois de Louis XI, de Henri II et de Charles IX; enfin que Louis XIV a réglé presque toutes les parties de l'administration publique par différentes ordonnances, dont rien encore n'avait surpassé la sagesse.

Nous avons dû, à l'exemple des rois nos prédécesseurs, apprécier les effets des progrès toujours croissants des lumières, les rapports nouveaux que ces progrès ont introduits dans la société, la direction imprimée aux esprits depuis un demi-siècle, et les graves altérations qui en sont résultées : nous avons reconnu que le vœu de nos sujets pour une charte constitutionnelle était l'expresssion d'un besoin réel; mais, en cédant à ce vœu, nous avons pris toutes les précautions pour que cette charte fût digne de nous et du peuple auquel nous sommes fier de commander. Des hommes sages, pris dans les premiers corps de l'État, se sont réunis à des commissaires de notre conseil, pour travailler à cet important ouvrage.

En même temps que nous reconnaissions qu'une constitution libre et monarchique devait remplir l'attente de l'Europe éclairée, nous avons dû nous souvenir aussi que notre premier devoir envers nos peuples était de conserver, pour leur propre intérêt, les droits et les prérogatives de notre couronne. Nous avons espéré qu'instruits par l'expérience, ils seraient convaincus que l'autorité suprême peut seule donner aux institutions qu'elle établit la force, la permanence et la majesté dont elle est elle-même revêtue;

qu'ainsi, lorsque la sagesse des rois s'accorde librement avec le vœu des peuples, une Charte constitutionnelle peut être de longue durée ; mais, que, quand la violence arrache des concessions à la faiblesse du gouvernement, la liberté publique n'est pas moins en danger que le trône même. Nous avons enfin cherché les principes de la Charte constitutionnelle dans le caractère français, et dans les monuments vénérables des siècles passés. Ainsi nous avons vu dans le renouvellement de la pairie une institution vraiment nationale, et qui doit lier tous les souvenirs à toutes les espérances, en réunissant les temps anciens et les temps modernes.

Nous avons remplacé par la Chambre des Députés ces anciennes assemblées des champs de mars et de mai, et ces chambres du tiers-état qui ont si souvent donné tout à la fois des preuves de zèle pour les intérêts du peuple, de fidélité et de respect pour l'autorité des rois. En cherchant ainsi à renouer la chaîne des temps, que de funestes écarts avaient interrompue, nous avons effacé de notre souvenir, comme nous voudrions qu'on pût les effacer de l'histoire, tous les maux qui ont affligé la patrie durant notre absence. Heureux de nous trouver au sein de la grande famille, nous n'avons su répondre à l'amour dont nous recevons tant de témoignages, qu'en prononçant des paroles de paix et de consolation. Le vœu le plus cher à notre cœur, c'est que tous les Français vivent en frères et que jamais aucun souvenir amer ne trouble la sécurité qui doit suivre l'acte solennel que nous leur accordons aujourd'hui.

Sûr de nos intentions, fort de notre conscience, nous nous engageons, devant l'assemblée qui nous écoute, à être fidèle à cette Charte constitutionnelle, nous réservant d'en jurer le maintien avec une nouvelle solennité, devant les autels de celui qui pèse dans la même balance les rois et les nations.

A ces causes,

Nous avons volontairement, et par le libre exercice de notre autorité royale, accordé et accordons, fait concession et octroi à nos sujets, tant pour nous que pour nos successeurs, et à toujours, de la charte constitutionnelle qui suit :

Droit public des Français.

Art. 1er. Les Français sont égaux devant la loi, quels que soient d'ailleurs leurs titres et leurs rangs.

2 Ils contribuent indistinctement, dans la proportion de leur fortune, aux charges de l'État.

3. Ils sont également admissibles aux emplois civils et militaires.

4. Leur liberté individuelle est également garantie, personne ne pouvant être poursuivi ni arrêté que dans les cas prévus par la loi et dans la forme qu'elle prescrit.

5. Chacun professe sa religion avec une égale liberté et obtient pour son culte la même protection.

6. Cependant la religion catholique, apostolique et romaine est la religion de l'État.

7. Les ministres de la religion catholique, apostolique et romaine, et ceux des autres cultes chrétiens, reçoivent seuls des traitements du trésor royal.

8. Les Français ont le droit de publier et de faire imprimer leurs opinions, en se conformant aux lois qui doivent réprimer les abus de cette liberté.

9. Toutes les propriétés sont inviolables, sans aucune exception de celles qu'on appelle *nationales*, la loi ne mettant aucune différence entre elles.

10. L'État peut exiger le sacrifice d'une propriété, pour cause d'intérêt public légalement constaté, mais avec une indemnité préalable.

11. Toutes recherches des opinions et votes émis jusqu'à la restauration sont interdites. Le même oubli est commandé aux tribunaux et aux citoyens.

12. La conscription est abolie. Le mode de recrutement de l'armée de terre et de mer est déterminé par une loi.

Forme du gouvernement du roi.

13. La personne du roi est inviolable et sacrée. Ses ministres sont responsables. Au roi seul appartient la puissance exécutive.

14. Le roi est le chef suprême de l'État, commande les forces de terre et de mer, déclare la guerre, fait les traités de paix, d'alliance et de commerce, nomme à tous les emplois d'administration publique, et fait les règlements et ordonnances nécessaires pour l'exécution des lois et la sûreté de l'État.

15. La puissance législative s'exerce collectivement par le roi, la Chambre des Pairs et la Chambre des Députés des départements.

16. Le roi propose la loi.

17. La proposition de loi est portée, au gré du roi, à la Chambre des Pairs ou à celle des Députés, excepté la loi de l'impôt, qui doit être adressée d'abord à la Chambre des Députés.

18. Toute loi doit être discutée et votée librement par la majorité de chacune des deux Chambres.

19. Les Chambres ont la faculté de supplier le roi de proposer une loi sur quelque objet que ce soit et d'indiquer ce qu'il leur paraît convenable que la loi contienne.

20. Cette demande pourra être faite par chacune des deux Chambres, mais après avoir été discutée en comité secret : elle ne sera envoyée à l'autre Chambre par celle qui l'aura proposée, qu'après un délai de dix jours.

21. Si la proposition est adoptée par l'autre Chambre, elle sera mise sous les yeux du roi ; si elle est rejetée, elle ne pourra être représentée dans la même session.

22. Le roi seul sanctionne et promulgue les lois.

23. La liste civile est fixée pour toute la durée du règne, par la première législature assemblée depuis l'avénement du roi.

De la Chambre des Pairs.

24. La Chambre des Pairs est une portion essentielle de la puissance législative.

25. Elle est convoquée par le roi en même temps que la Chambre des Députés des départements. La session de l'une commence et finit en même temps que celle de l'autre.

26. Toute assemblée de la Chambre des Pairs qui serait tenue hors du temps de la session de la Chambre des Députés, ou qui ne serait pas ordonnée par le roi, est illicite et nulle de plein droit.

27. La nomination des Pairs de France appartient au roi. Leur nombre est illimité : il peut en varier les dignités, les nommer à vie ou les rendre héréditaires selon sa volonté.

28. Les Pairs ont entrée dans la Chambre à vingt-cinq ans, et voix délibérative à trente ans seulement.

29. La chambre des Pairs est présidée par le Chancelier de France et, en son absence, par un pair nommé par le roi.

30. Les membres de la famille royale et les princes du sang sont pairs par le droit de leur naissance. Ils siégent immédiatement après le président ; mais ils n'ont voix délibérative qu'à vingt-cinq ans.

31. Les princes ne peuvent prendre séance à la Chambre que de l'ordre du roi, exprimé pour chaque session par un message, à peine de nullité de tout ce qui aurait été fait en leur présence.

32. Toutes les délibérations de la Chambre des Pairs sont secrètes.

33. La Chambre des Pairs connaît des crimes de haute trahison et des attentats à la sûreté de l'État qui seront définis par la loi.

34. Aucun Pair ne peut être arrêté que de l'autorité de la Chambre, et jugé que par elle en matière criminelle.

De la Chambre des Députés des départements.

35. La Chambre des Députés sera composée des députés élus par les colléges électoraux dont l'organisation sera déterminée par des lois.
36. Chaque département aura le même nombre de députés qu'il a eu jusqu'à présent.
37. Les Députés seront élus pour cinq ans, et de manière que la chambre soit renouvelée chaque année par cinquième.
38. Aucun Député ne peut être admis dans la Chambre s'il n'est âgé de quarante ans, et s'il ne paie une contribution directe de 1,000 francs.
39. Si néanmoins il ne se trouvait pas dans le département cinquante personnes de l'âge indiqué, payant au moins 1,000 francs de contributions directes, leur nombre sera complété par les plus imposés au-dessous de 1,000 francs, et ceux-ci pourront être élus concurremment avec les premiers.
40. Les électeurs qui concourent à la nomination des Députés ne peuvent avoir droit de suffrage s'ils ne paient une contribution directe de 300 francs, et s'ils ont moins de trente ans.
41. Les présidents des colléges électoraux seront nommés par le roi, et de droit membres du collége.
42. La moitié au moins des Députés sera choisie parmi des éligibles qui ont leur domicile politique dans le département.
43. Le président de la Chambre des Députés est nommé par le roi, sur une liste de cinq membres présentée par la chambre.
44. Les séances de la Chambre sont publiques ; mais la demande de cinq membres suffit pour qu'elle se forme en comité secret.
45. La Chambre se partage en bureaux pour discuter les projets qui lui ont été présentés de la part du roi.
46. Aucun amendement ne peut être fait à une loi, s'il n'a été proposé ou consenti par le roi, et s'il n'a été renvoyé et discuté dans les bureaux.
47. La Chambre des Députés reçoit toutes les propositions d'impôts ; ce n'est qu'après que ces propositions ont été admises, qu'elles peuvent être portées à la Chambre des Pairs.
48. Aucun impôt ne peut être établi et perçu, s'il n'a été consenti par les deux Chambres et sanctionné par le roi.

49. L'impôt foncier n'est consenti que pour un an. Les impositions indirectes peuvent l'être pour plusieurs années.

50. Le roi convoque chaque année les deux Chambres : il les proroge et peut dissoudre celle des Députés des départements ; mais, dans ce cas, il doit en convoquer une nouvelle dans le délai de trois mois.

51. Aucune contrainte par corps ne peut être exercée contre un membre de la chambre, durant la session, et dans les six semaines qui l'auront précédée ou suivie.

52. Aucun membre de la Chambre ne peut, pendant la durée de la session, être poursuivi ni arrêté en matière criminelle, sauf le cas de flagrant délit, qu'après que la Chambre a permis sa poursuite.

53. Toute pétition à l'une ou à l'autre des Chambres ne peut être faite et présentée que par écrit. La loi interdit d'en apporter en personne à la barre.

Des Ministres.

54. Les ministres peuvent être membres de la Chambre des Pairs ou de la Chambre des Députés. Ils ont en outre leur entrée dans l'une ou l'autre Chambre, et doivent être entendus quand ils le demandent.

55. La Chambre des Députés a le droit d'accuser les ministres, et de les traduire devant la Chambre des Pairs, qui seule a celui de les juger.

56. Ils ne peuvent être accusés que pour fait de trahison ou de concussion. Des lois particulières spécifieront cette nature de délits, et en détermineront la poursuite.

De l'ordre judiciaire.

57. Toute justice émane du roi. Elle s'administre en son nom, par des juges qu'il nomme et qu'il institue.

58. Les juges nommés par le roi sont inamovibles.

59. Les cours et tribunaux ordinaires actuellement existants sont maintenus. Il n'y sera rien changé qu'en vertu d'une loi.

60. L'institution actuelle des juges de commerce est conservée.

61. La justice de paix est également conservée. Les juges de paix, quoique nommés par le roi, ne sont point inamovibles.

62. Nul ne pourra être distrait de ses juges naturels.

63. Il ne pourra, en conséquence, être créé des commissions et tribunaux extraordinaires. Ne sont pas compris sous cette dénomi-

nation les juridictions prévôtales, si leur rétablissement est jugé nécessaire.

64. Les débats seront publics en matière criminelle, à moins que cette publicité ne soit dangereuse pour l'ordre et les mœurs; et, dans ce cas, le tribunal le déclare par un jugement.

65. L'institution des jurés est conservée. Les changements qu'une plus longue expérience ferait juger nécessaires, ne peuvent être effectués que par une loi.

66. La peine de la confiscation des biens est abolie et ne pourra pas être rétablie.

67. Le roi a le droit de faire grâce et celui de commuer les peines.

68. Le Code civil et les lois actuellement existantes qui ne sont pas contraires à la présente charte, restent en vigueur jusqu'à ce qu'il y soit légalement dérogé.

Droits particuliers garantis par l'État.

69. Les militaires en activité de service, les officiers et soldats en retraite, les veuves, les officiers et soldats pensionnés, conserveront leurs grades, honneurs et pensions.

70. La dette publique est garantie. Toute espèce d'engagement pris par l'État avec ses créanciers est inviolable.

71. La noblesse ancienne reprend ses titres. La nouvelle conserve les siens. Le roi fait des nobles à volonté; mais il ne leur accorde que des rangs et des honneurs, sans aucune exemption des charges et devoirs de la société.

72. La Légion-d'Honneur est maintenue. Le roi déterminera les règlements intérieurs et la décoration.

73. Les colonies seront régies par des lois et des règlements particuliers.

74. Le roi et ses successeurs jureront, dans la solennité de leur sacre, d'observer fidèlement la présente charte constitutionnelle.

CONTINUATION DU MINISTÈRE POLIGNAC

FORMÉ LE 8 AOUT 1829, ET COMPOSÉ AINSI QU'IL SUIT :

Le prince Jules de Polignac, ministre des affaires étrangères; le comte de Bourmont, ministre de la guerre; M. de Courvoisier, ministre de la justice; M. de Chabrol de Croussol, ministre des

finances; M. de Montbel, ministre de l'intérieur; M. de Haussez, ministre de la marine et des colonies; M. de Guernon-Ranville, ministre de l'instruction publique et des cultes; M. de Chabrol de Volvic, préfet du département de la Seine; M. Mangin, préfet de Police. — Hiver rigoureux; suspension des travaux; 67,000 indigents formant 30,361 ménages; charités publiques et royales; le bal donné à l'Opéra à cette occasion produit 116,645 fr. — Ordonnance royale du 6 janvier, portant convocation des Chambres pour le 2 mars. — Emprunt grec au capital de 80 millions, à 4 pour 0⟨0, autorisé par la loi du 19 juin 1828, et adjugé à MM. Rothschild au taux de 102 fr. 7 c. 1⟨2. — Création de comités spéciaux et consultatifs pour l'infanterie et la cavalerie. — Promotion de sept pairs de France : MM. le duc de Céreste-Brancas; le marquis de Tourzel; le marquis de Puivert; le comte de la Bourdonnaie, ex-ministre de l'intérieur; le baron de Vitrolles; le comte Beugnot; le lieutenant-général comte Valée. — Création d'écoles et de comités cantonaux pour l'instruction primaire dans toutes les communes du royaume. — Discours du roi à l'ouverture des Chambres réunies au Louvre, et dans lequel on remarque ces paroles : « La Charte a
« placé les libertés publiques sous la sauvegarde des droits de ma
« couronne. Ces droits sont sacrés. Mon devoir envers mon peuple
« est de les transmettre intactes à mes successeurs. Pairs de France,
« Députés des départements, je ne doute point de votre concours
« pour opérer le bien que je veux faire. Vous repousserez avec éner-
« gie les perfides insinuations que la malveillance cherche à pro-
« pager. Si de coupables manœuvres suscitaient à mon gouver-
« nement des obstacles que je ne peux pas, que je ne veux pas pré-
« voir, je trouverai la force de les surmonter dans ma résolution de
« maintenir la paix publique, dans la juste confiance des Français et
« dans l'amour qu'ils ont toujours montré pour leur roi. » — En réponse au discours de S. M., la Chambre des Pairs, présidée par M. le marquis de Pastoret, chancelier, vote à l'unanimité moins une voix (celle de M. de Chateaubriand), une adresse rédigée par M. le comte Siméon, et où on lit, entre autres, ces deux paragraphes : « Le premier besoin du cœur de Votre Majesté est de voir la
« France jouir en paix de ses institutions; elle en jouira, Sire. Que
« pourraient, en effet, des insinuations malveillantes contre la décla-
« ration si expresse de votre volonté, de maintenir et de consolider

« ces institutions? La monarchie en est le fondement ; les droits de
« votre couronne y resteront inébranlables ; ils ne sont pas moins
« chers à votre peuple que ses libertés. Placées sous votre sauvegarde,
« elles fortifient les liens qui attachent les Français à votre trône et
« à votre dynastie et les leur rendent nécessaires. La France ne veut
« pas plus de l'anarchie que son roi ne veut du despotisme. Si des
« manœuvres coupables suscitaient à votre gouvernement des ob-
« stacles, ils seraient bientôt surmontés, non pas seulement par les
« pairs, défenseurs héréditaires du trône et de la Charte, mais aussi
« par le concours simultané des deux Chambres et par celui de
« l'immense majorité des Français ; car il est dans le vœu et dans
« l'intérêt de tous que les droits sacrés de la couronne demeurent in-
« variables et soient transmis, inséparablement des libertés natio-
« nales, aux successeurs de Votre Majesté et à nos derniers neveux,
« héritiers de notre confiance et de notre amour. » — Réunion de la
Chambre des Députés et discussion de l'adresse en réponse au discours du Roi. — Agitation des esprits et symptômes de l'aigreur
des partis excités par les sociétés secrètes. — Le projet d'adresse,
rédigé par M. Étienne, contenait les deux paragraphes suivants :
« Cependant, Sire, au milieu des sentiments unanimes de respect
« et d'affection dont votre peuple vous entoure, il se manifeste dans
« les esprits une vive inquiétude qui trouble la sécurité dont la
« France avait commencé à jouir, altère la source de sa prospérité et
« pourrait, si elle se prolongeait, devenir funeste à son repos. Notre
« conscience, notre honneur, la fidélité que nous vous avons jurée et
« que nous vous garderons toujours, nous imposent le devoir de vous
« en dévoiler la cause. Sire, la Charte que nous devons à la sagesse
« de votre auguste prédécesseur, et dont Votre Majesté a la ferme
« volonté de consolider le bienfait, consacre, comme un droit, l'in-
« tervention du pays dans la délibération des intérêts publics. Cette
« intervention devait être, elle est en effet, indirecte, sagement me-
« surée, circonscrite dans des limites exactement tracées, et que
« nous ne souffrirons jamais que l'on ose tenter de franchir ; mais
« elle est positive dans son résultat, car elle fait, du concours per-
« manent des vues politiques de votre gouvernement avec les vœux
« de votre peuple, la condition indispensable de la marche régulière
« des affaires publiques. Sire, notre loyauté, notre dévouement
« nous condamnent à vous dire que ce concours n'existe pas. » —

Le ton et les expressions de ces deux discours établissent ainsi et résument le combat ouvert depuis longtemps et engagé cette fois entre l'autorité du Roi et celle des Chambres ; en d'autres termes, le gouvernement monarchique, avec le principe et la maxime : *le Roi règne et gouverne*, défini et exprimé, en définitive, par le préambule de la Charte de 1814 et par l'art. 14 de cette Charte; ou le gouvernement parlementaire, celui des majorités avec le principe et la maxime : *le Roi règne et ne gouverne pas*, établi et développé par M. Thiers dans le *National*, et soutenu par toutes les factions qui, malgré leurs dissidences, se réunissaient sur ce terrain pour arriver les unes au renversement de la royauté, les autres à l'envahissement des emplois, toutes à la chute de la branche aînée des Bourbons, et à son remplacement soit par la branche cadette (orléanistes, gouvernement à l'anglaise) ; soit par Napoléon II (bonapartistes, despotisme, parti militaire); soit par une présidence suprême, temporaire et élective (républicains — institutions démocratiques — Charte américaine — les sociétés secrètes). Tel était le fond des choses et de la situation politique intérieure à ce moment, et ce qui donne la clé de tous les événements subséquents.— Séance du 16 mars. Amendement de M. de Lorgeril, tendant à adoucir les termes du § 10e et à en retrancher *le refus de concours*.—Rejet de cet amendement et adoption de l'adresse par 221 voix contre 181. — Nombre des votans : 402. — Majorité pour l'adoption : 40. — 18 mars.— Présentation de l'adresse au Roi, lue par M. Royer-Collard, président, à la tête d'une grande députation de la Chambre, et introduit par le grand-maître des cérémonies (le marquis de Dreux-Brézé). — Réponse du Roi : « Monsieur, j'ai entendu l'adresse que vous me
« présentez au nom de la Chambre des Députés. J'avais droit de
« compter sur le concours des deux Chambres pour accomplir tout
« le bien que je méditais; mon cœur s'afflige de voir les Députés des
« départements déclarer que, de leur part, ce concours n'existe pas.
« Messieurs, j'ai annoncé mes résolutions dans mon discours d'ou-
« verture de la session. Ces résolutions sont immuables ; l'intérêt de
« mon peuple me défend de m'en écarter. Mes ministres vous feront
« connaître mes intentions. » — Ordonnance royale du 19 mars qui proroge au 1er septembre la session de 1830.—1er avril. Banquet donné par 6 à 700 électeurs, dans la salle des *Vendanges de Bourgogne*, décorée de 221 couronnes, et où M. Odilon Barrot, vice-

président de la réunion, assure les députés de la Seine, à qui ce banquet est offert, que si l'on en venait à braver la sainteté des lois, « le courage des citoyens ne leur manquerait pas. » — Procès de presse et condamnation du *National*, du *Commerce*, du *Globe* et du *Nouveau Journal de Paris*. — Procession publique de l'archevêché à la chapelle des RR. PP. Lazaristes, rue de Sèvres, pour la translation des reliques de Saint-Vincent de Paule. — Préparatifs de l'expédition d'Alger, pour venger l'injure faite au consul français ainsi qu'au pavillon national, et pour détruire la piraterie africaine. M. le comte de Bourmont, ministre de la guerre, va prendre le commandement des troupes de mer à Toulon; voyage de M. le duc d'Angoulême qui va présider à l'embarquement de la flotte placée sous les ordres de M. le vice-amiral Duperré.

15 mai. —Rapport du ministre des finances au Roi sur la statistique et la situation financière du royaume (Résultats extraits de l'*Annuaire historique*):

Communes cadastrées en 1830... 21,512; présentent une étendue de 28,619,460 hectares; il ne reste plus à cadastrer que 15,738 communes, contenant 23,335,374 hectares.

Contribution mobilière et personnelle : montant des valeurs locatives, non compris celles de l'industrie : 303,832,734 fr. dont 169,810,754 fr., sont afférentes aux villes et 134,021,980 fr. aux communes rurales.

Population en 1821 : 30,304,340; nombre des maisons : 5,886,727; prix moyen du loyer : par habitant, 10 fr., 2 c.; par maison, 49 fr., 52 c. — En 1830, population : 31,657,429 habitants; nombre des maisons : 6,396,008; valeur des loyers, non compris les établissements industriels : 384,008,125 fr.; dont 211,806,483 fr. pour les villes et 172,201,642 fr. pour les communes rurales. — Plus-value : 80 millions environ.

Les contributions directes avaient été dégrevées, de 1820 à 1830, ainsi qu'il suit :

Principal de l'impôt foncier	18,119,222 fr.
Centimes additionnels à la contribution foncière	38,685,246
Contribution personnelle et mobilière	18,741,221
Portes et fenêtres	10,890,610
Centimes affectés aux frais de perception . . .	5,420,048

Le résultat de ces dégrèvements a donc été de rendre aux propriétaires un revenu annuel de . . 91,856,347 fr.

En résumé, le produit total de ces quatres branches principales des revenus de la France, s'élevait, en 1830, à 325 millions, dont 217 millions en principal, et 108 millions en centimes additionnels.

Les frais de perception étaient, proportionellement, de 5 1/10° pour 100.

Contrib. indir.—en 1818 : 163 millions ; en 1828 : 212 millions.
Frais de perception » 14 1/2 p. 0/0 ; » 12 1/2 p. 0/0.
Tabacs . . . . » 41 millions ; » 46 millions.

Situation de la dette publique au 1ᵉʳ janvier 1830.

Les 5 pour 100, inscrits au nom de 151,427 parties, s'élèvent à 126,786,971 fr. représentant au pair un capital de . . . . 2,535,739,420 fr.
Les 4 et demi pour 0/0, inscrits au nom de 533 parties, sont de 1,029,137 fr., représentant, au pair, un capital de 22,831,933
Les 4 pour 0|0 (dernier emprunt) sont de 3,134,950 fr., représentant au pair un capital de 78,373,750
Les 3 pour 0|0, inscrits au nom de 43,610 parties, sont de 39,377,047 fr., représentant, au pair, un capital de 1,312,568,234

Le capital, inscrit au 1ᵉʳ janvier 1830, est donc de. . . . . 3,949,553,337 fr.
Les arrérages annuels sont de . . . . 170,328,205 fr.

Il convient d'ajouter à ces deux sommes les rentes rachetées par la caisse d'amortissement, qui se composent en capital et intérêts, comme il suit : 37,070,107 fr. de rentes 5 pour 0/0 au capital de 741,402,140 fr. ; — 433,097 fr. de rentes 3 pour 0/0 au capital de 14,436,566 fr. ; ensemble, 755,838,706 fr. de capital, et en intérêts, 37,503,204 fr.—Total général des capitaux : 4,705,302,043 fr. et des intérêts : 207,831,409 fr.

Les fonds affectés annuellement à la dotation de la caisse d'amortissement ont été portés à 41,665,050 fr. ; et la totalité de ses ressources était ainsi parvenue, en 1830, à plus de 79,168,000 fr.

La dette viagère, constituée au nom de 36,785 parties, n'est plus que de 7,271,914 fr.

Les pensions inscrites sur les livres du trésor, au nom de 187,173 parties, s'élèvent, savoir : pensions civiles, 1,825,604 fr. ; pensions ecclésiastiques, 5,986,452 fr. ; pensions militaires. 47,643,139 fr. ; pension de donataires, 1,529,001 fr.— Total, 56,731,196 fr.

Enfin, les capitaux de cautionnements, montant à 226,483,973 fr. exigent, chaque année, un service d'intérêt pour la somme de 9 millions.

Les charges annuelles de la dette inscrite, au 1er janvier 1830, s'élevaient donc ensemble à 322,752,569 fr.

Les évaluations du budget de 1831, selon le rapport de M. de Chabrol, présentaient les résultats suivants :

En recette (d'après les recensements de l'exercice précédent)	986,201,158 fr.
En dépenses de toute nature	983,186,597 fr.
Excédant disponible en faveur du trésor .	3,015,561 fr.

— Retour de l'Espagne et départ pour l'Italie du roi et de la reine de Naples ; fêtes à cette occasion données à Rosny, par Madame la duchesse de Berry, et au Palais-Royal, par M. le duc d'Orléans ; troubles et émeute dans le jardin du Palais-Royal.—*16 mai*. Dissolution de la Chambre des Députés ; convocation des colléges électoraux d'arrondissements et des départements pour les 23 juin, 3 et 20 juillet ; ouverture de sa session pour le 3 août. — Démission de M. de Courvoisier, garde des sceaux, et de M. Chabrol de Croussol, ministre des finances, remplacés par M. de Chantelauze, premier président de la Cour royale de Grenoble, et par M. le comte de Montbel, ministre de l'intérieur qui est lui-même remplacé par M. le comte de Peyronnet, ancien garde des sceaux ; création du ministère des *travaux publics*, et nomination à cet emploi de M. le baron Capelle, préfet de Versailles. —Incendie sur plusieurs points du royaume, notamment dans la Normandie ; accusations et récriminations réciproques des partis politiques à ce sujet. —*14 juin et jours suivants*. Débarquement de l'armée française en Afrique, prise d'Alger et de la *Casaubah*, ou fort de l'Empereur, avec le trésor du dey, évalué à 60 millions Le ministère anglais ayant demandé, à cette occasion, ce que la France serait disposée à faire de la régence d'Alger, le gouvernement français répondit : « que la « France insultée ne demandait le secours de personne pour venger « son injure et qu'elle n'aurait besoin de personne pour savoir ce « qu'elle aurait à faire de sa nouvelle conquête. » (V. *Ann. hist.*)— 13 *juin*. Proclamation du Roi relative aux prochaines réunions des colléges électoraux. — Élections générales : sur 428 députés, formant la chambre élective (non compris les deux députés de la Corse), l'opposition obtient 270 nominations. — Ordonnances du 25 *juillet* rendues en vertu de l'art. 14 de la Charte, contresignées par tous les ministres (excepté M. de Bourmont, alors en Afrique), et portant 1° dissolution de la Chambre des députés ; — 2° dispositions relatives à la publication quotidienne des journaux ; 3° modifications aux lois d'élections. — 26 *juillet*. Le *Journal des Débats* et le *Constitutionnel*, seuls, demandent au ministre de l'intérieur l'autorisation de paraître, imposée par les ordonnances. — Jugement du tribunal de première instance, première section, présidée par M. de Belleyme qui ordonne à l'imprimeur du *Journal du Commerce* d'en continuer provisoirement l'impression, attendu que l'ordonnance du 25 juillet n'avait pas encore été promulguée dans les formes légales. — Commencement des troubles, dans la soirée, au Palais-Royal et sur la place de la Bourse. — 27 *juillet*. Publication de la protestation de 44 rédacteurs des journaux : le *Temps*, le *National*, le *Courrier français*, le *Commerce*, le *Globe*, la *Révolution*, la *Tribune*, le *Journal de Paris*, le *Sylphe*, le *Courrier des Électeurs*, rédigée par MM. Cauchois-Lemaire, du *Constitutionnel*; Thiers, du *National*, et Châtelain du *Courrier français*. — Saisies des presses des deux journaux le *Temps* et le *National*. — Jugement du tribunal de commerce, sous la présidence de M. Ganneron, par lequel « Considérant que l'ordonnance du 25 juillet, contraire à la Charte, ne saurait être obligatoire ni pour la personne sacrée et inviolable du Roi, ni pour les droits des citoyens aux droits desquels elle portait atteinte, » l'imprimeur du journal le *Courrier français* est condamné à reprendre l'impression dudit journal dans les vingt-quatre heures. — Suite des troubles ; pillage de quelques boutiques d'armuriers dans la rue Saint-Honoré, par des groupes de jeunes gens sortis des écoles, et d'ouvriers renvoyés de leurs ateliers, aux seuls cris de *Vive la Charte! à bas les ordonnances! à bas les ministres!* — Réunion de quelques députés chez M. Casimir Périer; une première réunion, moins nombreuse, avait eu lieu la veille chez M. Alex. de Laborde. — Le Roi, qui était à Saint-Cloud, nomme commandant de la première division militaire (Paris) M. le maréchal duc de Raguse qui, à midi, établit son quartier-général au Carrousel, et à quatre heures commence à envoyer des détachements du cinquième régiment de ligne et de la garde royale pour dissiper les rassemblements. — Vers six heures, le premier coup de fusil, dirigé sur une patrouille, partit de la fenêtre d'un hôtel garni situé au coin de la rue Saint-Honoré et de la rue des Pyramides; il avait été tiré par un Anglais nommé *Foulks* (d'autres disent un Américain); on répond à cette agression par une décharge dans laquelle l'agresseur est tué ainsi que deux domestiques de l'hôtel; une barricade est formée sur la place du Palais-Royal au moyen d'un *omnibus* renversé; des grêles de pierres sont lancées sur les soldats qui, après une sommation faite sans l'assistance du commissaire de police, se bornent encore à tirer en l'air; plus tard, un vieillard est tué dont le cadavre est promené dans différents quartiers afin d'exciter le peuple à l'insurrection; les réverbères sont brisés; les ministres mettent Paris en état de siége. — 28 *juillet*. Les rassemblements sont plus nombreux et plus irrités; aux seuls cris encore prononcés de : *Vive la Charte! Vive la liberté!* on dépave toutes les rues; on forme des barricades dans tous les quartiers, toutes les boutiques des armuriers et débitants de poudre et de plomb sont pillées; désarmement des corps-de-garde, des pompiers, des compagnies sédentaires; prise de l'arsenal, de la poudrière des Deux-Moulins, du dépôt d'armes et d'artillerie, de la prison militaire de l'Abbaye et de Sainte-Pélagie; occupation de l'Hôtel-de-Ville par les insurgés, sur lequel, ainsi que sur les tours de Notre-Dame, on arbore le drapeau tricolore; les troupes se mettent en mouvement pour reprendre les positions enlevées; les ministres s'assemblent en conseil permanent à l'état-major des Tuileries; — le général Lafayette et M. Laffitte, qu'on avait envoyé chercher à leur maison de campagne, se réunissent avec d'autres députés chez M. Audry de Puyraveau, rue du Faubourg-Poissonnière, n° 40. Ils délibèrent et se résolvent à faire demander une suspension d'hostilités par une députation composée de MM. Laffitte, C. Périer, Gérard, Lobau et Mauguin, qu'ils adressent au maréchal Marmont, lequel les accueille et de concert avec M. de Polignac leur promet de faire savoir tout ce qui se passe au Roi, à Saint-Cloud, où il dépêche, en effet, sur-le-champ, un de ses officiers, le colonel Komierowski. — Charles X, en réponse à la communication, et trompé par d'autres rapports, charge cet officier de recommander au maréchal « de tenir, de réunir ses forces sur le Carrousel et la place Louis XV et d'agir avec des masses. » — Pour obéir à cet ordre, le maréchal fait évacuer le soir l'Hôtel-de-Ville par les troupes qui, dans la journée, après un engagement sanglant et la blessure mortelle du colonel Pleineselve, l'avaient repris sur les insurgés. — Réunion à quatre heures de quinze députés chez M. Bérard, l'un d'eux. — Lecture de la protestation rédigée le matin par M. Guizot, et qui fut imprimée, affichée et publiée, sans signature, le lendemain dans un journal ; seconde réunion des mêmes et de quelques autres députés, le soir, chez M. Audry de Puyraveau. — Proposition de prendre les armes le lendemain, de diriger le mouvement d'insurrection et de se constituer à l'Hôtel-de-Ville. — *29 juillet.* Dès le point du jour, attaque et prise successive par l'insurrection, des Invalides, du Louvre et des Tuileries, de l'Ecole militaire, de l'Archevêché, où tout est pillé; de la Conciergerie, où tous les malfaiteurs sont mis en liberté ; et enfin de la caserne de la rue de Babylone, où l'on met le feu et où périssent les Suisses et le major Dufay qui les commandait. — Les enseignes royales sont partout abattues. — Le général Dubourg, qui, dès la veille, avait fait et signé une proclamation, et établi son quartier-général à la place de la Bourse, se rend, avec la foule, à l'Hôtel-de-Ville où il ne se trouvait plus personne et où il attend le gouvernement provisoire qui ne pouvait manquer de se former. — Défection du 5e et du 53e régiment de ligne qui, stationnés sur la place Vendôme, mettent la crosse en l'air et passent avec leurs officiers du côté de l'insurrection. — Retraite de la garde royale sur Saint-Cloud, où tous les ministres s'étaient rendus dès le matin. — M. de Sémonville, grand référendaire de la Chambre des pairs, qui s'y était aussi rendu, fait connaître au Roi la véritable situation des choses, et après un conseil qui est tenu à la suite de cette conférence, Charles X rend quatre ordonnances : la première, contresignée par M. de Chantelauze, nomme M. le duc de Mortemart ministre des affaires étrangères et président du conseil des ministres ; la seconde et la troisième, contresignées par M. de Mortemart, nomment M. C. Périer ministre des finances, et le général Gérard ministre de la guerre ; la quatrième rapporte les ordonnances du 25 juillet et rétablit l'ouverture de la session législative au 3 août. — MM. de Sémonville, d'Argout et de Vitrolles se hâtent de porter ces ordonnances à l'Hôtel-de-Ville où ils trouvent une commission municipale, ou gouvernement provisoire, qui s'y était constitué et installé sous la présidence de M. de Lafayette et qui se composait de MM. Laffitte, Mauguin, Audry de Puyraveau, de Schonen, Lobau et C. Périer. — Le général Gérard et le général Pajol s'étaient chargés des opérations militaires. — Aux communications qui lui sont faites par les envoyés du Roi, M. de Lafayette répond : *Il est trop tard!* et continue de donner les ordres nécessaires pour assurer le succès de l'insurrection qui se prolonge alors aux cris de : *A bas les Bourbons*, et qui s'empare du service des postes, des télégraphes, du trésor, de la préfecture du département et de la préfecture de police dont les directions sont remises à MM. Chardel, Marschal, baron Louis, Alex. de Laborde et Bavoux. — *30 juillet*. On réorganise la garde nationale et on reprend les couleurs tricolores. — Proclamation de la commission municipale, ou gouvernement provisoire, commençant par ces mots : *Habitans de Paris, Charles X a cessé de régner sur la France!* et nomination de MM. Dupont (de l'Eure) au ministère de la justice ; Bignon, des affaires étrangères ; Gérard, de la guerre ; de Rigny, de la marine ; de Broglie, de l'intérieur ; Guizot, de l'instruction publique. — Réunion de députés dans le local ordinaire de la chambre où, en comité secret et sous la présidence de M. Laffitte, on propose d'offrir à M. le duc d'Orléans la lieutenance-générale du royaume. — MM. Dupin (aîné) et Persil se rendent à Neuilly pour porter cette proposition au prince qui y résidait et qui, après l'avoir acceptée, rentre au Palais-Royal à onze heures du soir. — Madame la dauphine, qui était aux eaux de Vichy depuis trois semaines, arrive à Saint-Cloud le soir, déguisée en femme de chambre et accompagnée seulement de M. Lucinge de Faucigny, déguisé en domestique. — *31 juillet*. Proclamation de M. le duc d'Orléans : « Habitans de Paris, les députés de la France, en ce moment à Paris, m'ont exprimé le désir que je

7

« me rendisse dans cette capitale pour y exercer les fonctions de
« Lieutenant-Général du royaume. Je n'ai pas balancé à venir parta-
« ger vos dangers, à me placer au milieu de votre héroïque popula-
« tion et à faire tous mes efforts pour vous préserver des calamités
« de la guerre civile et de l'anarchie. En rentrant dans la ville de
« Paris, je portais avec orgueil les couleurs glorieuses que vous
« avez reprises et que j'avais moi-même longtemps portées. Les
« chambres vont se réunir et aviseront aux moyens d'assurer le
« règne des lois et le maintien des droits de la nation. La Charte
« sera désormais une vérité. » — A onze heures, après avoir entendu
la réponse que MM. Dupin et Persil avaient rapportée, et avoir
adopté le projet d'une proclamation aux Français, rédigée par
M. Guizot, membre d'une commission nommée à cet effet, séance
tenante, et qui se composait, outre le rédacteur, de MM. Villemain,
Bérard et Benjamin Constant, les députés, au nombre de 92 cette
fois, qui, comme la veille, s'étaient réunis au Palais-Bourbon, en
séance secrète, sous la présidence de M. Laffitte, se rendent au
Palais-Royal pour offrir solennellement la lieutenance-générale du
royaume à M. le duc d'Orléans qui l'accepte de nouveau et qui,
accompagné de tous ces députés, se rend à l'Hôtel-de-Ville, au milieu des acclamations publiques et d'une foule nombreuse qui
criait : *Vive le duc d'Orléans! Vive le Lieutenant-Général! Vivent
nos bons députés! Vive la Liberté! Vive Lafayette!* Quelques cris
de : *Vive la République* se font également entendre. — Le prince
est reçu par M. de Lafayette, et tous deux, se tenant par la main et
agitant un drapeau tricolore, se présentent, à l'une des fenêtres de
l'Hôtel-de-Ville, aux yeux du peuple qui les accueille par de nouveaux *vivat!* (1). — Les troupes fidèles s'étaient successivement

(1) « C'est là, dit l'*Annuaire historique* de Lesur (année 1830), et ce
n'est que là qu'on peut trouver ce qu'on a appelé le *Programme de
l'Hôtel-de-Ville*, au sujet duquel M. de Lafayette, écrivant aux électeurs
de Meaux, lors des élections de 1831, donnait ces explications : « Vous me
« demanderez quel fut ce *Programme de l'Hôtel-de-Ville*, souvent cité par
« moi, contesté par d'autres, et dont il m'appartient de réclamer le complé-
« ment. Après la visite du nouveau lieutenant-général, accompagné des
« Députés, à l'Hôtel-de-Ville, je crus trouver dans l'autorité et la confiance
« populaire, dont j'étais investi, le droit et le devoir d'aller m'expliquer
« franchement, au nom de ce même peuple, avec le roi projeté. — Vous

repliées sur le bois de Boulogne et sur Saint-Cloud d'où le Roi, après avoir rendu une ordonnance par laquelle il nommait M. le duc d'Orléans Lieutenant-Général du royaume, partit à trois heures du matin avec M. le duc de Bordeaux et madame la duchesse de Berry et se rendit, d'abord à Trianon, puis à Rambouillet, escorté par les gardes du corps et la garde royale. — 1ᵉʳ août. Ordonnances du Lieutenant-Général du royaume : 1° nomination des ministres ; 2° la nation française reprend ses couleurs : il ne sera plus porté d'autre cocarde que la cocarde tricolore ; 3° la Chambre des pairs et la Chambre des députés se réuniront le 3 août ; 4ᵉ art. 1ᵉʳ. Les condamnations prononcées pour délits politiques de la presse restent sans effet. Art. 2. Les personnes détenues à raison de ces délits seront sur-le-champ mises en liberté. Il est également fait remise des amendes et autres frais, sous la seule réserve des droits des tiers. Les poursuites commencées cesseront immédiatement.— M. Bernard (de Rennes) est nommé procureur-général à la cour royale de Paris. — M. Barthe est nommé procureur du roi près le tribunal de première instance de la Seine. — 2 août. Envoi sur Rambouillet, par ordre du Lieutenant-Général, de détachements de gardes nationaux et de masses populaires dirigées et commandées par le colonel Poque-Beauvert et le général Pajol. — Ces démonstrations menaçantes ont pour objet de forcer le Roi à licencier les troupes dont il est entouré. — Les insurgents sont forcés de rester à Cognières aux avant-postes ainsi que les trois commissaires : MM. le maréchal Maison, de Schonen et Odilon Barrot, envoyés à leur suite par M. le duc d'Orléans, et qui ne peuvent parvenir à être admis auprès du Roi que le 3 août, à neuf heures du soir.— Dans la nuit du 1ᵉʳ au 2 août,

« savez, lui dis-je, que je suis républicain, et que je regarde la constitution
« des États-Unis comme la plus parfaite qui ait existé. — Je pense comme
« vous, répondit le duc d'Orléans, il est impossible d'avoir passé deux ans en
« Amérique et de n'être pas de cet avis ; mais croyez-vous, dans la situation
« de la France, et d'après l'opinion générale, qu'il nous convienne de l'adop-
« ter ? — Non, lui dis-je ; ce qu'il faut aujourd'hui au peuple français, c'est
« un trône populaire entouré d'institutions républicaines, tout à fait républi-
« caines.—C'est bien ainsi que je l'entends, repartit le prince. » Cet engage-
« ment mutuel, qu'on appréciera comme on voudra, mais que je m'empressai
« de publier, acheva de rallier autour de nous et ceux qui ne voulaient pas de
« monarque, et ceux qui en voulaient un tout autre qu'un Bourbon. »

le Roi Charles X fait remettre à M. le duc d'Orléans les actes d'abdication suivans : — « *Rambouillet, ce 2 août* 1830. Mon cousin, je
« suis trop profondément peiné des maux qui affligent ou qui
« pourraient menacer mon peuple, pour n'avoir pas cherché un
« moyen de les prévenir. J'ai donc pris la résolution d'abdiquer la
« couronne en faveur de mon petit-fils, le duc de Bordeaux. — Le
« Dauphin, qui partage mes sentiments, renonce aussi à ses droits
« en faveur de son neveu. — Vous aurez donc, en votre qualité de
« Lieutenant-Général du royaume, à faire proclamer l'avénement
« de Henri V à la couronne. Vous prendrez d'ailleurs toutes les
« mesures qui vous concernent pour régler les formes du gouverne-
« ment pendant la minorité du nouveau roi. Ici, je me borne à faire
« connaître ces dispositions ; c'est un moyen d'éviter encore bien
« des maux. — Vous communiquerez mes intentions au Corps diplo-
« matique et vous me ferez connaître le plus tôt possible la procla-
« mation par laquelle mon petit-fils sera reconnu Roi sous le nom
« de Henri V. — Je charge le lieutenant-général vicomte de Foissac-
« Latour de vous remettre cette lettre. Il a ordre de s'entendre avec
« vous pour les arrangements à prendre en faveur des personnes
« qui m'ont accompagné, ainsi que pour les arrangements conve-
« nables pour ce qui me concerne et le reste de ma famille. — Nous
« réglerons ensuite les autres mesures qui seront la conséquence du
« changement de règne. — Je vous renouvelle, mon cousin, l'as-
« surance des sentiments avec lesquels je suis votre affectionné
« cousin : **Charles** et **Louis-Antoine**. » — Le lendemain soir,
3 août, le Roi partait avec M. le dauphin, madame la dauphine,
M. le duc de Bordeaux, madame la duchesse de Berry, quelques
serviteurs dévoués et une escorte de la garde royale, laquelle fut
licenciée le lendemain 4, à Maintenon (château de M. Just de
Noailles où le roi s'était arrêté pour coucher). Les jours suivants,
la famille royale, accompagnée des trois commissaires susdésignés
et nommés par le Lieutenant-Général, continue son voyage jusqu'à
Cherbourg où elle arrive, et s'embarque le 16 août pour l'Écosse.
— *3 août.* Ouverture des Chambres ; — session de 1830. — M. le
duc d'Orléans, Lieutenant-Général, se rend au Palais-Bourbon où
se trouvent réunis environ 60 Pairs et 240 Députés, tous en habit
bourgeois, et prononce le discours suivant : « Messieurs les Pairs et
« Messieurs les Députés, Paris, troublé dans son repos par une véri-

« table violation de la Charte et des lois, les défendait avec un cou-
« rage héroïque. Au milieu de cette lutte sanglante, aucune des
« garanties de l'ordre social ne subsistait plus ; les personnes, les
« propriétés, les droits, tout ce qui est précieux et cher à des
« hommes et à des citoyens, courait les plus graves dangers. Dans
« cette absence de tout pouvoir public, le vœu de mes concitoyens
« s'est tourné vers moi ; ils m'ont jugé digne de concourir avec eux
« au salut de la patrie ; ils m'ont invité à exercer les fonctions de
« Lieutenant-Général du royaume. Leur cause m'a paru juste, le
« péril immense, la nécessité impérieuse, mon devoir sacré. Je suis
« accouru au milieu de ce vaillant peuple suivi de ma famille et
« portant ces couleurs qui, pour la seconde fois, ont marqué
« parmi nous le triomphe de la liberté. Je suis accouru, fermement
« résolu à me dévouer à tout ce que les circonstances exigeraient
« de moi, dans la situation où elles m'ont placé, pour rétablir l'em-
« pire des lois, sauver la liberté menacée et rendre impossible le
« retour de si grands maux, en assurant à jamais le pouvoir de cette
« Charte dont le nom, invoqué pendant le combat, l'était encore
« après la victoire. Dans l'accomplissement de cette noble tâche,
« c'est aux Chambres qu'il appartient de me guider. Tous les droits
« doivent être solidement garantis ; toutes les institutions néces-
« saires à leur plein et libre exercice doivent recevoir les dévelop-
« pements dont elles ont besoin. Attaché de cœur et de conviction
« aux principes d'un gouvernement libre, j'en accepte d'avance
« toutes les conséquences. Je crois devoir appeler dès aujourd'hui
« votre attention sur l'organisation des gardes nationales, l'appli-
« cation du jury aux délits de la presse, la formation des adminis-
« trations départementale et municipale, et, avant tout, sur cet
« article 14 de la Charte qu'on a si odieusement interprété. C'est
« dans ces sentiments, Messieurs, que je viens ouvrir cette session.
« Le passé m'est douloureux ; je déplore des infortunes que j'au-
« rais voulu prévoir ; mais, au milieu de ce magnanime élan de la
« capitale et de toutes les cités françaises, à l'aspect de l'ordre
« renaissant avec une merveilleuse promptitude après une résistance
« pure de tout excès, un juste orgueil national émeut mon cœur et
« j'entrevois avec confiance l'avenir de la patrie. Oui, Messieurs, elle
« sera heureuse et libre, cette France qui m'est si chère ; elle
« montrera à l'Europe qu'uniquement occupée de sa prospérité

« intérieure, elle chérit la paix aussi bien que la liberté, et ne veut
« que le bonheur et le repos de ses voisins. Le respect de tous les
« droits, le soin de tous les intérêts, la bonne foi dans le gouver-
« nement, sont les meilleurs moyens de désarmer les partis et de
« ramener dans les esprits cette confiance dans les institutions,
« cette stabilité, seuls gages assurés du bonheur des peuples et de
« la force des États. Messieurs les Pairs et Messieurs les Députés,
« aussitôt que les Chambres seront constituées, je ferai porter à
« leur connaissance l'acte d'abdication de S. M. le Roi Charles X ;
« par ce même acte, S. A. R. Louis-Antoine de France, dauphin,
« renonce également à ses droits ; cet acte a été remis entre mes
« mains hier, 2 août, à onze heures du soir. J'en ordonne ce matin
« le dépôt dans les archives de la Chambre des pairs, et je la fais
« insérer dans la partie officielle du *Moniteur*. » — *4 et 5 août*. Les
Chambres s'organisent sous la présidence de M. Pasquier (Pairs),
Laffitte (Députés), et commencent à délibérer sur le discours d'ouverture de la session prononcé par le Lieutenant-Général et sur les
mesures que les circonstances exigent de prendre pendant que des
attroupements nombreux se forment de toutes parts et se présentent
à la Chambre des députés en demandant à grands cris qu'une nouvelle élection des députés ait lieu, attendu que la Chambre actuelle
est sans mandat et sans nombre suffisant pour prononcer sur une
constitution nouvelle ou modifiée ; au lieu de 450 députés, il n'y en
avait eu que 362 *admis*, et le nombre des présents ne s'élevait
qu'à 202. — *6 août*. M. Bérard présente une proposition tendant à
changer plusieurs articles de la Charte de 1814 et à élire M. le duc
d'Orléans Roi des Français ; cette proposition est renvoyée à une
commission composée de MM. Bérard, Aug. Périer, Humann, Benjamin Delessert, le comte de Sade, le général Sébastiani, Bertin de
Vaux, le comte de Bondy, de Tracy, laquelle doit se réunir à celle que
la Chambre vient de nommer pour la rédaction du projet d'adresse en
réponse au discours du Lieutenant-Général du Royaume, et qui est
composée de MM. Villemain, Pavée de Vandœuvre, Humblot-Conté,
Kératry, Dupin aîné, Mathieu-Dumas, Benjamin-Constant, Jacques
Lefèbvre, Etienne. A huit heures du soir, et M. Dupin aîné ayant
été nommé rapporteur, cette commission fait son rapport ; la
Chambre reçoit du ministre de l'intérieur la copie des actes d'abdication et en ordonne le dépôt dans ses archives. — *7 août*. Dis-

cussion de la proposition Bérard. — A propos du préambule ou principe des deux constitutions, M. Persil s'exprime ainsi :
« ..... Votre commission, qui s'est livrée à l'examen du contrat qui
« doit lier le nouveau souverain et la France, vous propose d'abord
« de supprimer en entier le *préambule de la Charte*. Cette propo-
« sition ne souffrira aucune difficulté. Il n'est personne qui ne con-
« damne ce principe qui en fait la base : « Que l'autorité tout entière
« réside en France dans la personne du Roi. » C'est donc bien, c'est
« très-bien d'avoir proposé cette suppression ; mais ce n'est pas assez.
« A mon avis, il est indispensable de proclamer le principe contraire
« et d'en faire la base de notre droit public français. Il faut dire que
« c'est du peuple et du peuple seul que part la souveraineté ; il faut
« le dire, surtout, au moment où le peuple se choisit un chef et dé-
« lègue à une nouvelle dynastie l'exercice d'une partie de cette sou-
« veraineté ; il faut le dire pour expliquer notre conduite et légiti-
« mer la translation de la couronne ; il faut le dire, surtout, pour
« qu'à l'avenir nul ne puisse se dire roi par droit divin et ne se
« croie autorisé à offrir des concessions à nos descendants. En
« conséquence, j'ai l'honneur de proposer à la Chambre d'ajouter,
« après l'article 12 et sous le titre *de la Souveraineté*, deux articles
« qui seraient ainsi conçus : « La souveraineté appartient à la
« nation ; elle est inaliénable et imprescriptible. La nation, de qui
« seule émanent tous les pouvoirs, ne peut les exercer que par
« délégation. » Ces articles sont littéralement pris de la constitution de 1791. — A cette proposition, M. Dupin aîné, rapporteur
de la commission, répond : « Je dois rétablir ici la disposition pro-
« posée au nom de la commission : « La Chambre des députés déclare
« secondement que, selon le vœu et dans l'intérêt du peuple fran-
« çais, le préambule de la Charte constitutionnelle est supprimé
« comme blessant la dignité nationale en paraissant octroyer aux
« Français les droits qui leur appartiennent essentiellement. » Vous
« voyez, d'après cela, que la proposition de M. Persil n'a plus
« d'objet. » — Ainsi rétablie et comprise dans le sens de M. Persil,
la disposition de la commission est adoptée. — Sur l'article relatif
à l'élection de M. le duc d'Orléans comme Roi des Français,
M. Fleury (de l'Orne) s'exprime ainsi : « Les motifs d'urgence ont
« toujours été mis en avant dans les circonstances les plus difficiles
« de la Révolution. Aujourd'hui, les événements qui se sont passés

« ont amené les choses au point de l'abdication de Charles X et de
« son fils. Il y a nomination d'un Lieutenant-Général, d'abord par
« les députés de la France, et par les princes qui ont abdiqué ; des
« deux côtés, le duc d'Orléans est investi de la lieutenance-générale.
« Tout se trouve donc, aujourd'hui, rassuré comme par enchan-
« tement, de ce qu'il n'y a qu'un moment tout était compromis.
« Ainsi donc, point de précipitation, point d'allégation possible
« d'urgence; suivons, Messieurs, la marche tracée par nos intérêts
« intérieurs et extérieurs, par nos intérêts, enfin, les plus précieux,
« les plus chers. Ceux de la patrie avant tout. Qu'on ne m'allègue
« point qu'il y a péril dans la demeure, que l'affection en faveur de
« la famille d'Orléans serait de nature à se refroidir; rien de tout
« cela : je soutiendrai, au contraire, que l'exercice de la lieutenance-
« générale ne ferait que l'accroître tous les jours jusqu'à l'enthou-
« siasme. Modifions la Charte, perfectionnons toutes nos institu-
« tions; votons les impôts; faisons, en un mot, tout ce qu'il faut
« pour que l'administration marche et marche bien, tout est au
« mieux ; mais, pour décider une question si importante que celle
« de l'élection d'un Roi, que le prince Lieutenant-Général convo-
« que de suite ou dans quelque temps, suivant qu'il le jugera
« à propos, les colléges électoraux pour envoyer des députés ayant
« mandat *ad hoc* pour une circonstance si importante. Je crois,
« Messieurs, qu'en consultant ainsi vos commettants, vous aurez
« satisfait à un devoir rigoureux et par là, en conservant votre
« estime à vous-mêmes, vous vous serez assuré à toujours celle de
« la France et de l'Europe entière. » — On rejette cette proposition
et on procède au scrutin sur la proposition Bérard. Nombre des
votants : 252. — Pour, 219 (voir plus bas la nouvelle Charte).
— On va la porter sur-le-champ au Palais-Royal à M. le duc
d'Orléans qui l'accepte, et on la transmet à la Chambre des pairs
qui se rassemble à neuf heures du soir; sur 392 membres il s'en
trouve 114 dont 89 votent la constitution nouvelle, malgré la protestation de M. de Chateaubriand. — 9 *août*. M. le duc d'Orléans se
rend, avec sa famille, au Palais-Bourbon où se trouvent les membres
des deux chambres. Le président de la Chambre des députés lit
l'acte du 7 août et en remet, ainsi que le président de la Chambre
des pairs, la déclaration au prince qui, toujours assis et couvert,
dit : « Messieurs les pairs, Messieurs les députés, j'ai lu avec une

« grande attention la déclaration de la Chambre des députés et
« l'acte d'adhésion de la chambre des pairs ; j'en ai pesé et médité
« toutes les expressions. J'accepte, sans restriction ni réserve, les
« clauses et les engagements que renferme cette déclaration et le titre
« de Roi des Français qu'elle me confère, et je suis prêt à en jurer
« l'observation. » — Après cette allocution, le prince se lève ;
M. Dupont (de l'Eure), alors garde des sceaux, lui remet la formule
du serment, et le nouveau Roi, se découvrant et levant la main,
prononce le serment suivant : « En présence de Dieu, je jure d'ob-
« server fidèlement la Charte constitutionnelle, avec les modifications
« exprimées dans la Déclaration ; de ne gouverner que par les lois
« et selon les lois ; de faire rendre bonne et exacte justice à chacun
« selon son droit et d'agir, en toutes choses, dans la seule vue de
« l'intérêt, du bonheur et de la gloire du peuple français. »

CHARTE DE 1830.

DÉCLARATION DE LA CHAMBRE DES DÉPUTÉS.

La Chambre des Députés, prenant en considération l'impérieuse nécessité qui résulte des événements des 26, 27, 28 et 29 juillet dernier et jours suivants, et de la situation générale où la France s'est trouvée placée à la suite de la violation de la Charte constitutionnelle ;

Considérant, en outre, que par suite de cette violation et de la résistance héroïque des citoyens de Paris, S. M. Charles X, S. A. R. Louis-Antoine, dauphin, et tous les membres de la branche aînée de la maison royale sortent en ce moment du territoire français :

Déclare que le trône est vacant en fait et en droit, et qu'il est indispensable d'y pourvoir.

La Chambre des Députés déclare secondement que, selon le vœu et dans l'intérêt du peuple français, le préambule de la Charte constitutionnelle est supprimé comme blessant la dignité nationale, en paraissant octroyer aux Français des droits qui leur appartiennent essentiellement, et que les articles suivants de la même Charte doivent être supprimés ou modifiés de la manière qui va être indiquée :

Art. 1er. Les Français sont égaux devant la loi, quels que soient d'ailleurs leurs titres et leurs rangs.

2. Ils contribuent indistinctement, dans la proportion de leur fortune, aux charges de l'État.

3. Ils sont tous également admissibles aux emplois civils et militaires.

4. Leur liberté individuelle est également garantie, personne ne pouvant être poursuivi ni arrêté que dans les cas prévus par la loi et dans la forme qu'elle prescrit.

5. Chacun professe sa religion avec une égale liberté et obtient pour son culte la même protection.

6. Les ministres de la religion catholique, apostolique et romaine, professée par la majorité des Français, et ceux des autres cultes chrétiens reçoivent des traitements du trésor public.

7. Les Français ont le droit de publier et de faire imprimer leurs opinions, en se conformant aux lois.

La censure ne pourra jamais être rétablie.

8. Toutes les propriétés sont inviolables, sans aucune exception de celles qu'on appelle *nationales*, la loi ne mettant aucune différence entre elles.

9. L'État peut exiger le sacrifice d'une propriété pour cause d'intérêt public légalement constaté, mais avec une indemnité préalable.

10. Toutes recherches des opinions et votes émis jusqu'à la restauration sont interdites. Le même oubli est commandé aux tribunaux et aux citoyens.

11. La conscription est abolie. Le mode de recrutement de l'armée de terre et de mer est déterminé par une loi.

Formes du gouvernement du Roi.

12. La personne du Roi est inviolable et sacrée. Ses ministres sont responsables. Au Roi seul appartient la puissance exécutive.

13. Le Roi est le chef suprême de l'État ; il commande les forces

de terre et de mer, déclare la guerre, fait des traités de paix, d'alliance et de commerce, nomme à tous les emplois d'administration publique et fait les règlements et ordonnances nécessaires pour l'exécution des lois, sans pouvoir jamais ni suspendre les lois elles-mêmes ni dispenser de leur exécution.

Toutefois aucune troupe étrangère ne pourra être admise au service de l'État qu'en vertu d'une loi.

14. La puissance législative s'exerce collectivement par le Roi, la Chambre des Pairs et la Chambre des Députés.

15. La proposition des lois appartient au Roi, à la Chambre des Pairs et à la Chambre des députés.

Néanmoins, toute loi d'impôt doit être d'abord votée par la Chambre des Députés.

16. Toute loi doit être votée et discutée librement par la majorité de chacune des deux Chambres.

17. Si une proposition de loi a été rejetée par l'un des trois pouvoirs, elle ne pourra être représentée dans la même session.

18. Le Roi, seul, sanctionne et promulgue les lois.

19. La liste civile est fixée, pour toute la durée du règne, par la première législature assemblée depuis l'avénement du Roi.

De la Chambre des Pairs.

20. La Chambre des Pairs est une partie essentielle de la puissance législative.

21. Elle est convoquée par le Roi en même temps que la Chambre des Députés des départements. La session de l'une commence et finit en même temps que celle de l'autre.

22. Toute assemblée de la Chambre des Pairs qui serait tenue hors du temps de la session de la Chambre des Députés est illicite et nulle de plein droit, sauf le seul cas où elle est réunie comme cour de justice, et alors elle ne peut exercer que des fonctions judiciaires.

23. La nomination des Pairs de France appartient au roi. Leur nombre est illimité : il peut en varier les dignités, les nommer à vie ou les rendre héréditaires, selon sa volonté.

24. Les Pairs ont entrée dans la Chambre à vingt-cinq ans, et voix délibérative à trente ans seulement.

25. La Chambre des Pairs est présidée par le chancelier de France, et, en son absence, par un Pair nommé par le Roi.

26. Les Princes du sang sont Pairs par droit de naissance; ils siégent immédiatement après le président.

27. Les séances de la Chambre des Pairs sont publiques comme celles de la Chambre des Députés.

28. La Chambre des Pairs connaît des crimes de haute trahison et des attentats à la sûreté de l'État, qui seront définis par les lois.

29. Aucun Pair ne peut être arrêté que de l'autorité de la Chambre, et jugé que par elle en matière criminelle.

De la Chambre des Députés des départements.

30. La Chambre des Députés sera composée des députés élus par les colléges électoraux dont l'organisation sera déterminée par les lois.

31. Les Députés sont élus pour cinq ans.

32. Aucun Député ne peut être admis dans la Chambre s'il n'est âgé de trente ans et s'il ne réunit les autres conditions déterminées par la loi.

33. Si néanmoins il ne se trouvait pas dans le département cinquante personnes de l'âge indiqué, payant le cens d'éligibilité déterminé par la loi, leur nombre sera complété par les plus imposés au-dessous du taux de ce cens, et ceux-ci pourront être élus concurremment avec les premiers.

34. Nul n'est électeur s'il a moins de vingt-cinq ans, et s'il ne réunit les autres conditions déterminées par la loi.

35. Les présidents des colléges électoraux sont nommés par les électeurs.

36. La moitié au moins des Députés sera choisie parmi les éligibles qui ont leur domicile politique dans le département.

37. Le président de la Chambre des Députés est élu par elle à l'ouverture de chaque session.

38. Les séances de la Chambre sont publiques; mais la demande de cinq membres suffit pour qu'elle se forme en comité secret.

39. La Chambre se partage en bureaux pour discuter les projets qui lui ont été présentés de la part du Roi.

40. Aucun impôt ne peut être établi ni perçu, s'il n'a été consenti par les deux Chambres et sanctionné par le Roi.

41. L'impôt foncier n'est consenti que pour un an. Les impositions indirectes peuvent l'être pour plusieurs années.

42. Le Roi convoque chaque année les deux Chambres ; il les proroge, et peut dissoudre celle des Députés des départements ; mais dans ce cas, il doit en convoquer une nouvelle dans le délai de trois mois.

43. Aucune contrainte par corps ne peut être exercée contre un membre de la Chambre durant la session, et dans les six semaines qui l'auront précédée ou suivie.

44. Aucun membre de la Chambre ne peut, pendant la durée des sessions, être poursuivi ni arrêté en matière criminelle, sauf le cas de flagrant délit, qu'après que la Chambre a permis sa poursuite.

45. Toute pétition à l'une ou à l'autre des Chambres ne peut être faite et présentée que par écrit. La loi interdit d'en apporter en personne et à la barre.

Des ministres.

46. Les ministres peuvent être membres de la Chambre des Pairs ou de la Chambre des Députés. Ils ont, en outre, leur entrée dans l'une ou l'autre Chambre, et doivent être entendus quand ils le demandent.

47. La Chambre des Députés a le droit d'accuser les ministres et de les traduire devant la Chambre des Pairs, qui, seule, a celui de les juger.

De l'ordre judiciaire.

48. Toute justice émane du Roi. Elle s'administre en son nom par des juges qu'il nomme et qu'il institue.

49. Les juges nommés par le Roi sont inamovibles.

50. Les cours et tribunaux ordinaires actuellement existants sont maintenus. Il n'y sera rien changé qu'en vertu d'une loi.

51. L'institution actuelle des juges de commerce est conservée.

52 La justice de paix est également conservée. Les juges de paix, quoique nommés par le Roi, ne sont pas inamovibles.

53. Nul ne pourra être distrait de ses juges naturels.

54. Il ne pourra en conséquence être créé de commissions et de tribunaux extraordinaires, à quelque titre et sous quelque dénomination que ce puisse être.

55. Les débats seront publics en matière criminelle, à moins que cette publicité ne soit dangereuse pour l'ordre et les mœurs, et, dans ce cas, le tribunal le déclare par un jugement.

56. L'institution des jurés est conservée. Les changements qu'une plus longue expérience ferait juger nécessaires ne peuvent être effectués que par une loi.

57. La peine de la confiscation des biens est abolie, et ne pourra pas être rétablie.

58. Le Roi a le droit de faire grâce et celui de commuer les peines.

59. Le Code civil et les lois actuellement existantes qui ne sont pas contraires à la présente Charte, resteront en vigueur jusqu'à ce qu'il y soit légalement dérogé.

Droits particuliers garantis par l'État.

60. Les militaires en activité de service, les officiers et les soldats en retraite, les veuves, les officiers et soldats pensionnés, conserveront leurs grades, honneurs et pensions.

61. La dette publique est garantie. Toute espèce d'engagement pris par l'État avec ses créanciers est inviolable.

62. La noblesse ancienne reprend ses titres. La nouvelle conserve les siens. Le Roi fait des nobles à volonté; mais il ne leur accorde que des rangs et des honneurs, sans aucune exemption des charges et des devoirs de la société.

63. La Légion-d'Honneur est maintenue. Le Roi déterminera les règlements intérieurs et la décoration.

64. Les colonies sont régies par des lois particulières.

65. Le Roi et ses successeurs jureront, à leur avénement, en présence des Chambres réunies, d'observer fidèlement la Charte constitutionnelle.

66. La présente Charte et tous les droits qu'elle consacre demeurent confiés au patriotisme et au courage des gardes nationales et de tous les citoyens français.

97. La France reprend ses couleurs. A l'avenir, il ne sera plus porté d'autre cocarde que la cocarde tricolore.

Dispositions particulières.

Toutes les nominations et créations nouvelles de Pairs faites sous le règne du Roi Charles X sont déclarées nulles et non avenues.

L'art. 23 de la Charte sera soumis à un nouvel examen dans la session de 1831.

La Chambre des Députés déclare, troisièmement, qu'il est nécessaire de pourvoir successivement par des lois séparées, et dans le plus court délai possible, aux objets qui suivent :

1° L'application du jury aux délits de la presse et aux délits politiques ;

2° La responsabilité des ministres et des autres agents du pouvoir ;

3° La réélection des Députés promus à des fonctions publiques salariées ;

4° Le vote annuel du contingent de l'armée ;

5° L'organisation de la garde nationale, avec intervention des gardes nationaux dans le choix de leurs officiers ;

6° Des dispositions qui assurent d'une manière légale l'état des officiers de terre et de mer ;

7° Des institutions départementales et municipales fondées sur un système électif ;

8° L'instruction publique et la liberté de l'enseignement ;

9° L'abolition du double vote et la fixation des conditions électorales et d'éligibilité ;

10° Déclarer que toutes les lois et ordonnances, en ce qu'elles ont de contraire aux dispositions adoptées pour la réforme de la Charte, sont dès à présent et demeurent annulées et abrogées.

Moyennant l'acceptation de ces dispositions et propositions, la Chambre des Députés déclare enfin que l'intérêt universel et pressant du peuple français appelle au trône S. A. R. Louis-Philippe d'Orléans, duc d'Orléans, lieutenant-général du royaume, et ses descendants à perpétuité, de mâle en mâle, par ordre de primogéniture, et à l'exclusion perpétuelle des femmes et de leur descendance.

En conséquence, S. A. R. Louis-Philippe d'Orléans, duc d'Orléans, lieutenant-général du royaume, sera invité à accepter et à jurer les clauses et engagements ci-dessus énoncés, l'observation de la Charte constitutionnelle et des modifications indiquées, et, après l'avoir fait devant les Chambres assemblées, à prendre le titre de Roi des Français.

Délibéré au palais de la Chambre de Députés, le 7 août 1830.

Les président et secrétaires :

Laffitte, vice-président,

Jacqueminot, — *Pavée de Vandœuvre*,
— *Cunin-Gridaine*, — *Jars.*

Collationné à l'original par nous président et secrétaires,

Laffitte, —*Jars*, — *Jacqueminot*, — *Pavée de Vandœuvre*, député de l'Aube ; — *Cunin-Gridaine*, député des Ardennes.

SESSION DE 1830.

OUVERTE LE 3 AOUT, ELLE FUT PROROGÉE LE 21 AVRIL 1831, JUSQU'AU 15 JUIN, ÉPOQUE A LAQUELLE ELLE FUT FERMÉE.

SÉANCE DU 10 SEPTEMBRE 1830.

Loi sur le rappel des régicides.

M. le duc de Choiseul fait, au nom d'une commission, un rapport ayant pour but de demander à la Chambre l'adoption du projet d'une loi déjà votée par la Chambre des Députés, loi tendante à rapporter les articles 3 et 7 de la loi du 12 janvier 1816, laquelle, à cette dernière époque, avait été acceptée à la presque unanimité des deux Chambres. — Le rapporteur demande que, contrairement aux usages établis, on aille aux voix immédiatement. — Le marquis de Brézé se lève alors, et dit : « Si la Chambre entre immédiatement dans la discussion, j'espère qu'elle voudra bien m'accorder la parole. » Le président consulte la Chambre, et la parole est donnée à M. de Brézé.

« Messieurs,

« La brièveté de l'exposé des motifs de M. le garde-des-sceaux sur la loi qui nous est proposée semble indiquer, de la part du gouvernement, le désir que nous n'abordions la discussion qu'avec une sorte de réserve. Cette réserve, toutefois, ne saurait être telle, que les membres de cette Chambre ne puissent motiver leur approbation ou leur rejet.

« Cette loi a deux objets bien distincts : l'un est le

rappel, sur le territoire, d'un certain nombre de Français ; l'autre, leur réintégration dans les biens et pensions qui leur sont dus.

« Sous ce dernier rapport, seulement, il me semble possible de justifier l'opportunité du projet. Je ne ferai pas de proposition à cet égard. Mais j'accueillerais volontiers celle qui pourrait nous être adressée.

« En ce qui touche la position des personnes qui ont été atteintes par l'article 7 de la loi du 12 janvier 1816 (1), peu de mots suffiront pour démontrer l'inutilité d'une disposition législative ; et si je ne parle pas des autres personnes, celles que désigne l'article 3 (2), c'est qu'il est notoire qu'elles sont rentrées en France, ou qu'elles ont eu la possibilité d'y rentrer.

« Les régicides, puisque je suis obligé de les nommer, ont été bannis de France, et l'on vient nous demander de les rappeler, en s'appuyant sur des motifs de paix et de concorde. Messieurs, croyez-vous que le projet de loi qui vous est soumis soit un moyen de faire renaître la tranquillité et la confiance ? Croyez-vous qu'il n'y ait plus en France un seul cœur qui ne se soulève à la pensée d'un attentat inouï ? Ce serait, selon moi, se tromper étrangement ; ce serait, surtout, bien peu connaître l'esprit si éclairé de notre pays qui a toujours séparé, des malheurs de la révolution, les principes de liberté qui tendirent, dès l'origine, à rétablir parmi nous les pré-

(1) Les régicides qui avaient signé l'*acte additionnel* après le 20 mars.
(2) Ceux qui ne l'avaient pas signé.

mières bases de la monarchie représentative conforme à nos besoins et à nos véritables intérêts.

« Certes, Messieurs, je ne suis pas de ceux qui voudraient bannir du cœur des rois la clémence et l'humanité : le droit de faire grâce, qui se trouve placé par la Charte entre les mains du chef de l'État, est la plus belle des prérogatives. Ne cherchons pas à restreindre cette faculté, ainsi que la loi proposée semblerait l'indiquer. Louis XVIII, de glorieuse mémoire, a usé noblement de ce droit. Que le nouveau roi des Français en use plus largement encore ; on respectera sa volonté. Mais, croyez-le bien, cet acte, s'il passe par la législature, prend un tout autre caractère que s'il émane purement du pouvoir. En un mot, je comprends une grâce; je ne comprends pas une réhabilitation.

« Dans mon opinion, la rentrée des bannis frappés par l'article 7 de la loi du 12 janvier 1816 ne peut être sanctionnée par une mesure législative, parce que cette mesure semblerait renfermer une sorte de réhabilitation, et que, permettez-moi de le répéter, la réhabilitation a un tout autre caractère que la grâce. La réhabilitation déclare qu'il n'y a point eu crime ou faute. Or, la réhabilitation, prononcée par les Chambres, semblerait annoncer que notre pays, en tant qu'il est représenté par la législature actuelle, reconnaît que le vote du 21 janvier n'est susceptible ni de reproche ni de souvenir. Ainsi, et pour la première fois depuis quarante ans, les Chambres pourraient, à un tel titre, être accusées de confondre les avantages réels que la France doit à la révolution avec les crimes dont elle l'a rendue le théâtre ; crimes qui, pour l'honneur de notre pays, ont été répudiés par la nation entière. L'attentat des régicides, plus éclatant que tous les autres, révolte d'autant plus l'imagination de tous les Français qu'il fut, pour la plupart d'entre eux, le crime de la peur !

« Je n'attacherai jamais mon nom à un projet de loi qui semble nous convier à une espèce de complicité morale que je repousse avec horreur. Mon vote m'est alors tracé par l'intérêt le plus sacré : celui de l'honneur national. »

Ce projet est adopté par la Chambre dans cette séance.

SÉANCE DU 7 DÉCEMBRE 1830.

Discussion de la loi sur les journaux.

M. Bavoux avait soumis et discuté à la Chambre des Députés (6, 8 et 9 novembre), une proposition tendante à réduire le cautionnement et les droits de timbre et de poste des journaux. Cette proposition avait été adoptée en partie (diminution du cautionnement). — Apportée et également adoptée à la Chambre des Pairs, M. le duc de Choiseul propose, par un article additionnel, que les journalistes soient appelés à prêter serment.

M. le marquis de Dreux-Brézé dit :

« C'est une chose grave, délicate, Messieurs, que de parler de serment. Vous me permettrez donc de m'étonner qu'on vienne incidemment vous demander d'ajouter au projet qui vous est soumis une disposition additionnelle que rien ne saurait motiver.

« Qu'on exige un serment des fonctionnaires publics, des agents du gouvernement, je le conçois ; mais, si vous le demandiez aux journalistes, il n'y aurait pas de raison pour que cette obligation ne s'étendît aux gens de lettres et aux écrivains de tout genre. Quel est celui d'entre vous qui ne reculerait devant une semblable mesure ? D'ailleurs, dans cette hypothèse que je ne saurais admettre, la première chose que vous auriez à faire serait de supprimer le cautionnement et les dispositions pénales que vous venez de voter.

« Je pense que la Chambre rejettera la proposition du noble duc; quant à moi, je m'y oppose, et je vote contre elle. »

L'article additionnel, proposé par M. le duc de Choiseul et appuyé seulement par M. le duc Decazes, est rejeté.

SÉANCE DU 10 DÉCEMBRE 1830.

Projet de loi sur les récompenses nationales à accorder aux combattants et blessés des journées de juillet ; lequel projet avait été adopté le 13 novembre à la Chambre des Députés.

Le marquis de Brézé demande la parole sur l'article 5 ainsi conçu :
« Les citoyens que leurs blessures n'ont pas mis hors d'état de tra-
« vailler recevront une indemnité une fois payée, dont le montant
« sera, pour chacun d'eux, déterminé par la commission des récom-
« penses nationales. » — Il demande l'admission aux Invalides des soldats de la garde royale blessés dans les journées de juillet, et rappelle les services de l'armée d'Afrique pour laquelle on avait proposé des promotions et des récompenses.

« MESSIEURS,

« Je ne viens pas discuter l'article de loi soumis à votre délibération ; mais, au moment où le gouvernement nous demande des secours, des pensions et des distinctions pour les citoyens qui ont combattu dans les journées de juillet, qu'il me soit permis d'appeler votre attention sur d'autres Français qui, par cette seule qualité, méritent aussi votre sollicitude.

« Vous écoutez chaque jour, avec intérêt, les doléances de toute espèce d'industrie ; vous voudrez bien accueillir avec indulgence quelques paroles en faveur de vieux soldats. Dieu me garde d'être dirigé par aucun esprit de parti ! je le suis par un sentiment de tous les temps et de tous les pays : celui de la justice et de l'humanité.

« Un grand nombre de soldats de la garde et de la

ligne ont été mutilés dans les journées de juillet. Je sais qu'on les a soignés dans les hôpitaux ; mais, si je suis bien informé, on leur refuse aujourd'hui l'entrée aux Invalides, tandis qu'à une autre époque ils l'auraient obtenue. Je ne veux rien dire, je le répète, qui puisse soulever les passions ; seulement je m'étonne qu'on traite avec tant de rigueur de braves militaires qui n'ont eu d'autre tort que de céder à un sentiment d'honneur placé au fond du cœur de tout homme qui porte un uniforme.

« Le peuple s'est montré humain et généreux après la victoire ; le combat fini, il n'a vu que des frères parmi ceux qui, peu de moments auparavant, se trouvaient ses adversaires. Aussi, je ne crains pas de le dire, les citoyens qui ont combattu dans les rangs du peuple verraient, sans répugnance, à l'hôtel des Invalides les militaires qui se sont battus dans les rangs opposés ; la France applaudirait à cet acte d'équité ; ce n'est donc pas dans la crainte d'une rivalité fâcheuse que peut se rencontrer l'opposition de leur admission.

« En considérant la question sous un autre point de vue, est-il bien politique de traiter avec dédain les officiers et les soldats de l'ancienne garde qui, dans des circonstances, peut-être rapprochées, pourraient rendre au pays les plus utiles services ? Si jamais l'ennemi se présentait à la frontière, c'est dans cette pépinière d'hommes de guerre expérimentés que vous trouveriez le cadre d'immenses légions.

« J'ai dit qu'on traitait avec dédain les anciens

militaires ; les faits que je vais signaler sont une preuve manifeste de mon assertion. Je demande à la Chambre de vouloir bien me donner quelques moments d'attention.

« Une brillante conquête a jeté, naguère, un nouveau lustre sur la gloire de nos armes ; je ne parlerai pas de l'époque à laquelle elle a été entreprise ; cette considération serait sans utilité. Mais je dois faire remarquer à Vos Seigneuries la tiédeur et l'indifférence que le gouvernement met à accorder l'avancement et les récompenses qu'on ne peut dénier au mérite et au courage de tous ceux qui, sans distinction de grade, se sont signalés pendant la campagne d'Afrique.

« Le général en chef qui, dans le principe, commandait cette expédition, adressa, il y a quelques mois, des demandes d'avancement et de décoration en faveur des plus méritants (1).

« Sur ces entrefaites, sont arrivés les événements de juillet. Un nouveau général en chef a été nommé au commandement des troupes ; il s'est attaché plusieurs officiers qui, depuis longtemps, n'étaient pas employés ; je ne l'en blâme pas : il est juste que le

(1) « M. de Bourmont avait adressé, dès le lendemain de la prise d'Alger, au ministre de la guerre, une longue liste de propositions pour des avancements en grade ou des décorations ; il demandait même une gratification pécuniaire de trois millions pour cette brave armée qui venait de conquérir un si riche trésor et tant de gloire à la France..... Une ordonnance, en date du 21 juillet, portait qu'une colonne rostrale, surmontée d'un phare, serait érigée dans la rade de Toulon ; que les noms et les numéros des corps et des bâtiments composant les deux armées, et ceux des officiers-généraux et supérieurs qui les commandaient seraient inscrits sur le socle de la colonne,

gouvernement soit secondé par ceux qu'il croit les plus propres à le servir; il était naturel aussi qu'il eût sous la main des officiers pour pourvoir aux nombreuses démissions qui se succédaient. Mais, si je n'ai pas été induit en erreur (et j'ai de bonnes raisons de croire que je ne l'ai pas été), de nouvelles propositions d'avancement et de décorations ont été adressées aussitôt au ministre. Pour qui les faveurs sont-elles demandées? Pour les nouveaux-venus ; pour ceux qui n'ont pas participé à cette glorieuse campagne, tandis que les braves militaires qui y ont versé leur sang restent en oubli!...

« On dit que le prédécesseur de M. le ministre actuel, embarrassé dans une pareille situation, n'a pas satisfait aux nouvelles demandes. Je conçois facilement son embarras ; mais toujours est-il que les choses en sont restées là, et que tous ceux qui devaient obtenir les récompenses qui leur étaient acquises par leurs services, sont encore à les attendre.

« Je n'abuserai pas plus longtemps, Messieurs, de la liberté que vous m'avez accordée de m'écarter du but de la délibération; mais il n'est personne ici qui puisse être indifférent à la situation de nos officiers

---

dont les ornements seraient exécutés en bronze provenant des canons pris à Alger. C'est tout ce que la munificence royale eut le temps de faire pour cette brave armée..... Ainsi la gloire de l'armée d'Afrique, et cette conquête immense, méconnues et en quelque sorte désavouées par l'esprit de parti, resteront sans récompenses. Le projet d'ériger une colonne est tombé dans l'oubli comme la gratification ouverte en faveur des soldats blessés, ou des veuves et orphelins victimes de cette courte et illustre campagne. »

(*Annuaire historique*, année 1830.)

et soldats de l'armée d'Afrique; aussi je ne doute pas que vous n'ayez été, comme moi, profondément affligés des bruits de dilapidation qui avaient été si faussement répandus et qui avaient acquis une fâcheuse gravité par les paroles imprudentes et erronées prononcées à la tribune de l'autre Chambre par le dernier ministre des finances (1).

« Une enquête sévère a eu lieu et une éclatante justice a été rendue; espérons que celle de M. le ministre de la guerre la suivra de près.

« J'aurais désiré, Messieurs, qu'une voix plus éloquente que la mienne s'élevât en faveur de ces braves militaires; mais, à son défaut, j'ai pensé que celle d'un ancien frère d'armes pouvait être admise à leur servir d'appui. »

Les propositions du noble Pair ne sont point accueillies.

(1) M. le baron Louis.

SÉANCE DU 2 MARS 1831.

Le marquis de Dreux-Brézé demande *l'ordre du jour* sur une pétition dans laquelle on réclame l'abolition des Ordres qui, ayant été révoqués par des lois, n'auraient pas été rétablis par une disposition légale ; l'orateur profite de cette occasion pour appeler l'attention de de la Chambre sur l'Ordre de Saint-Louis.

« Messieurs,

« C'est seulement par le bulletin des pétitions que je viens d'avoir connaissance de celle qui vous est présentée. Si, en appuyant *l'ordre du jour* que l'on vous propose, je réclame de la Chambre la permission de lui soumettre quelques observations à ce sujet, j'y suis conduit, surtout, par le désir de combattre la demande qui lui est adressée relativement à l'abolition de l'Ordre de Saint-Louis.

« Depuis quelque temps le bruit se répand que cet Ordre cessera d'exister ; cette opinion s'est accréditée par une ordonnance rendue récemment et contresignée par M. le garde-des-sceaux. Selon moi, l'ordonnance n'attaque en rien l'existence de cette institution ; mais il suffit qu'on le croie pour que je provoque le ministère à s'expliquer d'une manière claire et précise. Je ne veux pas qu'on puisse induire de notre silence que le gouvernement est dans l'intention de supprimer l'Ordre de Saint-Louis. Si certains esprits se sont plu à déverser le blâme sur les diverses administrations qui, pendant quinze années, se sont succédé sous la Restauration, on ne peut au moins, je le pense, s'empêcher de reconnaître que les Bourbons s'empressèrent de maintenir et de récompenser les droits acquis, et qu'en toute occasion ils payèrent un juste tribut d'éloges aux gloires de la révolution et de l'empire. Louis XVIII, de glorieuse mémoire (quoi qu'on en puisse dire), fit un acte équitable et politique en assurant formellement l'existence de l'Ordre de la Légion-d'Honneur, par l'article 72 de la Charte de 1814.

« Je n'ai nul désir de soulever une rivalité fâcheuse entre ces deux Ordres, tous deux destinés à honorer le mérite et le courage, et qui ne peuvent avoir qu'un but commun : celui d'entretenir une louable émulation ; mais ce rapprochement n'était pas, je crois, inutile dans l'occurrence présente. L'Ordre de Saint-Louis, jadis comme de nos jours, fut la récompense des plus honorables services. Il a, surtout pour l'armée, cet avantage, qu'il lui est tout particulier. Aussi a-t-il été l'objet de l'ambition des hommes les plus haut placés dans la hiérarchie militaire, et presque tous en ont été revêtus. Cet Ordre a été donné comme prix de la valeur, dans les trois dernières campagnes, à un grand nombre d'officiers. Il ne coûte rien à l'État ; aucun de ses membres ne touche de traitement spécial ; cette particularité mérite, ce me semble, d'être prise en considération à une époque où l'économie dans les dépenses, réclamée par tout le monde, est devenue si nécessaire.

« Sans insister sur ce qu'il y aurait d'étrange à

supprimer un ordre qui appartient essentiellement à l'armée, vous songerez, Messieurs, qu'il a été donné à une grande quantité d'officiers pour des services acquis; et que, si cet ordre ne leur avait pas été conféré, une récompense d'une autre nature leur aurait été due et accordée.

« Beaucoup d'officiers, heureux de recevoir la croix de Saint-Louis en quittant le service, n'ont pas hésité à la préférer à toute récompense pécuniaire. Or, si vous frappiez leurs titres de nullité, vous devriez aux titulaires une indemnité quelconque, car vous ne voudriez pas être taxés de méconnaître la dette de la patrie! Ce ne pourrait être, non plus, dans le désir de se concilier une vaine et trompeuse popularité auprès de certaines personnes, que l'on penserait à abolir l'Ordre de Saint-Louis; car le gouvernement doit savoir, comme nous, que si la France est justement fière de la gloire d'Iéna et d'Austerlitz, elle n'a jamais pensé à répudier celle qui lui fut acquise à Fontenoy, à Navarin, à Alger!

« Je ne pourrais donc admettre, je le répète, le bruit qui s'est répandu que l'Ordre de Saint-Louis est menacé. Mais je serais heureux que M. le ministre de la guerre vînt nous donner ici l'assurance du maintien de son existence. Cette assurance, je la réclame. J'appuie *l'ordre du jour* sur la pétition qui vous est soumise. »

L'ordre du jour est adopté.

SÉANCE DU 3 MARS 1831.

M. de Brézé combat l'article 3 du projet de loi municipale, relatif à la nomination des maires et des adjoints par le gouvernement.

« Messieurs,

« J'aurais voulu que la loi qui vous est soumise laissât complétement la nomination des maires à l'élection des communes. Je ne comprends pas, en effet, de libertés publiques et possibles sans ce premier élément de la liberté communale. La commune renferme, en abrégé, tout le système politique d'une société, et l'on peut dire que la liberté dont elle jouit est la mesure de celle dont jouit le royaume.

« Ces idées ne sont pas des idées nouvelles, car, ainsi que l'a dit une femme illustre (1) : « Dans ce « noble pays de France, c'est la liberté qui est an- « cienne, c'est le despotisme qui est nouveau. »

« Toutes les notions politiques ont été si confondues, depuis quarante ans, qu'on rencontre beaucoup de personnes qui sont prêtes à croire que les idées de liberté sont des idées révolutionnaires et que l'anarchie serait le résultat de la liberté de tous. Ma conviction est toute contraire. Je crois que la monarchie et la liberté sont inséparables en France, comme la république et l'anarchie.

(1) Madame de Staël.

« En 1576, tous les priviléges qui existaient dans les communes de France furent déférés aux États-généraux, et la célèbre ordonnance de Blois de 1579 porte : « Nous voulons que toute élection de maires, « échevins, etc., se fasse librement, et que ceux qui, « par autres voies, entreraient en telles charges, en « soyent ôtés et leurs noms rayés des registres. »

« Cette disposition fut renouvelée, en 1626, par Louis XIII. Les pays d'États ont toujours joui de ces libertés, et Louis XVI établit, dans les pays de *généralités*, des assemblées provinciales, municipales, toutes purement électives. On sait comment les théories de la révolution de 1791 détruisirent toutes ces libertés pour transporter les citoyens isolés dans la sphère des droits généraux, où tout devenait déception pour les hommes et danger pour la chose publique; aussi, depuis qu'on est sorti de ce système pour proclamer des théories générales, les destinées de la France sont restées flottantes entre la tyrannie et l'anarchie.

« La loi départementale et communale, ainsi que la loi électorale, ont mis notre pays à portée de juger si c'est vraiment la liberté qu'on a voulu lui donner par la révolution de 1830, ou si l'on s'est servi de son nom pour tout confondre et pour nous ramener, sans le vouloir peut-être, mais inévitablement, plus tard, à un despotisme dont nos pères et nous, nous avons eu à supporter les épouvantables effets.

« On ne peut, selon moi, s'empêcher de le reconnaître : jusqu'à présent la loi que nous discutons n'est point encore imbue de ce véritable esprit de liberté. On y voit, avant tout, des déférences à un parti, des concessions mêlées de réticences et, enfin, le désir caché de conserver un pouvoir débile.

« Le concours de tous les intéressés à l'élection des autorités locales est le seul moyen de rendre la paix à toutes les communes de France, de faire cesser cette espèce d'ostracisme intérieure, et, si on peut le dire, d'ilotisme politique dont on frappe à la fois les classes supérieures et les classes inférieures de la société. On a dit que de telles idées nous ramenaient à des temps de féodalité ! on a oublié que, dans les temps où régnait la force, les influences n'étaient pas volontairement subies, mais imposées. Qu'on y prenne garde : le choix volontairement fait entre les influences, qu'est-ce autre chose que la liberté ? « *Chaque homme libre*, portent nos plus anciennes « lois, *dira la loi sous laquelle il veut vivre, et cette* « *loi lui sera applicable.* » — Connaissez-vous, Messieurs, quelque témoignage plus haut d'une plus entière indépendance ?

« On a parlé de la crainte de retour à une aristocratie malveillante ; M. le ministre de l'Intérieur s'est complu dans ces expressions. Je l'avoue, j'ai été étonné qu'elles n'aient pas été repoussées. Je pourrais y répondre par une espèce de fin de non-recevoir, en disant qu'on ne comprend pas le mot d'aristocratie dans un temps et dans un pays où il n'y a pas de priviléges, où tous les Français sont égaux devant la loi, où la Chambre des Pairs elle-même est considérée, par beaucoup de personnes, comme une magistrature suprême plutôt que comme un corps aristocratique; mais j'aime mieux entrer dans la pensée intime de M. le ministre, pour la combattre par les droits des citoyens qu'il a voulu attaquer. De quelle autorité empêcheriez-vous un propriétaire riche, qui se conforme aux lois, et s'il est éclairé, religieux, charitable, d'exercer dans son canton, dans sa commune, l'ascendant que lui donnent ses vertus? Mais, si vous combinez vos lois de telle manière que vous cherchiez, en mettant en avant des principes de liberté, à restreindre les vœux de vos concitoyens pour que leurs suffrages deviennent illusoires, pour que celui ou ceux qui sont le plus aimés et estimés, ne puissent devenir les magistrats de leur commune, n'est-ce pas moi, alors, qui serai fondé à vous dire que votre politique est véritablement malveillante?

« J'aurais désiré que la nomination des maires fût uniquement le résultat de l'élection; cette base n'a pas été adoptée dans l'autre Chambre; je craindrais qu'elle ne le fût pas dans cette enceinte; mais je demanderai, par amendement, que le Gouvernement ne puisse choisir les maires que parmi trois candidats présentés par le conseil municipal. Ce terme moyen est au moins un acheminement à réformer la centralisation du pouvoir, le plus grand fléau des temps modernes.

« Beaucoup de bons esprits s'étaient efforcés, depuis quinze années, de démontrer le vice d'une organisation qui, en retenant entre les mains du gouvernement, et, encore plus, entre celles de ses agents tous les fils de l'administration, neutralisait toute action locale, empêchait chaque département de prendre le développement de prospérité à laquelle il aurait pu atteindre par ses propres forces, forces qui ne pouvaient que s'accroître en s'exerçant. Ce système de centralisation, héritage de la tyrannie de la première révolution et du despotisme de l'empire, n'existait pas dans des temps plus anciens. Chaque province avait ses franchises et une administration appropriée à ses intérêts particuliers.

« Cependant, pour être juste, il faut bien l'avouer : lorsque tout était détruit, la Charte de 1814, qui renouait la chaîne des temps passés aux temps présents, devait se fonder sur quelque chose. Elle fut établie sur un droit que je n'appellerai pas *divin*, épithète qui, pour dire toute la vérité, ne fut appliquée à ce droit que pour le mettre en désaccord avec les idées de l'époque ; mais, comme l'a dit un brillant orateur (1), elle fut justement établie sur un droit préexistant, basé sur une possession de neuf siècles ; on conçoit alors tout ce qu'il y avait à dire en faveur de la prérogative royale qu'on pouvait présenter sans cesse comme menacée. Aujourd'hui, tout est changé ; comment comprendrait-on qu'un pouvoir qui se dit né du peuple, et qui, par conséquent, ne saurait avoir d'autre appui que les intérêts populaires, ne cherchât pas sa force dans le principe dont il émane?

(1) M. de Martignac.

« L'on a reproché à d'ardents orateurs qui siégent dans une autre enceinte, de vouloir nous ramener à des temps de féodalité et d'aristocratie ; par une contradiction bizarre et propre au temps où nous vivons, on m'accusera peut-être de favoriser les idées républicaines ? S'il en était ainsi, je répondrais : Le général Custine, mon grand-père, général triomphateur à la tête des armées de la république, fut interrompu dans le cours de ses victoires, et mandé à Paris où il porta sa tête sur un échafaud. Son fils, jeune homme plein d'espérance et de distinction, voulut plaider la cause de son père ; et, pour avoir rempli cet acte si naturel et si louable de piété filiale, il fut peu de jours après moissonné par la hache révolutionnaire! Croyez-le, Messieurs, celui qui a eu à déplorer de telles infortunes dans sa famille, n'aime pas la république ; il profiterait plutôt, en vous citant cet exemple d'atroce injustice, de l'occasion qui lui est offerte de la flétrir à jamais aux yeux de toute la France ; car il n'y a pas de gloire qui puisse racheter de tels attentats ; et d'ailleurs, il suffit de jeter les yeux sur les tentatives qui effraient aujourd'hui nos regards, pour savoir quelle république on essaierait d'établir en France ; une république qui, avant de naître, ayant foulé aux pieds tous les principes de liberté civile et religieuse, ne donnerait à la France que ces lois d'exception révolutionnaire dont s'est composé le régime de la terreur.

« S'ensuit-il de là que je puisse donner mon assentiment à la marche d'un gouvernement qui, né d'un mouvement de liberté et ayant promis la liberté à tout le monde, ne cherche cependant à la fonder que pour une classe de citoyens? Non, Messieurs, car, dans tous les temps, la liberté du petit nombre a toujours été l'oligarchie, et l'oligarchie ne fut jamais que l'arbitraire et le despotisme.

« Si j'avais à prouver cette vérité, les exemples ne me manqueraient pas, et je n'abrége que pour ne pas abuser des moments de la Chambre. Attachons-nous donc, Messieurs, à saper la centralisation, à donner aux communes le libre exercice de leurs droits, à les faire participer immédiatement à la gestion de leurs affaires, à briser le monopole exorbitant de la capitale qui absorbe tout, en vue de laquelle on fait tout, sans savoir si, en soignant ses intérêts, on ne travaille pas en sens inverse des intérêts du reste du royaume.

« Nous ne sommes pas les Pairs de Paris, mais les Pairs de France ; nous devons, avant tout, songer aux avantages généraux du pays, heureux de les confondre avec les avantages de la capitale quand ils peuvent s'assimiler. Bannissons, cependant, une préoccupation trop constante de ceux que nous avons incessamment sous les yeux. Après tout ce que les sentiments de mes amis et les miens ont eu à souffrir, nous avons, au moins, dans notre position cet avantage, que nous réclamerons toujours en faveur de la liberté de tous. Dégagés de vues égoïstes, nous ne demanderons que ce qui peut être dicté par un patriotisme désintéressé, et jamais rien pour nous-mêmes. La raison en est simple : c'est qu'il serait moins qu'honorable pour nous de rechercher en aucun cas les faveurs du pouvoir ; aussi, nous appartient-il plus qu'à d'autres de lui dire toute la vérité.

« Les provinces souffrent; elles sentent chaque jour davantage le besoin qu'on s'occupe d'elles ; tout y languit, commerce, industrie, agriculture, et vous allez, cependant, leur demander la plus grande partie d'un budget de plus de 1,200 millions !

« En amendant le projet présenté, profitons de l'occasion qui nous est offerte de leur donner une marque d'intérêt qu'elles méritent. »

En répondant à M. de Brézé, le ministre de l'Intérieur cherche à faire considérer comme récentes les opinions que l'orateur vient d'exprimer en faveur des libertés publiques, et combat l'amendement qu'il a proposé.

M. de Brézé demande alors à répondre pour un fait personnel, et dit :

« M. le ministre de l'Intérieur s'étonne que ce soit aujourd'hui seulement que je professe de tels principes ; il semble indiquer qu'à une autre époque je n'aurais pas parlé ainsi. Ma réponse sera simple, et l'interpellation de M. le ministre ne me donne aucun embarras. Entré depuis peu d'années dans cette Chambre, je n'y ai pris la parole que depuis la révolution actuelle.

« Ma vie politique est courte; mais je ne crains pas aujourd'hui, et j'espère n'avoir jamais à craindre de l'offrir au grand jour. Nommé président d'un collége électoral peu de temps avant les événements de juillet, j'y fis entendre des paroles que je serais loin de désavouer aujourd'hui, et qui sont consignées dans le *Moniteur* et les journaux du temps; M. le ministre de l'Intérieur peut les lire (1).

« Elles respirent, j'ose le dire, le plus ardent amour pour les institutions libres que nous avions alors. Au surplus, Messieurs, je ne m'attribue aucun mérite d'avoir professé de tels sentiments, car je pensais que ces institutions pouvaient faire le bonheur de la France, et, en les respectant, je croyais servir avec dévouement le roi que j'aimais et que je respectais.

« Un autre fait de ma vie politique est moins connu des membres de cette Chambre; il n'est cependant pas ignoré de tous; je pourrais au besoin invoquer le témoignage des Pairs de l'ancienne opposition ici présents, et je leur crois trop d'esprit d'équité pour qu'ils ne me rendissent pas la justice qui m'est due. Ils savent que, dans la sphère limitée où il m'était permis d'agir, j'ai fait le 31 juillet tout ce qui était en mon pouvoir pour conjurer les malheurs que je voyais fondre sur la patrie, et qui pèsent aujourd'hui sur la France et sur l'Europe (2).

« La Chambre appréciera la réserve que je dois mettre dans cette dernière explication; et cette réponse à l'attaque de M. le ministre de l'Intérieur lui paraîtra, je pense, suffisante. »

(1) Discours aux électeurs d'Évreux. (Voir l'*Avertissement*.)
(2) Voir l'*Avertissement*, p. 15.

SÉANCE DU 29 MARS 1831.

M. le comte Tascher avait présenté le projet d'un nouveau règlement intérieur de la Chambre; l'art. 3 de ce projet contenait des dispositions relatives aux formes dans lesquelles on pourrait, dorénavant, adresser des interpellations aux ministres. M. de Brézé prend la parole à cette occasion :

« Je commencerai par remercier notre consciencieux collègue, M. le comte Tascher, de la proposition qu'il a faite et, cependant, j'exprimerai le désir qu'elle ne soit pas appuyée. Cette contradiction apparente cessera, je l'espère, lorsque j'aurai développé ma pensée. J'ai remercié M. le comte Tascher en ce sens que cette proposition aura donné à la Chambre l'occasion de reconnaître, d'une manière explicite, le droit qu'elle a toujours eu de demander des explications à MM. les ministres. Dans une de nos dernières séances, M. le comte de Pontécoulant a cité des antécédents qui établissent, d'une manière irrécusable, le droit de la Chambre. Il vous a dit que, dès l'origine du gouvernement représentatif, il avait interpellé M. le duc de Richelieu, et que ce dernier n'avait jamais hésité à répondre aux explications qu'on lui demandait.

« Maintenant, qu'allons-nous faire? Allons-nous entraver le droit d'interpellation? Ce serait une faute, Messieurs, et un exemple récent pourrait le prouver. Rappelez-vous que, dans une de nos dernières séances,

M. le comte de Vogué a interpellé, avec une haute raison et dans un moment fort opportun, M. le ministre de la guerre.

« Les réponses que nous avons obtenues ont été satisfaisantes et elles auront eu l'avantage de calmer les esprits; tandis que, si, par des formes lentes, nous n'avions pu obtenir les explications le jour même, elles auraient été sans utilité. D'ailleurs, ce ne sera jamais d'une Chambre où tant de lumières sont unies à tant de prudence, qu'il sortira d'indiscrètes demandes.

« Les hommes qui siégent dans cette enceinte, expérimentés et vieillis dans les affaires, ne feront point abus du droit dont je réclame le maintien; et, si cette assemblée renferme quelques jeunes hommes, ils seront tempérés dans leur ardeur par la déférence qu'ils auront toujours pour les avis de leurs devanciers.

« Je demande donc qu'il ne soit apporté aucune modification aux anciens usages de la Chambre. »

Malgré cette réclamation en faveur de la liberté des interpellations aux ministres et des précédentes prérogatives de la Chambre, il est décidé qu'à l'avenir toute proposition de cette nature sera communiquée et déposée d'avance, et que la chambre pourra accorder ou refuser la permission d'adresser des interpellations aux ministres.

SÉANCE DU 30 MARS 1831.

Discussion du projet de loi sur les élections. — M. de Dreux-Brézé soutient, comme pour la loi municipale, le droit de tous les contribuables à l'élection des Députés, au moyen des deux degrés. Il établit que l'élection générale et libre, sans condition de cens électoral, était le principe et l'usage de l'ancienne constitution française, la base et la garantie des libertés publiques.

« MESSIEURS,

« Ce n'est qu'avec une juste défiance de mes propres forces que je viens aborder la discussion de la loi qui vous est soumise : son principe constitue le gouvernement représentatif tout entier, ses conséquences, l'avenir de la France. Ma défiance redouble, en pensant que les idées que je professe n'ont rien de commun avec le projet présenté; elle s'augmente encore quand je vois que la Chambre des Députés, appelée si naturellement à y donner la première son assentiment, a adopté une tout autre base que celle qui me semblerait devoir assurer une véritable représentation nationale. Toutefois, s'ensuivait-il que je ne dusse pas prendre la parole? Je ne l'ai pas cru; j'ai compté sur l'indulgence que vous apportez sans cesse à entendre toutes les opinions; j'ai compté particulièrement sur celle que vous voulez bien m'accorder.

« Le but du législateur, en travaillant à cette importante loi, est de donner à la France la représentation la plus exacte, en faisant entrer, dans la Chambre des Députés, les hommes qui représentent le plus parfaitement les besoins et les intérêts de tous ; ou, pour mieux exprimer ma pensée : c'est la France tout entière qui, par l'organe de ses mandataires, vient s'occuper de la gestion de ses affaires.

« Avant d'arriver à l'exposé du système qui me paraîtrait le plus propre à résoudre le problème qui nous est soumis, je me hâterai de dire qu'on me rendra, j'espère, assez de justice pour ne pas donner à mes paroles une interprétation différente de celle des sentiments qui m'animent, et que, si ma conviction n'est pas partagée, elle ne sera pas, au moins, incriminée.

« La loi d'élection de la Charte de 1830 doit-elle reposer sur le même principe que la loi électorale de l'ancienne Charte ? Voilà, ce me semble, une question à examiner préalablement à toutes les autres ; je vais le faire avec brièveté.

« On ne saurait s'empêcher de reconnaître qu'il ne peut y avoir aucune similitude entre une loi d'élection dérivant d'une Charte *octroyée*, et une loi d'élection provenant d'institutions votées par le pays. Cette vérité me paraît incontestable. Mais, dira-t-on, vous devez être satisfait, car vous ne pouvez comparer en rien l'ancienne loi d'élection avec celle qu'on vous présente aujourd'hui : le double vote a été aboli ; le cens de 300 fr. a été abaissé jusqu'à 200 fr. ;

cette mesure donne un nombre d'électeurs double de celui qui existait par le passé.

« Qu'importe, selon moi, qu'il y ait cent mille électeurs de plus que par la loi de 1817! C'est le principe de la loi que j'attaque, et ce principe n'est pas changé. Il y a six mois, les électeurs à 300 fr. devaient nous donner l'âge d'or; seuls, ils pouvaient nous apporter l'expression des besoins et des vœux de la France. Puis le temps a marché, et les électeurs à 200 fr. peuvent, seuls aussi, aujourd'hui, réaliser ces espérances, quoique la majorité de la commission de la Chambre des Députés ait cru, peu de jours avant le vote de la loi, que le cens dût être maintenu à 250 fr. Dans quelques mois, peut-être, ce ne sera qu'en abaissant le cens de 50 fr. que nous pourrons, au gré des uns, être convenablement représentés; selon l'opinion des autres, l'on aura été trop loin, et c'est au cens de 300 fr. qu'on aurait dû s'en tenir.

« Quant à moi, je le déclare, je ne puis voir dans cette marche qu'un tâtonnement injuste et périlleux, que des présomptions plus ou moins fondées, ou plus ou moins erronées. Je vois une extension de droits électoraux donnée à cent mille Français; j'aperçois clairement une influence accordée à une classe de la société; mais j'y cherche vainement un lien nouveau entre la majorité du pays et les institutions qu'il a fondées; j'y cherche vainement une pensée politique qui soit à la hauteur de l'objet dont on s'occupe. Ne m'est-il pas permis, surtout, de m'élever contre cette base de 200 fr., lorsqu'une loi de finances, présentée depuis peu de jours, est venue bouleverser tout le système de la loi, et qu'il faut aujourd'hui un amendement de la commission pour en rétablir l'équilibre. Si je profitais de cette circonstance fortuite pour attaquer le projet, les arguments, ce me semble, ne me manqueraient pas.

« Ce n'est donc ni dans le cens à 200 fr., ni dans le cens à 300 fr. qu'on peut voir un véritable principe d'élection : on le trouve seulement dans l'idée de faire concourir à la nomination des Députés la généralité des Français inscrits au rôle de la contribution. Je partage, en un mot, l'opinion de ceux qui, à diverses époques, ont réclamé les élections à deux degrés.

« Par les élections à deux degrés, toute fraude électorale devient impossible, toute influence illégale du pouvoir est impraticable. On me dira, je le sais : Que pouvez-vous craindre aujourd'hui de l'influence du pouvoir; il n'est que trop faible, et tout bon Français doit chercher à lui donner de la force ? A cela, je répondrai que, malgré l'expérience du passé et en contradiction avec tous ses principes, j'ai vu, depuis la Charte de 1830, un de MM. les ministres (1) influencer tellement les élections, que, dans un collége électoral, voisin de la capitale, le pouvoir ministériel, seul, a eu le crédit de faire nommer un Député dont le nom n'y avait peut-être jamais été prononcé avant l'élection. Si les convenances parlementaires

(1) M. Dupont (de l'Eure), ministre de la justice.

ne me fermaient pas la bouche, vous reconnaîtriez, je crois, facilement l'exactitude de mes assertions. Il est vrai de dire que le candidat favorisé est aujourd'hui un des plus ardents antagonistes de l'administration (1).

« Fallait-il verser tant de sang, proclamer tant d'idées libérales, pour réduire, en quelque sorte, en esclavage politique la nation qu'on a soulevée aux accents de la liberté!

« Il y a justice et politique dans la mesure que je propose :

« Justice, parce que tout homme appelé à contribuer, en proportion de sa fortune, aux charges publiques, doit être appelé aussi à contribuer à la nomination des Députés qui règlent ces charges; à cet égard, le contribuable à 200 fr., et le contribuable à 50 fr., ont un droit égal;

« Politique, parce que la raison et l'expérience montrent qu'il faut étendre la base sur laquelle l'édifice social est fondé.

« Plus cette base sera large, moins les factions trouveront à se recruter. Comme j'ai la conviction que la chute du gouvernement que j'aimais a été causée, en partie, par le résultat d'une loi électorale qui monopolisait les droits politiques dans une classe de Français, en excluant les deux tiers des contribuables du concours à l'élection, je crois donner une preuve de la sincérité de mes opinions en m'opposant de tous mes efforts au retour des erreurs qui ont

(1) M. Odilon Barrot.

été si funestes. Malgré cela, on m'accusera peut-être cette fois, comme dans la loi municipale, de professer des principes de liberté mal placés, dira-t-on, dans la bouche d'un homme attaché à la dynastie déchue. Il est bon de s'expliquer, une fois pour toutes, afin que ce genre d'argumentation assez étrange ne se renouvelle plus.

« De ce que nous étions attachés au principe de la légitimité, parce qu'elle était, à nos yeux, la seule garantie de stabilité pour toutes les existences, comme pour tous les intérêts, s'ensuit-il que nous soyons obligés, aujourd'hui, de défendre toutes les idées de centralisation, de monopole, de restrictions aux franchises nationales ?

« La France, cela nous paraît évident, veut une loi électorale très-large, qui ait sa racine jusque dans les profondeurs du sol, et qui ne fonde l'oligarchie au profit de personne. De même que je me suis prononcé pour une grande extension de droits municipaux, je crois qu'il faut étendre au plus grand nombre de citoyens possible, les droits électoraux. Le système ne sera même bon que quand ces deux organisations seront indissolublement liées entre elles. Certes, je suis loin de vouloir pousser à l'anarchie et au républicanisme ; il y a, dans le parti républicain, des passions violentes, des préjugés intraitables qui me font trembler pour mon pays ; je ne crois pas qu'il entende bien les principes de liberté qu'il proclame ; mais je crois faux le système qui veut continuer une espèce d'absolutisme administratif, lorsque toutes les conditions sont changées, et lorsque ce système a si mal servi ceux qui l'employaient.

« L'ère de la monarchie administrative est passée; celle des libertés locales commence, ou nous passerons encore sous le niveau du despotisme.

« Toutes les erreurs qui ont entraîné la grande catastrophe de juillet, viennent de l'organisation électorale établie par la loi de 1817. Des hommes, attachés au principe de la Restauration, avaient demandé que la base de l'élection fût la plus large possible. En 1819, les demandes furent renouvelées, et l'histoire constatera que le refus de les adopter fut accompagné de la prévision des événements dont nous avons été témoins.

« Un éloquent Député de l'opposition (1) s'écriait, en 1817 : « Plus vous ferez entrer d'éléments dans la
« formation de vos colléges électoraux, moins les
« partis se prononceront d'une manière tranchante.
« Si vous laissez dans l'élection deux classes rivales,
« et pour la première fois sans intermédiaire, n'êtes-
« vous pas effrayés de ce combat corps à corps? Ah!
« croyez que de quelque côté que sera la défaite, elle
« sera funeste à tous. Avec la composition des col-
« léges électoraux qu'on vous propose, ne peut-on
« pas craindre qu'un trop grand nombre de leurs
« membres ne se trouvent accessibles à la séduction
« des chances trompeuses que les troubles civils pré-
« sentent à leur naissance et à leurs différentes épo-

(1) M. de Corbière.

« ques. » Ces prédictions ne tardèrent pas à se réaliser et, deux ans plus tard, on crut remédier au mal par le double vote! c'était prendre les faits tout au rebours. Ce n'était pas parce que la grande propriété manquait aux colléges électoraux, que l'équilibre était rompu; c'est parce que les classes inférieures étaient écartées; et, je ne crains pas de le dire, si, au lieu des colléges aristocratiques, on eût appelé à participer aux droits électoraux la généralité des Français, jamais on n'aurait persuadé à la nation que le trône voulait s'unir à l'ancienne aristocratie pour opprimer le peuple. La grande propriété ainsi que le trône n'ont rien à craindre du peuple, Messieurs. Je ne sache pas qu'un édifice puisse subsister sans une base, un milieu et un faîte; et l'on veut nous donner des institutions sans base et sans couronnement! C'est le défi du roi d'Égypte au roi de Babylone de bâtir une tour en l'air. Ce défi, l'aurions-nous pris au sérieux?

« Messieurs, il ne m'appartient pas de venir présenter à cette tribune un projet de loi en regard de celui qui vous est soumis; je sais trop bien qu'il ne pourrait être adopté. J'ai voulu seulement présenter quelques vues générales. Je répéterai qu'une loi électorale doit être aujourd'hui indispensablement et forcément démocratique, parce que la propagation des lumières et la diffusion des richesses ont implanté et enraciné la démocratie dans les mœurs, et cela depuis bien longtemps. C'est un fait que l'on peut déplorer ou admirer, mais qui est réel.

« Il faut que cette démocratie, pour n'être pas dangereuse, puisse employer son activité, qu'elle ait sa pâture dans la gestion de ses propres affaires et, en définitive, dans le choix de ses représentants. Pour arriver là, il faut effacer de toute la législation l'empreinte profonde que le despotisme impérial y a laissée. Je ne crains pas le grand nombre. S'il y avait des assemblées primaires, comme en 1791, et que le peuple nommât les électeurs, puis ceux-ci les Députés, il y aurait, selon moi, peu de chances pour les anarchistes. Les comités centraux auraient moins de prise sur les masses; elles seraient beaucoup plus livrées à leur volonté propre, à l'influence de leurs vrais besoins, de leurs vrais intérêts. Le peuple a un tact merveilleux ! Si le cens électoral est peu élevé, les garanties qu'il semble offrir sont illusoires; si le cens électoral est élevé, les conditions qu'il impose sont odieuses. D'où il résulte, dans mon opinion, que le cens électoral, quelle que soit sa quotité, est, à la fois, illusoire et odieux.

« La loi électorale actuelle n'est que transitoire. Cela est trop évident. Il n'en résultera pas un système définitif, car il s'est agi beaucoup moins de la représentation réelle des intérêts du pays que de la prépondérance des partis qui se disputent le pouvoir.

« Je vote contre le projet de loi. »

Après une discussion animée et qui a duré deux jours encore, le système de la loi et, par conséquent, le principe du privilége électoral sont adoptés dans la séance du 1er avril.

SÉANCE DU 15 AVRIL 1831.

Le projet de loi sur le système électoral, adopté, d'abord, par la Chambre des Députés, avait été reporté à cette chambre par suite des amendements que la Chambre des Pairs y avait introduits. — Revenu à la Chambre des Pairs, M. de Dreux-Brézé le combat de nouveau, surtout sous le rapport du privilége que le projet de loi confère aux électeurs à deux cents francs. — Il demande la participation de tous les contribuables à l'élection et le vote à deux degrés.

« Messieurs,

« Les dernières paroles que j'eus l'honneur d'adresser, il y a peu de jours à la Chambre, furent celles-ci :
« La loi d'élection actuelle n'est que transitoire, cela
« est trop évident ; il n'en résultera pas un système
« définitif, car il s'agit beaucoup moins de la repré-
« sentation réelle des intérêts du pays que de la
« prépondérance des partis qui se disputent le pou-
« voir. »

« Sans vouloir tirer vanité de mes prévisions, je crois pouvoir vous faire remarquer qu'elles ont été confirmées par M. le président du Conseil lui-même, lorsqu'il nous a rapporté hier le nouveau projet de loi. Oui, une telle loi d'élection ne peut avoir de consistance et de durée. Vous ne ferez une loi électorale qui prendra racine dans le pays, que lorsque la généralité des Français, selon les conditions civiles, seront appelés à nommer les Députés. Seulement alors, vous aurez formé un lien indissoluble entre l'immense majorité des habitants du pays et les institutions qui le régissent. Les lumières de quelques personnes peuvent bien devenir les lumières de tous; mais la volonté et l'intérêt du petit nombre ne peuvent jamais tenir lieu de la volonté de tous et de l'intérêt général.

« Malgré ma conviction à cet égard, si la loi électorale, telle que vous aviez cru devoir l'adopter, n'avait subi que de légères modifications dans la Chambre des Députés, je ne me serais pas permis de prendre la parole une seconde fois. Mais lorsque, quoi qu'on en dise, votre projet a été changé, il est permis de venir discuter celui qu'on y a substitué; c'est peut-être un devoir, quand on songe à l'importance de ce résultat ; certes, c'est au moins un droit, après tout ce qui a été dit ou écrit depuis peu de jours; après qu'on a attaqué, avec tant de véhémence, jusqu'aux intentions de la Chambre; et lorsqu'enfin, oubliant, ou feignant d'oublier tout ce qu'elle a fait à différentes époques pour maintenir les libertés de la France, on l'a accusée d'être contraire aux intérêts du peuple!

« Notre position présente a cela de particulier, que les élections qui vont avoir lieu ne mettent pas seulement en question la position de la Chambre des Députés, mais l'existence même de la pairie, puisque la Charte porte, dans ses dispositions particulières:
« l'art. 23 sera soumis à un nouvel examen dans la session de 1831. »

« Assurément, Messieurs, je suis loin de penser que

cette préoccupation doive influer sur votre détermination. Je déposerais volontiers, pour ma part, de tristes honneurs dont les circonstances nous ont fait sentir le poids, si je croyais par là être utile à mon pays. Je suis loin de vouloir faire ici de la popularité. Les temps de révolution nous ont fait apprécier, à sa juste valeur, ce bien trompeur et dangereux ! Mais un sentiment de réserve mal entendu ne m'empêche pas non plus d'exprimer ma conviction profonde sur les conditions d'une véritable représentation des intérêts du pays.

« L'hérédité du trône est tombée devant le cens de 3oo fr. Puisse l'hérédité de la pairie ne pas rencontrer une hostilité menaçante devant le cens de 200 fr ! La pairie a été présentée depuis peu à la nation comme anti-populaire... Les dernières discussions de l'autre Chambre n'ont que trop contribué à augmenter ces préventions, et son projet a été rejeté sans l'examen préalable d'une commission.

« J'éprouve le besoin de dire que c'eût été l'occasion de prouver à la France que personne n'est plus attaché que la Chambre des Pairs aux libertés du pays et aux droits du peuple.

« Si les classes populaires étaient appelées à cette grande réélection qui va fixer nos destinées, je ne crains pas de l'affirmer : l'existence de la pairie aurait trouvé en elles un appui certain. Par la nouvelle constitution, le pouvoir royal a été très-affaibli. Si, par suite des élections nouvelles, ce pouvoir devait se trouver un jour en face d'une chambre unique, nul doute que nous ne revissions bientôt toutes les calamités de la première révolution.

« Dans l'état des choses, la pairie seule peut conserver, et le seul moyen de conserver la pairie est de défendre à la fois les intérêts du pouvoir et les droits du peuple.

« Quoi, Messieurs ! sommes-nous moins avancés en libertés qu'après la convocation des États-Généraux de l'ancienne monarchie et la constitution de 1791 ?

« Alors, tous les citoyens furent appelés à concourir à l'élection, en nommant des mandataires chargés par eux de nommer des Députés.

« C'était bien là, si je ne me trompe, la réalisation du système des élections à deux degrés.

« L'argument qu'on met sans cesse en avant contre ce système d'élection consiste à dire que, l'élection n'étant pas directe, elle se trouve dénaturée. Je ne conçois pas une semblable argumentation. Que faisons-nous par la fixation du cens à 200 fr. ? Nous créons des électeurs privilégiés. Nous mettons dans la classe la plus nombreuse de ces électeurs la nomination des Députés, abstraction faite de la représentation des intérêts qui viennent après les 200 fr. de contribution. Eh bien! moi, j'aurais voulu qu'au lieu de créer des électeurs et des priviléges, tous les contribuables nommassent les électeurs. Je soutiens que cette base est infiniment plus juste et plus rationnelle.

« Je n'insisterai pas plus longtemps, Messieurs, et je vous remercierai d'avoir bien voulu m'entendre une seconde fois. Mais, qu'on y pense bien : la loi électorale est toute la société. Si elle est l'expression sincère de tous les intérêts de la France, la France se reposera ; si, au contraire, elle blesse les intérêts du pays, il n'y a ni ordre, ni repos possible. C'est ce qu'a parfaitement exprimé un de nos plus grands écrivains : « Si le législateur, se trompant dans son « objet, prend un principe différent de celui qui naît « de la nature des choses, l'État ne cessera d'être agité « jusqu'à ce que ce principe soit détruit ou changé. »

« Je vote contre la loi. »

SÉANCE DU 16 AVRIL 1831.

Pour faire face aux besoins du trésor public, dont le déficit était imminent, on avait proposé et la Chambre des Députés avait adopté un projet de loi portant création d'un emprunt, augmentation des contributions et retenue sur tous les traitements payés par l'État, y compris les appointements et les pensions militaires. Sur ce dernier point, MM. les maréchaux Jourdan et duc de Tarente avaient demandé une exception en faveur des officiers. — M. de Dreux-Brézé se lève ensuite et dit :

« Il peut paraître hardi de prendre la parole après les deux illustres maréchaux qui se trouvent si naturellement les organes des intérêts de l'armée ; mais il me semble qu'il n'est pas un ancien soldat qui ne doive protester contre la réduction demandée sur les traitements militaires. On avait voulu établir, dans la Chambre des Députés, une distinction aussi injuste qu'injurieuse entre les officiers en campagne et les officiers en garnison ; comme si les uns ou les autres avaient besoin de quelques écus de plus pour stimuler leur zèle ! On nous a parlé des privations qu'ont éprouvées les armées de la république. Les soldats de nos jours sauraient certainement les subir encore, si la nécessité leur en faisait un devoir ; mais faut-il les leur imposer par avance ? Les officiers français sont les moins rétribués de toute l'Europe. Certes, ce n'est pas ainsi qu'en a agi le grand capitaine qui a longtemps présidé à nos destinées. Je ne regrette pas son règne, car je hais le despotisme. Toutefois, s'il est permis de rappeler la manière dont il traitait les officiers, je dirai que, bien loin de réduire leur traitement en temps de paix, il leur donnait des dotations pour leurs anciens services et, qu'avant d'entrer en campagne, il leur accordait un mois de solde de gratification. Je joins donc la faible voix et la sympathie sincère d'un ancien camarade à celles qui viennent de se faire entendre avec tant d'autorité dans cette enceinte, pour supplier la Chambre d'excepter les appointements et les pensions militaires de la retenue que l'on propose de faire peser sur tous les traitements de l'État. »

La retenue est ordonnée.

SÉANCE DU 19 AVRIL 1831.

M. Baude avait proposé à la Chambre des Députés un projet de loi relatif à l'exclusion perpétuelle du roi Charles X et de sa famille du territoire français; cette proposition, adoptée à une faible majorité, est apportée par le ministre à la Chambre des Pairs, devant laquelle M. de Brézé prononce le discours suivant :

« MESSIEURS,

« Après les nobles paroles que vous venez d'entendre (1) et lorsque j'apprends qu'un très-grand nombre d'orateurs sont inscrits contre la loi que nous allons discuter, je n'abuserai pas des moments de la Chambre et je me contenterai d'appuyer mon vote négatif par quelques courtes considérations. Presque tout a été dit, par mes honorables amis de l'autre Chambre, contre le projet de loi qui vous est apporté; une opposition de *cent vingt-deux voix* a protesté, au moment du vote, contre les dispositions de ce projet. Son inutilité a été démontrée jusqu'à l'évidence; je n'insisterai donc pas sur ce point; mais je dirai qu'il ne reste plus, alors, à cette loi d'autre caractère que celui de la vengeance. En excluant à perpétuité du territoire national les membres de la branche aînée des Bourbons, on leur enlève le titre de Français, on les traite plus rigoureusement que la Convention ne traita les émigrés, que les Bour-

(1) Discours de M. le duc de Doudeauville.

bons, à leur tour, ne traitèrent les hommes de la Convention. Ce caractère de vengeance est-il inhérent à la révolution de juillet? personne ne l'a jamais cru; et ceux qui, comme moi, l'ont déplorée, se sont plu à accorder à la population armée ce juste tribut d'éloges que, jusqu'aux événements de février (1), elle a usé de sa victoire avec une modération qui l'honore.

« Le principal argument dont on fasse usage pour condamner notre résistance au projet qui vous est soumis, c'est qu'ayant prêté serment au nouveau gouvernement, nous devons, de toute nécessité et comme une conséquence naturelle de notre position, adhérer à ce projet de loi. Si je ne me trompe, c'est là le point le plus délicat de cette discussion. C'est précisément alors celui qu'il faut aborder; car dans des moments d'orages politiques, plus qu'en tout autre temps, on ne saurait faillir à son devoir et éviter de se prononcer même dans les situations les plus difficiles.

« Oui, nous avons prêté serment au nouvel ordre des choses et nous ne l'avons pas fait avec restriction, car, je le déclare, quand il y a restriction, il n'y a pas de serment. Le serment de plusieurs d'entre nous a été motivé. Il était juste, il était naturel d'en agir ainsi. Ce sentiment qui nous animait a été apprécié à cette époque par toute la Chambre. Je dirai plus : les motifs de notre adhésion ont été, pour les

(1) Le pillage de l'Archevêché et de l'église de Saint-Germain-l'Auxerrois.

provinces, l'explication de la situation nouvelle créée par la révolution. Quelques-uns de nous ont adopté, avec franchise, les principes de liberté conformes au bonheur et à l'intérêt de tous ; sous ce rapport, je ne crois pas avoir de reproches à me faire.

« Mais de ce que nous avons prêté serment dans le but de concourir à tout ce qui pouvait contribuer à l'ordre et à la paix de la France, s'ensuit-il que nous ayons donné d'avance notre assentiment à toutes les lois d'exception qui pourraient être présentées, à toutes celles que la violence ou le caprice pourraient faire naître ?

« Non, Messieurs, et c'est là que se trouve l'erreur de nos adversaires. Eclairés par les malheurs de la première révolution, nous n'avons pas voulu déserter notre poste ; Français, nous avons voulu servir la France, fût-ce même aux dépens de nos affections et de nos regrets ; Pairs, nous avons voulu qu'en toute occasion nos voix, désintéressées dans le partage des faveurs de la révolution, pussent s'élever contre les mesures injustes et arbitraires qui pourraient apparaître. Placés, je l'espère, au-dessus du rôle d'une opposition systématique que nous ne saurions accepter, nous avons donc consenti à prêter notre appui au gouvernement, mais avec cette seule pensée, que cet appui ne pourrait être réclamé que dans l'intérêt bien entendu de la patrie.

« Admettons, un moment, que nous donnions notre assentiment à la loi en délibération ; certes, c'est alors qu'on s'éléverait contre nous ; certes, c'est alors qu'on ne manquerait pas de dire : « Voyez ces anciens « amis de la famille des Bourbons ! aujourd'hui qu'elle « ne peut plus rien pour eux, ils l'insultent ; aujour- « d'hui qu'elle est malheureuse, ils l'accablent dans « son infortune ! » Oui, Messieurs, je ne crains pas de le dire : la proposition est tout autant dirigée contre nous que contre les malheureux princes qui en sont l'objet. L'intention première qui l'a dictée a été celle de nous mettre dans cette alternative : être voués au mépris de nos concitoyens, ou encourir la possibilité d'une calomnie contre nos intentions. Si je recherchais bien, j'y trouverais des vues hostiles qui s'éléveraient encore plus haut ! En pareil cas, le choix ne peut être douteux ; et le jour où je suis venu prêter serment dans cette enceinte, je me suis attendu aux injustices, aux accusations, aux calomnies de tous les partis. On nous accusera de manquer de patriotisme ! Est-ce en manquer que de prêter chaque jour notre concours au gouvernement pour maintenir la paix au dedans, pour faire la guerre avec honneur, si la nécessité l'exige ? Je ne crois pas, et j'affirme que la France ne croit pas non plus au patriotisme qui consiste à s'écrier : malheur aux vaincus ! Je ne comprends pas ce patriotisme qui a pu faire dire *que les Bourbons avaient pendant quinze années soulevé le cœur de tous les Français* (1). Je ne comprendrai jamais le patriotisme qui peut porter à exprimer à la tribune des sentiments d'injustice ou d'ingratitude.

(1) Paroles de M. de Montalivet à la Chambre des Députés.

« Franchement, Messieurs, quand on nous dit de telles choses, nous prend-on pour des fous ou des visionnaires ? Les quinze années qui se sont écoulées n'ont-elles été qu'un vain songe ? Un honorable général a parlé dans l'autre Chambre du voyage d'Alsace; moi, Messieurs, peu de jours avant la nomination du ministère du 8 août, et dans la capitale de la Normandie, dans une ville où ne semblent douteuses ni l'adhésion, ni même, si vous le voulez, l'affection pour le nouveau gouvernement, j'ai entendu les expressions d'amour, j'ai été témoin des bénédictions avec lesquelles était accueillie une princesse que l'accumulation de ses malheurs, ainsi que l'a dit un illustre écrivain (1), *a rendue une des gloires de la France.*

« Je n'ai nullement l'intention d'examiner dans ses détails le projet de loi dont nous nous occupons ; je ne me suis attaché qu'à combattre son esprit. Cet esprit me semble révélé tout entier par la disposition additionnelle qui était venue s'y placer d'une manière incidente dans la Chambre des Députés, et que M. le président du Conseil vient d'abandonner tout à l'heure (2).

« A tous les titres, je repousse donc la proposition qui nous est soumise : pour moi, parce qu'elle est contraire à mes sentiments ; pour vous, parce qu'elle n'est digne ni de vos intentions, ni de votre position;

---

(1) M. de Chateaubriand.
(2) Pénalité en cas de rupture de ban.

pour le gouvernement, parce que je la crois dangereuse à ses intérêts bien compris. »

Votants 133; *pour*, 74 ; *contre*, 45 ; *billets blancs*, 14 ; *majorité*, 15. Le projet de loi est adopté ; mais, la session ayant été close, la loi ne fut pas promulguée. Une nouvelle proposition fut portée, dans la session suivante, à la Chambre des Députés, par M. de Bricqueville.

SESSION DE 1831.

OUVERTE LE 23 JUILLET ET CLOSE LE 21 AVRIL 1832.

SÉANCE DU 12 SEPTEMBRE 1831.

La commission des pétitions fait un rapport sur une pétition présentée par M. Guérin, de Tours, ayant pour objet principal l'emploi des ouvriers sans ouvrage. M. de Brézé prend la parole à cette occasion et dit :

« Je ne connais pas le pétitionnaire; je n'ai même pas eu connaissance de la pétition, si ce n'est par le bulletin qui vient de m'être remis tout à l'heure; mais je profiterai de cette occasion, lorsque, dans quelques jours peut-être, il ne nous sera plus possible d'élever la voix, pour demander à MM. les ministres s'ils s'occupent sérieusement de prévenir la misère qui menace les classes pauvres.

« Des populations entières, et surtout les populations manufacturières, se trouvent, par le fait des circonstances, dans un état de dénuement complet.

« Je pourrais vous citer nombre de propriétaires de Normandie qui, en donnant une modique aumône à ceux qui viennent la leur demander, celle d'un sou par exemple, donnent chaque jour, depuis plusieurs mois, à leur porte 25 ou 3o fr., ce qui veut dire qu'il s'est présenté chez eux de cinq à six cents pauvres.

« Messieurs, on propose chaque matin quelques lois nouvelles; ministres et législateurs rivalisent à cet égard : tout cela est glorieux, sans doute; mais, je le demande, le sujet dont je viens de vous entretenir n'est-il pas infiniment plus pressant?

« Je demande donc que la pétition soit renvoyée, non-seulement au conseil des ministres, mais encore à M. le président du conseil, qui, par sa position particulière, et surtout par son caractère personnel, est plus à portée que qui que ce soit de proposer des mesures salutaires en de si pénibles circonstances. »

Le renvoi est ordonné.

SÉANCE DU 4 NOVEMBRE 1831.

Le Gouvernement demande un nouveau crédit de dix-huit millions dont treize millions applicables à des travaux d'utilité publique, afin de venir au secours des classes indigentes et des ouvriers sans ouvrage, qui, selon le ministre du commerce, étaient ainsi conduits à prendre part aux émeutes suscitées par les *partis*, et cinq millions pour des besoins indéterminés et imprévus. M. le marquis de Brézé prend la parole.

« MESSIEURS,

« Lorsque le budget de 1831 fut présenté, il y a peu de jours, à cette Chambre, il passa presque sans discussion. Déjà dépensé, il était bien impossible qu'il ne fût pas voté. Nous n'avons pu qu'unir nos regrets à ceux qui avaient été exprimés par notre rapporteur, de nous trouver obligés à souscrire, sans possibilité de contrôle, d'aussi immenses charges pour les contribuables.

« On vient aujourd'hui nous demander un nouveau crédit de 18 millions, dont une partie est destinée à secourir les classes pauvres cet hiver; ce n'est pas moi qui me plaindrai de cette louable sollicitude à leur égard, puisqu'il y a peu de temps je réclamais l'attention du gouvernement sur ce sujet.

« Sans examiner s'il n'y aurait pas eu de moyens plus efficaces pour secourir des familles malheureuses et si l'énorme quantité de fonds ainsi votés en dehors du budget, depuis 1830, n'a pas été plutôt le patrimoine de la faveur que celui de l'infortune qu'ils devaient soulager; sans vouloir entrer dans le détail des causes qui ont amené la détresse publique; sans soulever la question de savoir si un autre système politique eût empêché que cette détresse fût aussi affreuse et si la loi électorale actuelle, base fondamentale du gouvernement, ne devait pas infailliblement produire toutes les agitations dont nous sommes témoins; prenons donc les choses où elles en sont, puisqu'il n'est peut-être plus permis de détourner la misère qui nous menace qu'en imposant à la France de nouveaux sacrifices.

« Résignons-nous donc à donner notre assentiment au crédit réclamé pour répondre à des besoins aussi impérieux et aussi sacrés.

« Mais, Messieurs, l'obligation est-elle la même pour allouer au gouvernement un crédit de 5 millions demandé d'une manière vague et indéterminée? Je ne le pense pas. Je crois que, lorsque le pays est grevé d'impôts aussi disproportionnés que ceux que nous avons à supporter, on ne peut ni on ne doit accorder à MM. les ministres aucun subside sans obtenir d'eux une désignation bien formelle de l'emploi qui en sera fait.

« Les débats de l'autre Chambre ont été vifs à cette occasion. Après grand nombre de discours de l'opposition et de répliques du gouvernement, la question s'est trouvée aussi peu avancée qu'au point de départ, et M. le ministre du commerce a fini par dire ce qu'on dit toujours quand on ne veut pas s'expliquer : « Si vous avez confiance en nous, vous

« voterez le crédit; si vous ne l'avez pas, vous le re-
« fuserez. » Loin de regarder comme concluante une
telle argumentation, j'observerai que la plus entière
confiance ne saurait la motiver.

« Votre éloquent rapporteur s'est efforcé de vous
rassurer sur l'emploi du crédit qu'on vous demande;
il vous a dit qu'il avait reçu des communications
satisfaisantes. Messieurs, s'il s'agissait d'un intérêt
particulier, la parole du noble baron (1) serait, selon
moi, la meilleure caution que nous pussions avoir;
mais ce sont les intérêts du pays qui nous occupent;
et s'il nous appartient de les discuter, le pays est juge,
à son tour, de nos discussions. D'ailleurs, et on le
verra bien tout à l'heure, en venant combattre l'allocation des 5 millions, je ne suis pas uniquement dirigé par la pensée qui animait les orateurs de l'opposition. Si, comme eux, j'éprouve de l'éloignement à
livrer les deniers publics sans que l'emploi en soit déterminé, je ressens cet éloignement, surtout, lorsque
nous les livrons à un ministère qui, je ne crains pas
de le dire, ne vit que sous des influences autres que
celles de sa volonté.

« Avez-vous confiance en vous-même? dirai-je à
MM. les ministres lorsqu'ils nous demanderont si
nous avons confiance en eux. N'êtes-vous pas sub-
jugués par toutes sortes d'exigences? Ne sacrifiez-
vous pas chaque jour votre système politique au
parti qui vous enlace et vous entraîne? Votre déter-

(1) M. le baron Mounier.

mination ne cède-t-elle pas à tout moment à l'obligation où vous vous trouvez de prendre une direction différente de celle de votre conviction?

« Je ne sais si les membres du gouvernement répondraient affirmativement à cette question ; je le désirerais pour eux, car j'y reconnaîtrais au moins une preuve de bonne foi. Mais, s'ils répondaient d'une manière négative, je leur dirais à mon tour : Vos actes sont là pour justifier mes assertions ; ils parlent assez haut pour que personne ne puisse demeurer dans l'erreur.

« Messieurs, je ne veux rien préjuger sur le résultat de l'importante discussion à laquelle vous devrez bientôt toute votre attention ; cependant, je ne puis m'empêcher de dire que la France a déjà sous ses yeux la preuve que l'autorité, s'armant d'une abnégation bien stoïque ou d'une ambition ministérielle bien déréglée, a sacrifié l'un des pouvoirs de l'État au parti qui le domine (1).

« Vainement, il objecterait les difficultés qu'il avait à vaincre ; dans les temps de crise, plus que dans tout autre, il faut que les hommes politiques soient ce qu'ils doivent être, ou qu'ils ne soient pas.

« Ne nous le dissimulons pas, Messieurs : le gouvernement des trois pouvoirs n'existe plus ; il n'y a d'autre pouvoir, aujourd'hui, que celui qui réside dans une puissance occulte qui, n'osant encore jeter le masque dans la crainte d'être exposée à la répro-

(1) L'abolition de l'hérédité de la pairie, qui venait d'être votée à la Chambre des Députés.

bation du pays, ne néglige rien, cependant, pour s'arroger l'omnipotence politique et pour l'exercer le jour où elle pourra le faire sans danger pour les personnes.

« J'ai dit que le ministère ne me paraissait pas mériter une confiance complète quant à l'emploi du crédit qu'il demande; parce que, selon moi, il n'a pas confiance en lui-même. Je n'ai pu avancer cela sans quelques motifs dont vous allez apprécier la valeur.

« Le ministère, tout en ayant l'air de combattre ce pouvoir auquel, plus haut, je faisais allusion, est cependant incessamment soumis à son caprice.

« L'on ne manquera pas, ainsi que le fait timidement la presse ministérielle, de nous rappeler les majorités obtenues dans l'autre Chambre sur quelques questions. Ici, qu'on soit franc : à quel prix ont-elles été obtenues? à condition qu'on souscrirait aux exigences de la minorité.

« Oui, au commencement de la session, l'on a dit aux membres du cabinet : Restez, car si vous vous retiriez, vous nous mettriez dans un grand embarras; mais restez pour faire notre volonté; restez à condition que vous serez outragés; restez à condition que vous nous servirez d'instruments pour démolir pièce à pièce l'édifice social que nous avons déjà si fortement compromis.

« L'on connaît mes opinions, Messieurs; l'on sait que, si je sympathise avec tous les jeunes cœurs amis des principes de la liberté, je suis loin d'être un homme de juillet ; que le pouvoir qui en est sorti n'a jamais eu d'attrait pour moi. Néanmoins, si la marche du gouvernement assurait le bonheur de la France, il ne nous trouverait pas hostile ; nous ferions taire nos regrets, nos affections, à l'aspect de la prospérité publique.

« Nous croyons que la légitimité était une garantie de repos pour la patrie ; prouvez-nous le contraire et nous sommes à vous. Oui, Messieurs, la patrie, toujours la patrie! voilà notre profession de foi, notre évangile politique! Tous nos devoirs sont écrits là ; nous n'en connaissons pas d'autres.

« Mais où est ce bonheur, cette gloire, cette liberté qu'on nous a tant promis? Déjà, quelques-uns des hommes qui n'ont cessé de proclamer que la révolution de 1830 devait être l'ère de la liberté de tous, murmurent les mots de lois d'exception ; la tribune en a retenti. M. le président du conseil, je me plais à le reconnaître, a affirmé qu'il ne voulait pas les proposer. Je l'en remercie ; mais j'aurais voulu qu'il ajoutât que si elles devaient avoir quelques chances de succès, il abandonnerait le pouvoir pour venir les combattre à la tribune.

« Le parti qui les désire voudrait, au contraire, amener les ministres à les réclamer. Enfin, les choses en sont à ce point que les lois d'exception sont là suspendues sur notre tête comme l'épée de Damoclès. Il ne reste d'autre question à résoudre que celle de savoir qui s'arrogera l'odieux de les demander, tandis que la nation, spectatrice impuissante, regarde tristement, en attendant qu'elle soit victime.

« Est-ce dans de telles circonstances, Messieurs, que vous lui imposerez encore ce surcroît de charges de 5 millions, sans connaître l'emploi qu'on se propose d'en faire et lorsque vous les remettez à un ministère en tutelle? C'est, particulièrement, contre la Vendée et les départements de l'ouest que ces lois d'exception sont demandées ; c'est, spécialement, contre les propriétaires et les habitants des châteaux qu'on voudrait les diriger.

« J'ai regretté, je l'avoue, qu'il ne se soit pas trouvé une voix généreuse pour éclairer ouvertement l'opinion publique contre le danger auquel pourrait exposer une fureur aveugle et pour dire à ce sujet la vérité tout entière. Imprudents! détrompez-vous ; rien ne serait plus propre à soulever ces populations que l'emploi des mesures vexatoires déjà trop exercées contre des hommes honorables. Qu'on apprenne donc, enfin, que c'est à leur sagesse et à leur influence qu'on doit de ne pas avoir la guerre civile. Le ministère le sait : pourquoi n'a-t-il pas eu le courage de le dire à la tribune?

« Si certains hommes, ne cédant qu'à leurs sentiments de haine, se méprenaient au point de réclamer encore du gouvernement des mesures illégales et violentes, je les engagerais à lire les instructions qui furent données, jadis, par le général Hoche pour la pacification de la Vendée. Ils verraient qu'au lieu du massacre des hommes influents, au lieu d'afficher du mépris pour les croyances religieuses de ce peuple vertueux, auquel un honorable général (1) a rendu récemment une justice méritée, il recommandait les plus grands égards pour les personnes, le plus grand respect pour tout ce qui tient à la religion. C'est peut-être à l'oubli de ces principes et de ces sages et politiques recommandations du premier pacificateur de l'ouest, qu'on doit, dans ces parages, l'agitation du moment. Mais, au surplus, de cette agitation à l'ancienne Vendée, il y a autant de distance qu'il en existe entre des conscrits réfractaires et MM. de Lescure et de La Rochejaquelein.

« Je vous disais tout à l'heure, Messieurs, que nous étions à la veille de voir apparaître les lois d'exception. Je me trompais, elles sont déjà en discussion.

« Une proposition que, l'an dernier, le ministère déclara inutile, à cette tribune, est renouvelée depuis peu de jours avec une aggravation cruelle et sanguinaire. Malgré l'inutilité signalée par MM. les ministres, malgré l'horreur dont je suis convaincu qu'elle les a pénétrés, le ministère et ses amis se sont tous levés pour la prise en considération de cette proposition, sans faire une seule observation (2).

« Je réitère ma demande à MM. les ministres : Agissez-vous librement? n'êtes-vous pas soumis à une influence que votre conscience réprouve?

« J'ai touché une corde sensible, et je m'attends à

(1) Le général Lamarque.
(2) L'application de la peine de mort aux membres de la branche aînée des Bourbons dans le cas où ils paraîtraient sur le territoire du royaume.

voir se renouveler les reproches qu'on m'a adressés l'an dernier, ainsi qu'à mes nobles amis. Messieurs, je crois qu'en cette grave circonstance nous avons mieux compris que nos adversaires l'élévation du caractère national !

« Qu'on le reconnaisse ou non, je répéterai que c'est pour nous opposer aux lois de proscription, que c'est pour défendre la liberté de tous, que nous sommes restés dans cette enceinte. Sans cette considération si puissante, notre présence n'eût été en rien motivée ; au surplus, l'on se serait étrangement mépris sur notre compte, si l'on avait supposé qu'en prêtant serment au nouveau gouvernement, nous avions pu accepter le rôle de prisonniers de guerre se traînant en vaincus à la suite de la révolution ! S'il nous est réservé de discuter de nouveau cette proposition, nous la combattrons encore.

« Si, de la marche générale de l'administration, nous passons aux actes de détails, devons-nous avoir plus de confiance en elle ? Je le pense encore moins.

« Voyez ! les croix abattues, les églises catholiques forcées, il y a encore peu de jours, et un culte nouveau célébré par ordre de M. le ministre de l'Intérieur (1). Dans toutes ces occasions, le ministère marchande avec l'émeute et le sacrilége est le prix du marché.

« Le domicile des citoyens violé, les saisies et les procès des journaux, plus multipliés qu'ils ne l'ont

(1) L'abbé Châtel.

été pendant les quinze ans de la Restauration ; et, chose singulière! la discussion des questions politiques autorisée pour quelques écrivains et interdite à d'autres. Voilà, Messieurs, les œuvres du ministère du 13 mars.

« La loi du recrutement, la seule peut-être qui, sous la Restauration, ait obtenu l'assentiment unanime de l'opposition, avait, en tout temps, été exécutée avec un scrupule et un respect religieux; on a été obligé de le reconnaître à la tribune; on ne pourrait pas citer un exemple d'une ordonnance rendue, par le passé, contradictoirement à la loi. Eh bien! depuis 1830, toutes les dispositions relatives à l'avancement ont été mises de côté; beaucoup d'emplois d'officiers ont été donnés à des hommes qui n'avaient aucune espèce d'antécédents dans l'armée; grand nombre d'officiers ont été promus à des grades supérieurs, sans avoir rempli les conditions voulues par la loi ; d'autres ont obtenu plusieurs grades à la fois.

« Voilà des faits malheureusement connus de tout le monde; et, cependant, chaque matin on ose nous dire que la révolution de 1830 n'a été faite que pour assurer le règne des lois !

« Enfin, cette loi de recrutement, objet des hommages de l'opposition pendant douze années, va être changée. Je le demande, si la Restauration eût osé y porter la moindre atteinte, en retrancher une seule syllabe, que n'eût-on pas dit? Que de voix ne se fussent pas élevées contre une semblable mesure? Mais les temps sont changés; aujourd'hui qu'on a le pouvoir, il ne faut plus d'entraves; il faut qu'on puisse faire arriver ses amis et ses créatures au détriment des officiers expérimentés qui ont servi depuis seize années. Si je devais rapporter ici toutes les illégalités de détail, toutes les contradictions entre la conduite du gouvernement et les principes proclamés si haut, je fatiguerais longtemps votre attention.

« Un dernier mot. Accorderez-vous un vote de confiance à un ministère qui, si l'on en croit les bruits accrédités, est à la veille de provoquer une ordonnance qui devrait le faire mettre en accusation (1)?

« D'après toutes ces considérations, je vote contre le crédit des 5 millions dont l'emploi ne se trouve pas désigné dans le projet. »

---

(1) L'ordonnance qui, quelques jours plus tard (le 19 nov.), nomma trente-six pairs à vie, afin que le ministère eût la majorité sur la question de l'abolition de l'hérédité de la pairie.

SÉANCE DU 26 NOVEMBRE 1831.

Les troubles les plus graves ayant éclaté à Lyon le 21 novembre, par suite de la suspension des travaux des fabriques de soie et de la misère des ouvriers, le Gouvernement en avait reçu la nouvelle télégraphique le 22, et le 25 M. Casimir Périer, président du conseil, avait fait à ce sujet une communication officielle aux deux Chambres. La Chambre des Députés avait voté une *adresse* à cette occasion; une proposition de même nature ayant été faite dans la Chambre des Pairs, M. de Dreux-Brézé demande la parole :

« Je ne viens pas m'opposer à l'adresse; mais je demanderai à faire une simple observation. L'on vous propose de voter une adresse; il faudrait auparavant se rendre raison du but qu'on se propose d'atteindre. Veut-on une adresse parce que la Chambre des Députés a eu hier la même pensée? Dans ce cas, je regretterais, je l'avoue, que nous n'eussions pas pris l'initiative.

« Certes, Messieurs, il n'y a pas un bon citoyen qui n'éprouve une profonde douleur des graves désordres qui ont éclaté, des atteintes qui ont été portées à la propriété; je la partage autant qu'aucun de mes nobles collègues. Il faut que le ministère exerce son pouvoir avec fermeté; mais il doit le faire sous la responsabilité ministérielle.

« L'adresse aura-t-elle pour objet de venir témoigner de votre adhésion à la marche de l'administration? Mais, Messieurs, les votes des deux Chambres en font foi chaque jour; l'adresse n'y ajoutera rien.

« Je l'avoue, je crains que la France ne voie autre chose dans cette démarche; je crains qu'on n'y aperçoive un acheminement à des lois d'exception, à des mesures extra-légales. Je suis loin de dire que l'adresse exprimera un pareil vœu, je crois même qu'elle ne le fera pas; mais la mesure en elle-même pourrait le faire pressentir, et c'est cette pensée que je désire voir complétement éloignée.

« Messieurs, je n'ai voté aucune loi d'exception sous la Restauration; aujourd'hui, comme dans d'autres temps, je n'en voterai jamais. »

(M. le comte de Saint-Priest combat l'opinion de M. le marquis de Brézé, qui réplique en ces termes) :

« J'éprouve, Messieurs, le besoin de répondre quelques mots à ce que vient de dire le préopinant. Je n'ai pas dissimulé l'ardent désir dont je suis animé que force restât à la loi; je suis loin d'avoir dit que les ministres réclameraient des lois d'exception, ils ont affirmé le contraire il y a peu de jours : à cet égard j'ai foi en leurs paroles; mais j'ai avancé que la mesure que vous allez prendre pourrait faire croire que vous les accorderiez plus tard à un ministère quelconque, s'il les réclamait; j'ai voulu témoigner du contraire et, en cela, j'ai cédé au cri de ma conscience.

« C'est dans l'intérêt du gouvernement autant que dans le vôtre que ces observations sont faites.

« Qu'on ne l'oublie pas, Messieurs, la paix intérieure de la France et l'obéissance de tous les partis ne résultent que d'une constitution supérieure à tous les pouvoirs, parce qu'on espère y trouver la sauvegarde de tous les droits comme de tous les intérêts : la garantie de la liberté de tous.

« Je le répète : le jour où la constitution serait violée, le ministère et, peut-être, le gouvernement n'existeraient plus. »

M. le comte de Pontécoulant parle en faveur de l'adresse ; M. de Brézé répond :

« Il me semble que j'ai été bien mal compris par le noble comte. Loin de voter contre l'adresse, je voterai en sa faveur ; mais j'ai exprimé le désir qu'elle ne contînt rien qui pût faire supposer une arrière-pensée de lois d'exception. Je les ai toujours combattues, je les combattrai jusqu'à la fin. »

Plusieurs voix. « Mais il n'est pas question de lois d'exception. »

M. le comte de Pontécoulant. « J'en ai combattu plus que vous. »

M. le marquis de Dreux-Brézé. « Le noble Pair en a combattu plus que moi, dit-il ; je le crois, car il est plus âgé que moi. Mais je lui déclare de nouveau que, tant que j'existerai, je repousserai de telles mesures. »

SÉANCE DU 23 DÉCEMBRE 1831.

Conformément à la déclaration du 7 août 1830, ou Charte constitutionnelle, la question de l'hérédité de la pairie fut portée à la session législative de 1831 et l'abolition de l'hérédité fut adoptée à la Chambre des Députés. — Le projet de loi, apporté ensuite à la Chambre des Pairs, y fut vivement discuté pendant plusieurs séances et, à cette occasion, M. de Brézé prononça le discours suivant :

« Messieurs,

« Après les éloquents discours que vous avez entendus, il me sera sans doute difficile de captiver votre attention; cependant, en montant à cette tribune, dans cette occasion solennelle, il peut m'être permis de réclamer encore l'intérêt que vous avez bien voulu accorder quelquefois à mes paroles.

« C'est une étrange position que la nôtre, Messieurs! Elle est telle que je ne crois pas qu'aucune assemblée législative en ait présenté une pareille! La Chambre des Députés a brisé la constitution de la Pairie; elle a anéanti l'hérédité, principe de votre indépendance; et l'on vient, ici, réclamer votre indispensable concours pour sanctionner une mesure qui porte la plus grande atteinte à cette liberté nécessaire à vos délibérations. De telle sorte que, si vous voulez retenir ce qui fait la force, la dignité et l'indépendance de cette assemblée, vous vous mettez, dit-on, en opposition avec la tranquillité publique que l'on invoque contre vous-mêmes; si vous l'abandonnez, votre vote perd toute sa valeur, toute sa vertu. Ainsi vous êtes placés entre deux écueils également funestes pour des hommes de cœur : d'un côté, la crainte d'apporter une nouvelle perturbation dans le pays ; de l'autre, la crainte de perdre votre considération. Ainsi, votre patriotisme est aux prises avec votre honneur; le sentiment de votre indépendance et de votre dignité, avec l'ordre public.

« Je n'examinerai pas si ceux qui ont mis dans cette alternative cruelle des hommes portant à la fois dans le cœur l'amour de leur pays et le sentiment de leur dignité, n'auraient pas pu épargner à la France l'humiliation qui rejaillit sur elle de ce désordre moral, de cette complication de sentiments et d'intérêts opposés. L'honneur individuel appartient à chacun de nous; mais l'honneur du corps dont nous faisons partie appartient au pays qui nous l'a donné à garder. Ceux qui sont entrés dans cette carrière et nous y ont poussés contre leur conviction, contre la nôtre, ne pouvaient-ils se rendre maîtres du temps et obtenir que la réflexion eût mûri un projet conçu au sein des agitations? Ceux qui ont tenu la balance de l'Europe entre les peuples et les rois, qui ont maîtrisé les tempêtes et fait triompher le *statu quo* dont ils sont les représentants, ne pouvaient-ils aussi nous donner un *statu quo* intérieur qui aurait permis, à l'avenir, de régler toutes les conditions avouées par la sagesse et la raison? Mais non ; ils se sont volontairement jetés dans le torrent où ils viennent vous demander de vous précipiter avec eux ! Les mêmes ministres qui se sont placés entre l'Espagne, l'Italie, la Belgique, la Pologne et les révolutions, ont ouvert de leurs propres mains la brèche par laquelle la révolution vient envahir cette enceinte. Vainement résisterez-vous ; le pouvoir est ligué contre votre existence avec un fantôme d'opinion ; sa force est d'autant plus invincible qu'elle apparaît sous la forme séduisante d'un grand sacrifice. Le ministère est comme Curtius se précipitant tout armé dans le gouffre ; puisse-t-il ne pas y entraîner la patrie avec lui !

« Le vote que l'on vient vous demander sera, quel qu'il soit, dangereux ou inutile pour le pays. Que si vous vous décidez à écarter le projet dans sa base essentielle, vous rompez, dit-on, l'unité des trois pouvoirs ; vous vous mettez en état de collision avec la royauté et la Chambre élective; vous blessez une opinion que l'on veut bien croire égarée, mais à laquelle, dans son égarement même, on croit devoir toute la soumission que la suprême sagesse elle-même n'obtiendrait pas. A la suite de votre refus arrivent les conséquences du pouvoir constituant avec son cortége d'émeutes. Que vous dirais-je, Messieurs? tous les maux se répandront sur notre malheureux pays, parce qu'un des trois pouvoirs aura fait usage de ses lumières, de son indépendance constitutionnelle, de sa liberté de conscience et qu'il aura fait un choix entre le vote affirmatif et le vote négatif qu'il tient de la loi.

« Tel est le danger qu'on vous présente d'un côté ;

l'évitera-t-on en se jetant sur la rive opposée? Ici, il s'agit d'accepter, avec résignation, la mort politique, de prendre l'arme du suicide qui vous est présentée, de vous en frapper sans murmurer, et de tomber avec grâce en présence du peuple, pour revivre sous de nouvelles conditions.

« Mais ce qu'on vous propose là est un acte d'esclaves et non d'hommes libres. Je comprends le sacrifice volontaire fait à la patrie du repos dont on jouit, de sa fortune et de sa vie; il n'est, sans doute, pas un de vous qui ne soit prêt à l'accomplir. Je comprends tous les sacrifices qu'on peut faire à son pays; et la preuve, Messieurs, c'est que je suis ici. Mais céder à une opinion factice, dont on n'a pas la conviction; fléchir devant le caprice d'un parti; mais abandonner sa considération et son honneur à qui vous les demande, ce ne serait pas là servir son pays, ce serait plutôt le dégrader. Messieurs, la peur n'a jamais servi à personne, encore moins à la société: l'antique patrie de l'honneur ne peut tirer aucun profit de l'abandon des règles de l'honneur. Quoi! après avoir commis l'acte d'une impardonnable faiblesse, de nouveaux éléments viendraient se grouper autour de nous et nous demander quelques rayons de l'auréole qui nous a environnés durant quinze ans! Et nous n'aurions à leur faire part que du pâle reflet d'une lumière presque éteinte! Et la nouvelle Pairie serait empreinte, dès sa naissance, d'une véritable impuissance!

« Messieurs, dans un pays où l'honneur est l'idole

de l'opinion, le bien n'est possible qu'autant que le culte de l'honneur est maintenu. Une Chambre d'où il serait exilé serait incapable de satisfaire à ce que la France a le droit d'attendre d'elle ; ses actes seraient réprouvés d'avance; le but de la constitution ne serait pas atteint; le vœu national serait trompé.

« Entre ces deux dangers, je n'hésite pas ; s'il faut périr, cherchons au moins la mort la plus honorable. Sacrifice pour sacrifice, le plus avantageux à la France sera celui qui la fera moins rougir.

« Rendons grâce, cependant, au ministère ; ses précautions ont aplani, devant nous, les difficultés et nous ont donné toute liberté de combattre. La lutte, dira-t-on, sera vaine dans ses résultats. Nous devons l'ignorer ; dans tous les cas, elle aura, néanmoins, un avantage : ce sera de nous rendre à nous-mêmes et de nous laisser sortir, l'honneur sauf, du passage périlleux dans lequel il nous a engagés. Un concours inattendu dégage du combat les questions de personnes et ne laisse subsister que celles d'intérêt public. Si donc j'ai combattu, avant sa naissance, une ordonnance que je regardais comme inconstitutionnelle(1), j'en remercie aujourd'hui le pouvoir ministériel et, ne m'attachant plus qu'au fond de la question, je vais développer quelques vérités que je livre à mon pays, comme un témoignage de mon dévouement pour son bonheur et ses intérêts.

(1) *Ordonnance du 19 novembre* portant nomination de trente-six pairs et destinée à assurer, dans la Chambre, la majorité à l'abolition de l'hérédité de la Pairie. (Voir la séance du 4 novembre, page 163.)

« Il n'y avait, selon moi, pour la reconstruction d'une pairie, que deux systèmes en harmonie avec les formes du gouvernement sous lesquelles nous sommes placés : la pairie héréditaire, d'institution royale, et la pairie viagère ou temporaire, élective. Une partie de votre commission vous dit, par l'organe du noble rapporteur : « L'hérédité, seule, peut remplacer l'action du principe électif d'où sort la Chambre des Députés. » Il est peut-être, je crois, permis d'en conclure que, si l'hérédité devait être détruite, elle ne pourrait être remplacée que par l'élection.

« C'est sous l'une ou l'autre de ces conditions que se présentent, dans tous les pays où le système représentatif est en vigueur, les établissements des Chambres hautes et il est difficile, en effet, de les concevoir autrement. Il appartenait, sans doute, au moment présent de trouver une troisième combinaison qui n'a de modèle nulle part et qui ne servira probablement de modèle à aucun peuple : c'est celle d'une pairie qui ne dérive d'aucun principe ; d'une pairie qui n'est ni monarchique, ni aristocratique, ni démocratique ; d'une pairie de catégories, qui suivra toutes les vicissitudes inhérentes à l'état de révolution ; d'une pairie à laquelle je ne saurais trouver d'autre nom que celui de pairie ministérielle.

« La première condition d'un pareil établissement devait être de chercher cette indépendance sans laquelle il est impossible à une assemblée politique de maintenir l'équilibre des pouvoirs et de défendre les intérêts nationaux, en se portant, suivant les circonstances, au secours de la royauté contre l'élément populaire et, *vice versâ*, au secours du peuple contre la royauté. L'hérédité satisfait pleinement à cette condition. Quoiqu'elle commençât par l'institution royale, le caractère de perpétuité qu'elle recevait était pour elle bien plus que ne l'est l'inamovibilité pour l'ordre judiciaire. En sortant des mains de la royauté, elle s'avançait dans la carrière dotée d'indépendance et d'avenir ; ne reposant plus que sur elle-même, elle puisait, dans sa sécurité, le calme, la dignité et la sagesse qui appartiennent aux positions élevées.

« Je ne sais si je me trompe, mais il me semble que le système d'élection aurait atteint le même but, tout en mettant cette institution plus en harmonie avec la Charte de 1830. Dans l'une comme dans l'autre combinaison, il s'agit, pour elle, de voir son existence liée à la souveraineté nationale. Si cette souveraineté a sa représentation sur le trône, il convient que les pouvoirs de la pairie descendent du trône ; si la souveraineté est dans le peuple, la raison veut que le peuple confère ses pouvoirs. Mais, de part et d'autre, les grandes existences peuvent s'élever à la surface ; le peuple est comme la royauté : les vertus héréditaires, la considération ancienne, l'honneur et les grands talents ont le pouvoir d'attirer ses suffrages. Il pouvait sortir du système d'élection une Chambre composée, en grande majorité, des hommes dont la révolution craint l'influence ; et l'on conçoit, dès lors, que, se trahissant dans son principe de souveraineté du peuple, la révolution nouvelle ait apporté dans la constitution de la pairie cet esprit de monopole qui a présidé à nos lois sur les élections et sur l'organisation des départements et des communes.

« Quelle a été, en effet, sa combinaison ? Elle a livré au pouvoir ministériel des catégories de noms, une sorte d'aristocratie militaire et administrative disposée par époques de services, de manière à exclure tout ce qui se trouve hors de la sphère d'une opinion ; annulant ainsi le jugement du pays par la royauté ou par les assemblées du peuple et vouant à l'ilotisme politique une classe nombreuse d'honorables citoyens qui ne peuvent venir chercher ni les suffrages du chef de l'État, ni les suffrages populaires. Ainsi, par un double mécanisme, les portes des deux Chambres se trouveraient fermées devant ce que la France possède de plus indépendant et de plus éclairé. Un parti s'est emparé de l'entrée du sanctuaire des lois ; il a fait plus : il en a saisi toutes les avenues; car on ne pourra y pénétrer que revêtu de fonctions accordées par ses ministres.

« On ne pourra pas se prévaloir de mes antécédents pour combattre mes opinions. Si c'est un privilége de mon âge, je tâcherai de le conserver toute ma vie. C'est à tort qu'on a essayé, hier, de mettre un noble duc en contradiction avec sa conduite parlementaire d'une autre époque. Comme moi, comme beaucoup d'autres hommes consciencieux, ardents défenseurs du système représentatif, mon respectable ami a pensé que le concours de tous les contribuables pourrait seul former un lien indissoluble entre le pays et les institutions. J'ai cru et je crois encore fermement, pour ma part, qu'à l'avénement d'un pouvoir nouveau, une sanction trop générale ne pouvait être obtenue.

« C'est une habile tactique, dira-t-on, de s'élever contre la loi électorale actuelle, que de réclamer en faveur de tous les contribuables les droits électoraux! S'il y a là habileté, Messieurs, c'est qu'en effet il y a, selon moi, beaucoup plus d'habileté à marcher d'un pas ferme devant soi, à être conséquent avec les principes posés, qu'à user d'adresse et de subterfuge, comme on l'a fait, autrefois, par l'établissement du double vote et récemment par l'abaissement du cens à 200 fr.

« Ainsi, c'est contre le monopole électoral que l'indépendance de la pairie est venue se briser; ou, plutôt, la pairie nouvelle ne serait que la conséquence et l'extension plus grande du système du monopole. Ce n'est pas d'aujourd'hui, Messieurs, que j'ai aperçu les dangers et les inconvénients de ce système. Le 15 avril 1831, je disais dans cette enceinte : « L'hérédité « du trône est tombée devant le cens de 300 fr. Puisse « l'hérédité de la pairie ne pas rencontrer une hosti- « lité menaçante devant le cens de 200 fr.! »

« Ma prédiction s'est accomplie; elle s'est réalisée même au-delà de mes prévisions, car je n'aurais pu croire, alors, que la révolution de juillet se démentirait à ce point qu'elle refuserait de rendre à la nation ce qu'elle enlevait à la royauté.

« En énervant la pairie par l'anéantissement de son hérédité, on pouvait lui rendre toute sa force par le principe de l'élection.

« Affaiblie par la perte du principe de l'hérédité, la pairie aurait retrouvé des forces dans le principe de l'élection ; elle aurait eu toute l'autorité que la nation peut transmettre aux hommes de son choix. Mais, pour arriver ainsi à former une assemblée de nature différente à celle de la Chambre élective, il fallait d'autres combinaisons ; il fallait, pour faire sortir les supériorités sociales d'un concours de suffrages, abandonner l'étroit calcul du cens à 200 fr. qui s'éloigne autant du peuple qu'il dédaigne, que de la grande propriété qu'il jalouse et qui n'est l'expression que des existences médiocres, de même qu'il n'exprime que de petites passions et de petits intérêts.

« La grande propriété, l'élément le plus populaire de tout système représentatif, parce que c'est autour d'elle que la plus grande masse du peuple est groupée, trouvait naturellement sa place dans une assemblée destinée à représenter les plus grands intérêts, comme à réunir les plus grandes lumières. C'est d'elle que viendront toujours les plus patriotiques comme les plus nobles inspirations ; car, que l'on ne s'y trompe pas, Messieurs ; malgré les sophismes des hommes du monopole, il y a, dans la possession de la terre, une éducation politique qui ne s'acquiert ni dans les camps, ni dans les exercices du barreau ; il y a, dans les intérêts que la propriété fait connaître, dans les devoirs que la fortune territoriale impose, une source d'ordre, un moyen d'instruction qu'on ne remplace qu'à grand'peine, et peut-être ne serait-il pas difficile de prouver, à quelques exceptions près, que les plus grands hommes d'État, comme les plus grands orateurs, ont dû à la propriété, à l'agriculture, leurs premières inspirations.

« Mais la propriété a été mise au ban du système électoral ; et, destinée à supporter les plus fortes charges de l'État, elle a la moindre part dans l'influence qui doit régler ses charges. Avec elle, le peuple est condamné à la nullité politique ; ce peuple de laboureurs qui fécondent la terre, d'artisans qui produisent tout ce qui sert à nos besoins et à nos jouissances, on l'a exilé dans le néant ; parce que, riche de son travail, entrant par son industrie en partage de la propriété, il en a l'esprit et la tendance ; parce qu'il sent plus vivement les abus dont il ne profite pas ; parce que, content de son sort et ne cherchant point à s'élever dans la hiérarchie politique, il honore ce qui doit être honoré et va droit au but de ses affections et de ses sentiments, lorsqu'il s'agit de choisir.

« C'est ainsi que toute l'influence a été transportée à la partie de la nation la plus restreinte dans ses moyens et par conséquent la plus turbulente ; c'est ainsi que le système représentatif a été faussé et que nos assemblées, comme les pouvoirs qu'elles ont produits, arriveront peut-être bientôt à n'avoir plus aucune puissance morale. Mais il n'y a pas d'aristocratie en France, dit-on, quand on veut détruire la pairie; il y a une aristocratie, il est vrai, s'écrie-t-on, quand on veut éviter le vote général. Messieurs, entre ces deux assertions contradictoires, il existe une vérité. Non, il n'y a pas, aujourd'hui, et il ne peut y avoir d'aristocratie dans l'acception qu'on attachait, autrefois, à ce mot; mais il y a des influences naturelles et légitimes qui ont leur point d'appui dans la conscience publique; les partis s'efforcent de les écarter; c'est pour cela que la loi électorale actuelle, résultat de cet intérêt de parti, a concentré la représentation nationale dans le cens qui pouvait lui donner gain de cause.

« Une telle loi ne peut avoir de consistance et de durée; je l'ai cru à sa naissance; je le crois encore plus chaque jour.

« S'il ne peut y avoir, aujourd'hui, d'intérêt collectif distinct des intérêts généraux, certains hommes se trouvent, cependant, à portée de prendre en mains la cause de tous; et ce rôle est réservé à la propriété.

« C'est, précisément, parce que les supériorités sociales qui s'y rattachaient sont débarrassées, aujourd'hui, de tout ce qui n'était pas en harmonie avec l'époque actuelle, qu'il eût été d'une sage politique d'utiliser leur salutaire influence dans la nouvelle constitution de la pairie, au lieu de la mettre en interdiction. Malgré sa division, jusqu'à ce qu'on l'ait arrachée des mains qui la possèdent, chose fort difficile, précisément à cause de sa division, la propriété peut et doit tenir une place importante dans l'ère nouvelle qui s'offre devant nous. Que ceux qui possèdent sachent préférer à de vains honneurs et à des distinctions un pouvoir basé sur la vertu ; qu'ils établissent leur empire sur des bienfaits, en améliorant sans cesse la condition des classes populaires ; qu'ils s'occupent de leurs affaires ; qu'ils dépensent, en leur faveur, le superflu de leur fortune et de leur temps, et je leur prédis un pouvoir bien autrement puissant que celui qui peut être fondé par des lois de circonstance.

« Que cette portion d'hommes si honorables renonce complétement à quelques fausses idées ; qu'ils comprennent combien la cause des franchises nationales est étroitement liée à la leur et, bientôt, ils verront venir à eux ceux qu'on en a éloignés par des promesses que l'expérience rend, chaque jour, plus mensongères.

« En attaquant l'hérédité, comme en repoussant l'élection, on semble encore avoir été mu par l'envie de déconsidérer plutôt que par le besoin de détruire. On en a eu la preuve dans cette velléité de prendre le pouvoir constituant qui a constamment côtoyé la discussion et que l'on a abandonnée de soi-même à la fin des débats.

« Dans cette situation, qu'a-t-on fait ? On a confisqué, au profit du pouvoir ministériel, les garanties qui avaient été données à la nation en faveur des principes de liberté. Ces garanties. comme je l'ai démontré, se trouvaient dans l'hérédité qui formait un immense contre-poids à l'exercice de la prérogative royale : elles ne pouvaient se retrouver que dans l'élection qui est, aussi, un exercice de la souveraineté. Le pair élu, comme le pair héréditaire, n'eût plus été le très-humble serviteur des ministres; car, non-seulement, il ne serait pas sorti de leurs mains, mais encore il aurait pu éviter tout contact avec eux.

« L'élection, cette puissance colossale qui se lie si étroitement, aujourd'hui, par la nature des nouvelles institutions, avec le pouvoir qui siége à la Chambre des Députés, aurait trouvé, dans une pairie toute nationale, une barrière contre les excès possibles. En vain, présentera-t-on les catégories comme un correctif qui limite cette puissance : en cela, on se trompe étrangement. Les catégories ne sont qu'une liste de disponibilité pour la Chambre haute, et la disponibilité embrasse évidemment tout ce qui gravite dans la sphère ministérielle ; tout ce qui, par ses précédents et son avenir, appartient à la grande hiérarchie des emplois publics. On n'a donc fait que rapetisser et énerver l'institution, en ramenant aux proportions les plus exiguës la vertu politique qui doit être l'âme de la pairie !

« Il n'est pas jusqu'à la dernière disposition de cette loi qui, sous une vaine apparence de désintéressement et d'austérité républicaine, ne cache une corruption profonde et une grave attaque à la liberté. En excluant la propriété du concours, on a privé le pays des lumières les plus indépendantes, des influences les plus libres et les plus élevées. En déclarant qu'aucun pair ne pourrait, en cette qualité, recevoir ni traitement, ni pension, ni dotation, on prive la France des illustrations dont la fortune a fait naufrage au milieu des tempêtes politiques. Que restera-t-il donc pour édifier ce premier rempart de la liberté publique? Il faut bien le dire à la face de la France : la pairie ne réunirait que ceux que l'ambition et une activité inquiète portent sans cesse au-devant du pouvoir; qui lui sont inféodés par nécessité; qu'il a produits, dont il a fait le passé et dont il doit faire l'avenir.

« Voilà le genre d'indépendance qui serait réservé à cette Chambre. Elle n'aurait plus de dotation à elle pour le soutien de sa dignité; mais il y en aurait peut-être ailleurs une autre dont un ministère quelconque pourrait tenir la clef. Le pays n'y gagnerait rien et l'on peut prévoir, déjà, qu'il lui en coûterait beaucoup plus cher.

« La pairie, telle que la constitue la loi proposée, n'est que le développement du système déplorable de centralisation si funeste à la France. Il est évident qu'elle serait établie au profit de la capitale et des hommes qui, depuis quarante ans, ont paru constamment à la surface des grands mouvements politiques, comme ces oiseaux qui annoncent les tempêtes et les naufrages. Là, siégeraient toutes les époques désastreuses, tous les grands témoins vivants de nos erreurs, de nos calamités, de nos convulsions. Les hommes nouveaux, ceux de la jeune France, n'y trouveraient point place. Le principe de l'hérédité était forcé, par sa propre nature, d'aller chercher, partout où elles se trouvaient, les grandes existences territoriales, les positions élevées, les notabilités de tout genre. Le principe de l'élection eût également réparti, sur tout le territoire, les avantages attachés à cette institution ; car les supériorités sont relatives au sol où elles ont leurs racines et chaque province a les siennes, comme elle a sa proportion de fécondité et d'industrie.

« Les catégories maintiennent et même corroborent la centralisation législative et administrative. C'est toujours Paris avec son cortége nombreux de fortunes nouvelles, d'existences improvisées, de courtisans des ministres, qui absorbe et attire la force politique, intellectuelle et matérielle du pays : pouvoir, faveurs, influences, trésors, prospérité. La pairie, par la nouvelle loi, ne serait qu'une branche de plus ajoutée au vaste monopole de la capitale.

« Maintenant, Messieurs, je le demande à tout homme de bonne foi, à quelque nuance d'opinion qu'il appartienne : croit-on, sincèrement, que, si la pairie était établie d'après le texte de la loi, elle fût habile à produire quelque bien, à empêcher quelque mal, que ses actes eussent quelque puissance ; qu'elle aurait la possibilité de s'opposer aux volontés, aux caprices ou aux actes de l'autre Chambre ? Croit-on, surtout, qu'avec le caractère français si plein d'honneur, avec un esprit national si rempli de pénétration, une assemblée politique si faible dans sa source, si restreinte dans ses éléments, si incohérente dans sa composition, pût être de quelque poids dans l'équilibre des pouvoirs? Non, il n'y a pas en France une seule voix qui voulût l'affirmer.

« Les preuves ne sont-elles pas assez évidentes ? Et que sommes-nous en ce moment, Messieurs, nous qui avons, en tant d'occasions, donné des preuves de notre sollicitude pour les intérêts publics, de notre respect pour la liberté, de notre dévouement aux institutions nationales? Nous avons peut-être bien mérité de la patrie, il est vrai; mais nous avons mal mérité des partis qui prétendent être la France, et notre institution a, d'abord, été mutilée au nom de la liberté. Puis, encore en ce nom, sont venus les outrages et les séditions qui ont frappé jusqu'à la porte de ce palais ; puis, les votes accordés à l'ordre et à la paix ; puis, encore, votre mort politique que vous êtes invités à subir sur l'autel de la patrie, sans qu'il vous soit accordé en compensation ni estime ni gloire.

« Que se passe-t-il ailleurs ? Se presse-t-on en foule à cette porte que les catégories ont ouverte à tant de pétitions? Je vois bien que l'appel a réveillé beaucoup d'ambitions qui sommeillaient ; mais, parmi celles que les suffrages électoraux ont fait naître, je ne vois qu'indifférence d'un côté et même éloignement de l'autre.

« Ces symptômes m'en disent assez sur la position respective des deux Chambres, sur la suprématie de l'une et le rôle secondaire qui serait assigné à la Chambre des Pairs, sur la distance énorme qui sépare le système d'élection du système des catégories.

« Que nous demande le ministère, Messieurs ? que veut-il de nous ? Pressé sans doute par le sentiment de sa propre position, il veut nous identifier avec lui; car, dans les temps de désorganisation sociale, il faut que tout fléchisse à la fois, pour que tout soit en parfaite harmonie. Majesté du trône, majesté du peuple, dignité des corps politiques, dignité du pouvoir ministériel doivent à la fois s'abaisser et s'éclipser devant je ne sais quel système qui n'a ni forme, ni expression. On nous presse d'abdiquer en restant sur nos siéges, de descendre de notre rang sans changer de place. Étrange destinée qui renverse toutes les lois sous lesquelles existent les institutions de la nature de la nôtre ! car leur vocation est de s'élever et de grandir, et le jour où elles déclinent est le précurseur de leur mort.

« Ainsi que je le disais il y a peu de jours, les ministres viennent nous répéter ce qu'ils ont entendu ailleurs : « Souscrivez à toutes nos volontés, renon« cez à toutes vos convictions, soyez nominalement « le premier corps de l'État, mais ne le soyez que « nominalement ; renoncez à vos garanties d'indé« pendance, de dignité ; soumettez-vous à être moins « que vous n'avez été; sanctionnez, vous-mêmes, « l'arrêt dont vous avez été frappés. »

« Messieurs, je ne sais si cette condition peut convenir à des ministres qui n'ont que quelques mois à passer au pouvoir. Les mouvements politiques emportent bientôt dans le même tourbillon et leur fortune, et leur réputation, et même leurs remords;

mais il ne saurait en être ainsi des corps politiques, dont rien ne limite la durée. Leur esprit est celui qui participe le plus de l'esprit national; et l'esprit national, vous le connaissez comme moi.

« Et remarquez, Messieurs, que ce qui vous est proposé, aujourd'hui, vient vous atteindre tous, et individuellement et comme corps politique : individuellement, car le projet détruit en partie votre état civil et celui de vos enfants ; il annule entre vos mains un titre qui vous avait été transmis et que vous deviez transmettre avec le sang, ce sang que le plus grand nombre d'entre vous a versé pour la patrie! Et maintenant que vous voilà déchus dans votre postérité, que ferez-vous de ces témoignages parlants des services de vos ancêtres et des vôtres, de ces armes qui attestent la gloire et le patriotisme de la plupart de vous ?

« Anéantirez-vous de vos propres mains et l'existence civile de votre famille, et les preuves de son illustration, et les signes symboliques de vos services? Non, mille fois non, Messieurs ; c'est l'office d'autres mains que les vôtres. Qu'on les envoie ici pour biffer vos noms, lacérer vos titres, en jeter les débris au vent. Que les dernières traces de la monarchie disparaissent sur les murailles de ce palais, comme elles ont disparu dans d'autres palais. Que nos enfants soient déshérités et voués à la nullité politique; nous n'aurons pas du moins participé à leur spoliation comme à la nôtre, et nous dirons avec Montgomery, écoutant l'arrêt qui condamnait ses enfants

à perdre leur noblesse : « J'y consens, s'ils n'ont la
« vertu pour s'en relever. »

« Comme corps politique, notre situation est plus étrange, plus déplorable encore. Quoi! on reconnaît que nous sommes constitués, puisque l'on vient nous demander notre sanction, et c'est pour faire une autre constitution, après avoir détruit celle en vertu de laquelle nous existons, que l'on nous réunit et que l'on nous consulte ! Mais il y a, là, quelque chose qui choque toutes les lois de la raison, toutes les règles de la logique. Ce que nous sommes à présent, c'est en vertu d'un principe. Or, ce principe, que sommes-nous pour lui, si ce n'est ses mandataires? Avons-nous la liberté de choisir un autre principe ? Je cherche en vain, Messieurs, où serait pour nous la source de cette faculté : ce serait nous attribuer la souveraineté elle-même, tandis que nous n'avons qu'à en seconder l'exercice.

« Cette vie politique, nous ne nous la sommes pas donnée ; il n'est pas en notre puissance d'en disposer pour passer à une autre. Notre principe est une loi à laquelle nous devons obéir ; c'est en son nom seul que nous pouvons commander. En le méconnaissant, en le détruisant, nous perdrions le droit de concourir à la loi, ou la loi que nous ferions serait nulle et de nul effet.

« Ou la constitution sous laquelle nous existons était fixée, ou elle ne l'était pas ; si elle était fixée, il ne nous appartient pas plus qu'à toute autre branche du pouvoir exécutif de la changer, car ce n'est pas à vous, dont les pouvoirs dérivent de cette constitution, à les tourner contre elle-même. Si elle n'était pas fixée, ces bases étaient incertaines et variables; nous serions encore moins aptes à prononcer sur cette grande question, car nous n'aurions pas de pouvoirs, et ce que nous ferions n'aurait aucun caractère légal.

« C'est ici, Messieurs, que trouve naturellement sa place une grande question de droit public, celle que l'on rencontrera chaque fois que l'on voudra remonter à la source des pouvoirs publics et les définir.

« Tout en défendant le principe de notre existence, je n'ai agi ainsi que par rapport à certains principes convenus et en harmonie les uns avec les autres; mais je n'ai pas cessé, pour cela, de rendre hommage à celui qui les domine tous; au seul devant lequel nous puissions fléchir et qui ait le droit de nous imposer d'aussi grands sacrifices : au principe de la souveraineté nationale.

« Ce n'est que devant elle et sous son autorité qu'il nous serait permis d'abdiquer et de résigner des pouvoirs qu'elle a le droit de nous redemander. C'est donc à la souveraineté de la nation elle-même que j'en appelle, Messieurs.

« Que de difficultés, que d'embarras n'eût-on pas évités si toutes les questions d'ordre public et d'intérêt général, auxquelles se rattache notre existence à tous, lui avaient été soumises!

« Qu'on ne dénature pas mes intentions : ce n'est ni l'insurrection, ni la désobéissance envers l'autorité que j'invoque ici ; cette autorité est le seul lien de la société ; je veux qu'on la respecte, je veux qu'on lui obéisse ; mais c'est à elle que je m'adresse pour résoudre une question de principe dont elle ne peut se séparer.

« C'est un principe de liberté que je proclame et non une théorie de sédition. Si j'appelle de tous mes vœux une représentation vraiment nationale ; si, en plusieurs circonstances, j'ai témoigné le désir d'une convocation des assemblées de la nation, c'est parce que je suis intimement convaincu qu'elles seules seraient en possibilité de faire le salut de la patrie, comme elles ont été, sous deux races de rois, le palladium de la monarchie française. Malgré les assertions de M. le ministre des affaires étrangères, il est peut-être permis de croire que la dynastie de saint Louis ne serait pas tombée, il y a quarante ans, devant une assemblée constituante, si l'on n'avait pas été cent soixante-dix ans sans convoquer les États-Généraux. Tous les intérêts privés, toutes les erreurs disparaîtraient devant cette imposante réalité.

« Alors, Messieurs, nous pourrions abandonner, sans plaintes ni murmures, ce que nous défendons, parce que nous sommes placés sous d'autres influences et sous d'autres conditions, et que ce que l'on nous demande, loin d'être utile à la patrie, ne peut profiter qu'à ceux qui l'égarent ou l'abusent. »

Nombre des votants : 173 ; *pour* l'abolition de l'hérédité, 103 ; *contre*, 70 ; majorité, 33.

SÉANCE DU 12 JANVIER 1832.

Les dispositions adoptées par les deux chambres, dans la session précédente, sur la proposition de M. Baude, relativement à l'exclusion perpétuelle du territoire français de la branche aînée des Bourbons, n'ayant pas été promulguées comme loi, M. de Bricqueville (Manche) avait reproduit cette proposition à la Chambre des Députés avec de nouvelles mesures aggravantes auxquelles les ministres avaient adhéré par leurs votes à la Chambre élective et en les apportant de nouveau à la Chambre des Pairs; c'est à ce sujet que M. de Dreux-Brézé prend la parole et dit :

« Messieurs,

« Vous ne vous étonnerez pas que je vienne repousser, en peu de mots, un projet de loi que j'ai déjà combattu, l'an dernier, sous une autre forme. Vous vous étonneriez plutôt, puisque j'ai considéré comme un devoir de rester dans cette Chambre, que je gardasse aujourd'hui le silence.

« Si le gouvernement des trois pouvoirs a reçu la plus grave atteinte, je me félicite, au moins, de ce que le naufrage de notre institution n'ait pas été tellement complet qu'il me soit refusé d'en saisir un débris.

« Partout où se présente un moyen de manifester sa pensée, là est, selon moi, la place de tout homme de cœur, de quiconque veut combattre pour la vérité et la liberté. Chambre élective ou Pairie viagère, cette assemblée possède encore une tribune. J'ai donc voulu conserver la voie qui m'était ouverte, et je m'y porte avec ma conviction.

« Cependant, Messieurs, je sens aujourd'hui combien ma tâche est difficile. Comment espérer de produire quelque impression sur les esprits, lorsque tant d'éloquence a été vainement employée, lorsque de brillants orateurs de toutes les opinions se sont épuisés en inutiles efforts? Après les touchants accents d'un honorable Député (1) qui, depuis la révolution de 1830, semble avoir dédié son talent à la cause du malheur; après tout ce qui a été dit et écrit sur le sujet qui nous occupe, mes faibles paroles peuvent-elles avoir quelque valeur? Ce n'est pas sans regrets, non plus, que je monte à cette tribune sans y avoir vu monter, avant moi, ces nobles talents auxquels tous les esprits généreux ont applaudi et qui, sans doute, nous aideraient si puissamment à remplir la tâche que nous avons acceptée! Vous ne vous étonnerez pas, Messieurs, que je saisisse cette occasion de rendre hommage au caractère personnel de véritables amis dont personne plus que moi ne respecte les convictions, sans avoir pu, toutefois, les partager en cette circonstance (2).

« En venant repousser la loi sur laquelle vous allez avoir à voter, vous me permettrez, Messieurs, de

---

(1) M. Berryer.
(2) MM. d'Arjuzon, de Beurnonville, de Duras, d'Orglandes, le Coulteux de Canteleu, de Feltre, de Glandèves, de Rougé, d'Avenay, de La Rochefoucauld, de Montesquiou, de Sainte-Suzanne et, un peu plus tard, le duc de Doudeauville, avaient envoyé leurs démissions après la promulgation de la loi sur l'abolition de l'hérédité de la pairie.

vous rappeler le vote solennel que vous avez eu à rendre récemment sur une question dans laquelle votre existence politique était intéressée. Ce n'est certainement pas pour revenir sur un fait accompli : c'est parce que l'événement qui a terminé votre carrière héréditaire me servira à démontrer dans quel but vous est présenté le projet de loi sur lequel vous avez à délibérer.

« Qui a porté atteinte à votre institution ? Est-ce la royauté ? Non ; la loi a été faite contre elle et presque malgré elle.

« Est-ce le pouvoir ministériel ? Il est venu ici vous exprimer que cette loi blessait sa conviction.

« Est-ce l'opinion publique ? Un noble rapporteur vous a dit que rien ne la constatait ; qu'elle était factice, que les théories politiques de quelques journaux n'établissaient pas cette nécessité.

« Cependant on a cru devoir céder, tout en convenant qu'une grave atteinte était portée à l'ordre monarchique. C'est donc un sacrifice qu'on a arraché à la royauté nouvelle ainsi qu'à vous. C'est contre son sentiment, contre l'opinion de ses ministres, contre la vôtre, peut-être contre l'opinion publique, que ce sacrifice a été demandé et obtenu. Je ne dois donc voir, dans le fait que je signale, qu'une attaque contre le principe de la royauté, privée de son premier appui et dépouillée de l'une de ses principales prérogatives.

« Eh bien ! Messieurs, la loi proposée participe du même esprit de haine à la royauté ; elle dérive d'une même intention. C'est encore contre elle qu'elle est dirigée, c'est même contre la Charte du 7 août et les principes des diverses constitutions monarchiques, promulguées depuis trente ans, qu'elle a été jetée au milieu de vos délibérations.

« Cette loi blesse les sentiments de la royauté nouvelle ; car, à qui persuadera-t-on que cette royauté sanctionnera, volontairement et sans regret, l'exil éternel des membres de sa maison ; qu'elle consentira à la proscription d'enfants nés et à naître, à la violence faite aux augustes membres de cette famille? Quant à la disposition de ses biens, à moins de supposer sans aucun sentiment humain, sans nulle affection de parenté, sans nul égard pour le malheur, le prince que l'on a mis sur le trône au nom du peuple, comment croire qu'il eût jamais pris l'initiative d'une mesure de haine et de colère, d'une mesure qui frappe des têtes vénérables devant lesquelles ce front récemment couronné s'est incliné tant de fois?

« Ici, Messieurs, le cœur du parent est d'accord avec l'opinion du chef de l'État ; car c'est contre le pouvoir royal que l'on agit ; c'est pour le ternir et le dégrader. C'est encore un sacrifice qu'on veut obtenir de lui jusqu'à ce que, de sacrifice en sacrifice, on lui demande le dernier de tous.

« Ces considérations auront peut-être quelque poids dans ma bouche ; car personne ne pourra me taxer d'être aujourd'hui, pas plus que je ne le serai jamais, un courtisan du nouveau pouvoir ; mais ma surprise est grande, lorsque je vois ses amis user, à son égard, de si peu de ménagement.

« Comment se fait-il que les membres du cabinet, après avoir formellement reconnu, l'année dernière, l'inutilité de la mesure proposée, soient restés muets, lorsqu'elle est apparue de nouveau, cette année, à la Chambre des Députés, avec une aggravation cruelle et sanguinaire ? Ils ont fait bien plus que de garder le silence, car tous les ministres-députés se sont levés pour son adoption. Messieurs, vous le savez comme moi : la révolution de 1830 aspirait à d'autres destinées ; elle disait, hautement, à sa naissance, qu'elle voulait agrandir le domaine de la raison, commander le respect à tous les esprits généreux, soumettre ses adversaires à force de grandeur d'âme et de magnanimité. La proposition est-elle empreinte de ce noble caractère ?

« Sous le rapport de la légalité constitutionnelle, qu'est-ce que cette loi, Messieurs ?

« Aucune époque de notre histoire, pas même celle de la tyrannie révolutionnaire, n'en offrit une pareille. On ne saurait, même, en faire le rapprochement avec les lois qui furent rendues contre les émigrés ; car, enfin, l'émigration fut volontaire ; celle de 1830 fut forcée.

« L'émigration de 91 parut en armes sur nos frontières ; celle de 1830, après avoir désarmé, à Rambouillet et licencié une garde fidèle, pour éviter la continuation d'une lutte sanglante, s'est retirée au fond de l'Écosse où elle n'attend rien que de la Providence.

« C'est donc sans aucune nécessité que l'on veut vous faire sortir de la constitution et procéder contre une famille entière et sa postérité avec plus de rigueur qu'il ne fut procédé contre ceux qui portaient les armes à l'étranger.

« C'est une loi d'exception qu'on vous propose. La première atteint, aujourd'hui, le prince déchu; une autre frappera, demain, le citoyen. A ce mot de loi d'exception, l'espérance cependant devrait renaître dans mon cœur ; car je ne puis oublier qu'il y a peu de temps, lorsque je faisais serment de n'en jamais accorder, plusieurs de mes nobles collègues, qui siégent de ce côté, m'ont promis de les combattre avec moi. L'appréhension de la prochaine apparition des lois exceptionnelles fut repoussée, comme une injure, par les hommes les plus attachés au ministère.

« Les lois régulières suffisent contre le danger dont on vous menace. Le gouvernement est armé contre la révolte, contre l'invasion du territoire, contre toutes les entreprises qui pourraient être formées au dehors comme au dedans : que lui faut-il de plus ?

« Pourquoi le glaive qui menace nos libertés et qui menacera d'autres têtes? Pourquoi cette proscription d'êtres qui ne sont pas nés et que la constitution couvre d'avance de son égide? Ici, Messieurs, la royauté est encore compromise, car *la loi vivante*, comme l'ont appelée récemment MM. les ministres, ne doit pas tuer la charte.

« Si ce que l'on vient vous proposer est contraire à la conscience et à la position de la royauté nouvelle, à l'opinion de tout ce qui, dans les deux Chambres, tient au principe monarchique, à la conviction des ministres eux-mêmes, obéissant encore à une prétendue nécessité qui les domine, serait-il téméraire d'élever un doute et de demander si les vœux de la France confirment une mesure qui frappe d'une peine rigoureuse des générations qui n'existent pas?

« Si cette souveraineté que l'on invoque n'est pas un vain mot, qu'elle se manifeste en cette circonstance où il s'agit d'exclure des Français de la grande famille et de les rejeter, non du pouvoir qu'ils ont abdiqué, mais de cette patrie qui est la leur comme elle est la nôtre, de cette patrie que leurs aïeux ont agrandie, illustrée et rendue forte entre les nations !

« Si vous bannissez à jamais eux et leur postérité, renvoyez-leur donc tout ce que vous en avez reçu ; ne retenez pas cet héritage de gloire et de biens qu'ils vous ont laissé ! Que dis-je ? faites ouvrir les tombeaux de leurs ancêtres et renvoyez-leur les ossements des fondateurs de vos libertés, des conquérants de votre territoire, des sages créateurs de votre législation !

« Si ces souvenirs ne sont plus rien, politiquement, pour la patrie ; si un divorce éternel doit la séparer des descendants de la plus ancienne et la plus auguste famille de France, que cette famille puisse du moins se reposer dans l'exil sur ces restes vénérés ; qu'elle jouisse au moins de ces trésors préférables pour elle à toutes les richesses et à toutes les grandeurs !

« Dans plus d'une occasion, on a injustement accusé les hommes de mon opinion de faire alliance avec les hommes d'une autre couleur politique et avec lesquels les ministres qui nous font ce reproche ont si longtemps marché. Par ce rapprochement assez étrange, on cherche à dénaturer la sincérité de nos intentions en présentant comme une anomalie singulière que des hommes, partant de points si différents, puissent se rencontrer sur le même terrain. Non, Messieurs, l'alliance n'existe pas ; mais, s'il n'y a pas alliance, il peut y avoir quelquefois sympathie; car il doit y avoir désormais sympathie, en France, entre tous les cœurs généreux.

« La discussion de l'autre Chambre a prouvé, d'une manière évidente, que des hommes opposés de principes pouvaient très-bien être conséquents avec eux-mêmes et professer les mêmes sentiments. J'en apporte, pour preuve, quelques passages du discours d'un honorable député à qui je n'ai jamais parlé, que je n'ai jamais vu, mais dont la noble éloquence m'a pénétré d'admiration. Je vous demande la permission de vous les rappeler et de prononcer son nom dans cette enceinte. Ce député, c'est M. Pagès:

« Voici comment il s'est exprimé :

« On nous demande de briser la barrière qui sépare la justice de l'oppression. Messieurs, dans la route de l'arbitraire, il faut prendre garde au premier pas, c'est le seul qui coûte ; lui seul est volontaire ; les autres sont, ensuite, de nécessité. Qu'un acte d'oppression frappe un palais ou une chaumière, un monarque ou un citoyen, cet acte ne saurait être solitaire ; et lorsqu'on pense sauver le pouvoir par l'injustice, on perd la liberté. Pour s'opposer à leur retour, la république aussi proscrivit les Bourbons ; et bientôt, sous l'empire de la même terreur, il fallut proscrire ceux qui les aimaient : le clergé, la noblesse, les émigrés et leurs familles ; et bientôt, la terreur croissant encore, il fallut proscrire ceux qui ne les haïssaient pas : les fayétistes, les fédéralistes et les girondins. Danton fut suspect de pitié et Carnot de royalisme. Lorsque la tyrannie entre dans la politique, c'est l'Océan qui déborde, et il n'est pas de voix assez puissante pour lui dire : *Tu n'iras pas plus loin.*

« Si vous voulez de la liberté, ne faites pas de l'arbitraire ; si vous voulez de la royauté, ne traitez pas avec une insultante tyrannie ceux qui furent des rois et des empereurs.

« Répudions, Messieurs, ces exemples d'une pusillanimité cruelle; ne rallumons pas des haines éteintes, ne soyons pas braves loin du péril. Il n'arrivera en France que ce que les Français voudront ; et, s'il est vrai qu'en politique les morts reviennent, ce n'est que lorsque le pays va rouvrir leurs cercueils.

« J'irai plus loin. Le présent ne ressemble pas au passé, et la révolution de juillet n'a pas d'exemple dans l'histoire. Un peuple révolté qui respecte les vaincus, un peuple sans pain qui respecte les propriétés, le désordre qui se retire de lui-même devant le besoin de sécurité, et la victoire brisant sa pique, car celle-là n'avait pas d'épée, pour livrer à ceux qui n'avaient pas combattu le fruit de sa conquête ; voilà des vertus dont nous n'avions pas de modèle. Soyons peuple à notre tour; ayons sa noblesse et sa magnanimité. La civilisation s'est accrue depuis 1789, les mœurs se sont adoucies, les liens de famille se sont resserrés, et il est des actes que la conscience actuelle repousserait hautement. Voyez, Messieurs, quels noms vous voulez proscrire et quel nom devrait promulguer la loi de proscription. La main sur le cœur, dites-moi si la pudeur publique ne s'élèverait pas contre le vote et la sanction? »

« Après de telles paroles, toutes celles que je pourrais prononcer seraient bien pâles ; j'aime mieux m'arrêter et conclure avec le noble orateur que j'ai cité :

« La main sur le cœur, dites-moi si la pudeur publique ne s'élèverait pas contre le vote et la sanction?

« Messieurs, il sera digne de cette assemblée, à son début dans la nouvelle forme qu'elle a reçue, de montrer l'indépendance et la fermeté qui lui appartiennent.

« En votant contre le projet, prouvons que nous voulons et pouvons quelque chose. Témoignons, par le rejet pur et simple de la première loi de proscription qui nous est proposée, que toutes les lois semblables viendront toujours échouer à la porte de ce palais. »

Nombre des votants : 132 ; *pour*, 91 ; *contre*, 40 ; billet blanc, 1 ; majorité, 50.

SÉANCE DU 21 FÉVRIER 1832.

La Chambre des Députés ayant adopté la proposition qui lui avait été faite par un de ses membres pour l'abrogation de la loi du 19 janvier 1816, relative aux cérémonies funèbres célébrées en vertu de cette loi et en expiation du jugement et de la mort de Louis XVI, M. de Dreux-Brézé s'exprime ainsi quand cette proposition, transformée en projet de loi, est apportée à la Chambre des Pairs.

« MESSIEURS,

« Il y a près de quarante ans que Louis XVI a péri. Ni ses vertus, ni son courage, ni son désir sincère de faire jouir la France de toutes les libertés qu'elle ambitionnait et qui étaient devenues un besoin de l'époque, ne purent arrêter la fureur des barbares qui voulaient le sang d'un roi!

« Si cette mort fut un jour de triomphe pour les hommes sanguinaires qui la demandaient, elle fut, pour la patrie, le commencement de ses malheurs, de cette série de calamités et de révolutions dans laquelle elle est encore enfermée.

« Je puis le dire : la liberté fut immolée avec la royauté. De cette ère de crimes datèrent toutes nos infortunes; et la gloire, qui vint plus tard, ne put jamais racheter les attentats qui la précédèrent.

« Quels tristes souvenirs vient donc réveiller le projet de loi soumis à vos délibérations?

« Il sera toujours loin de ma pensée d'accuser les

intentions de personne, de prêter à qui que ce soit des sentiments qui ne sont pas les siens ; aussi, je l'avoue, je n'ai pu comprendre que l'auteur de la proposition ait espéré faire preuve de patriotisme en venant demander l'annulation de la loi du 19 janvier 1816. Je trouverais plutôt, dans l'esprit qui l'a dirigé, une injure aux sentiments de la nation qui ne fut jamais complice du forfait dont on vient, en quelque sorte, aujourd'hui vous demander la réhabilitation.

« Et la preuve que la nation y fut étrangère, c'est que ceux qui se disaient les juges de Louis XVI refusèrent l'appel au peuple. Jamais ce crime n'aurait été commis si l'armée se fût trouvée sous les murs de Paris. J'en appelle aux souvenirs de tant d'illustres généraux chargés de conserver l'honneur national qui semblait s'être réfugié momentanément dans les camps !

« Je le proclame hautement, Messieurs, parce que c'est ma conviction sincère : la cause de la liberté doit être séparée, avec soin, de celle d'une révolution sanguinaire ; la confusion qu'on a cherché à établir entre ces deux causes est tout le mal de la France. Nous ne reviendrons à l'ordre et au repos que lorsque la distinction en sera parfaitement établie. A toutes les époques, il y eut des hommes qu'on peut considérer comme représentant les bons et les mauvais principes, le bon et le mauvais génie. Louis XVI voulait la liberté ; Mirabeau nous conduisit au plus épouvantable despotisme.

« La loi de 1816, appuyée par les orateurs les plus

distingués de cette Chambre, votée à l'unanimité, contresignée par un de nos collègues présent encore dans cette enceinte et que je vois avec plaisir, aujourd'hui, sur son siége (1), car, si j'ai pour habitude de le rencontrer parmi mes plus ardents adversaires, il m'est, peut-être, permis d'espérer qu'il viendra, cette fois, appuyer mon opinion; la loi de 1816, dis-je, porte dans ses dispositions particulières :

« Qu'il y aura dans tout le royaume un deuil général ;

« Qu'il sera fait, à cette occasion, un service solennel dans toutes les églises ;

« Qu'un monument sera élevé, au nom et aux frais de la nation, en expiation du crime du 21 janvier. »

« C'est, spécialement, contre ce dernier paragraphe, lequel, dans mon opinion, exprime une protestation du pays tout entier sur le meurtre du 21 janvier, qu'on s'est élevé dans l'autre Chambre.

« On a voulu y voir une offense que, pour ma part, je ne puis y rencontrer. Non, Messieurs, il ne peut y avoir rien d'offensant pour la nation à ce qu'un monument soit élevé à la mémoire de ce prince contre lequel Saint-Just ne trouva d'autre grief que celui-ci, qui serait commun à tous les rois : Nul ne peut régner innocemment.

« Si l'on a dit que le tort de Louis XVI avait été de souhaiter le maintien des anciennes institutions

---

(1) M. le marquis de Barbé-Marbois.

politiques de la France, on ne saurait, au moins, lui faire le reproche banal d'avoir *octroyé* la liberté, car il l'avait *déclarée*; mais je le demande aujourd'hui, Messieurs, aujourd'hui que nous avons parcouru le cercle des révolutions, avait-il si grand tort d'avoir voulu des institutions françaises par le fond? A peine monté sur le trône, il se hâta d'abolir les tortures, de supprimer les corvées, de faire pour le peuple, qu'il aimait avec passion, bien plus qu'aucun de ses prédécesseurs n'avait fait. Sincère ami des franchises nationales, c'est à lui que l'on dut la convocation des assemblées de la nation, où six millions de Français vinrent déposer leurs votes et concourir aux réformes qu'on demandait, alors, de toutes parts. Qui peut ignorer l'élan qui se manifesta quand Louis XVI convoqua les États-Généraux, après cent soixante-dix ans, pendant lesquels les droits du peuple étaient tombés en désuétude? Qui peut oublier le titre qui lui fut donné de Restaurateur des libertés françaises?

« Un témoignage public de la douleur de la France indiquera, au contraire, que le crime qu'elle a déploré fut repoussé par le peuple entier.

« Voilà des pensées qui ont été exprimées, bien mieux que je ne puis le faire, par les orateurs et les écrivains qui se sont occupés de ce douloureux sujet. Moi, je croirais faire injure à mon pays si je cherchais à le disculper, longuement, d'une accusation qu'il n'a jamais méritée. Le meilleur interprète des sentiments de cette époque fut, sans contredit, ce noble défenseur de Louis XVI qui vous a été enlevé, il y a quelques années, et dont la perte est, aujourd'hui, si regrettable. Combien sa voix puissante aurait eu d'empire sur vos esprits, s'il était venu retracer, de nouveau, les vertus de son auguste client, rappeler les dernières émotions de cette âme sublime, si bien révélée, au surplus, au monde entier par cet admirable testament, monument éternel de grandeur d'âme et de générosité !

« Je ne saurais croire que ce soit la réhabilitation des hommes qui ont été assez malheureux ou assez faibles pour prononcer un arrêt flétri par la nation, qu'on a osé réclamer de vous !

« Paix à leurs cendres ou à leurs cheveux blancs !

« S'il y eut jamais un deuil légitime, ce fut sans doute le deuil porté pour le père de la patrie; et quel roi fut plus digne de ce nom ?

« C'est donc aux véritables amis des libertés réelles à rappeler souvent Louis XVI à la mémoire et à la reconnaissance de la France ; certainement, elle ne voudrait pas refuser, au souverain qui fut toujours avare du sang de ses sujets, un hommage accordé, chaque jour, à ceux qui en ont été prodigues par une folle ambition.

« On vous parle sans cesse du besoin de fonder la monarchie ; et c'est encore un arrêt contre le principe monarchique qu'on vient vous demander, en abolissant une loi faite pour servir d'instruction et d'enseignement à tous les peuples !

« Le deuil public des générations qui disparaissent était une salutaire leçon pour celles qui s'avancent.

Des regrets, pieusement exprimés, donnaient la mesure des malheurs que nos pères ont éprouvés et servaient à empêcher qu'ils pussent se renouveler. La douleur publique se confondait avec les infortunes particulières. Combien de nous pouvaient, en ce jour, penser à un père, à un parent, à un ami ! Et ce sont ces souvenirs qu'on vous demande d'abolir en vous faisant déclarer qu'ils sont frappés d'une prescription légale ; que tant de catastrophes ne doivent plus être regardées que comme un grand mouvement social ; qu'il n'y aura plus de deuil le jour où des factieux tuèrent un roi !

« Ah! Messieurs, si, au moyen d'une loi nouvelle, nous cherchions à pallier de monstrueux attentats, à atténuer l'invincible horreur que la France en a ressentie, nous serions, selon moi, bien coupables.

« En toute occasion, on vous cite l'exemple d'un pays voisin ; c'est dans cette circonstance qu'on aurait dû le prendre pour modèle.

« Quand Jacques II quitta l'Angleterre, le nouveau gouvernement évita, avec soin, tout ce qui pouvait établir la moindre solidarité entre la révolution qui venait de s'accomplir et la révolution précédente.

« Lors de la restauration anglaise, on avait institué deux anniversaires à la fois civils et religieux. Le 3o janvier et le 29 mai, jours de la mort de Charles Ier et du retour de Charles II, avaient, dès lors, été fériés et des formules de prières avaient été établies pour être lues dans toutes les églises du royaume. Je me suis procuré ces formules de prières ; je les ai, ici, entre les mains. Si je n'abuse pas des moments de la Chambre en les lui communiquant, elle me permettra de l'assurer du contraste frappant qui existe entre l'esprit qui les a dictées et celui qui a présidé à la rédaction du testament dont on fait, depuis quinze années, la lecture dans nos temples catholiques.

« S'il y avait, dans ces prières, plusieurs phrases qui, sans doute, ne convenaient pas au nouveau gouvernement, il sentait que s'il cessait, dans un pareil moment, d'implorer le pardon de Dieu pour l'assassinat de Charles Ier, son silence serait interprété, par bien des personnes, comme une approbation tacite de ce crime épouvantable ou, au moins, comme un désir d'obtenir la bienveillance d'un parti dont la conduite et les opinions étaient également odieuses à tous les cœurs généreux.

« Grâce à ce sentiment d'honneur et de convenance, encore aujourd'hui, cent soixante ans après la restauration de Charles II, cent soixante-dix ans après la mort de Charles Ier, sous le sceptre d'un Brunswick, dont les droits héréditaires ne viennent pas de ces princes, mais de Jacques Ier, chaque année, le 30 janvier, le peuple anglais adresse à Dieu ses prières pour que le sang de son roi ne lui soit pas imputé à crime; et, le 29 mai, il lui adresse ses remerciements d'avoir daigné remettre sur le trône son souverain légitime.

« La moitié au moins des Membres des deux Chambres de la Grande-Bretagne passe, chaque jour, en se rendant au Parlement, devant la statue érigée en l'honneur du Roi. Cette statue se trouve à la distance de deux à trois cents pas en vue de l'endroit où périt ce prince, et semble désigner au peuple ce lieu comme un souvenir éternel de ses malheurs.

« Il est surtout remarquable que, si le 30 janvier tombe un dimanche, le service de l'anniversaire est remis au lendemain, afin que cette solennité ne soit pas confondue avec le service du jour. Il y a, en Angleterre, d'autres anniversaires pour lesquels on a établi des services spéciaux, tels que la conspiration des poudres, le jour où le souverain régnant monta sur le trône, etc.; mais, quand un de ces anniversaires tombe le dimanche, il est célébré en fondant ensemble, jusqu'à un certain point, le service ordinaire du dimanche avec celui de l'anniversaire ; celui du 29 mai, la restauration de Charles II, suit le système ordinaire : il n'y a absolument que l'anniversaire de la mort de Charles Ier qui fasse exception.

« Voilà des faits positifs dont je me suis assuré avant de prendre la parole. Voilà ce qui se pratique, en Angleterre, depuis une révolution qu'on assimile continuellement à celle de 1830 et qui n'aura peut-être d'autre ressemblance avec elle que les cinquante années de désordre qu'ont eu à supporter nos voisins.

« Est-ce bien, Messieurs, à une époque de civilisation où beaucoup d'esprits généreux désireraient que la peine de mort fût abolie de nos Codes, que vous voudriez vous unir à ceux qui semblent indiquer qu'il n'y eut pas de crime dans la condamnation à mort du plus juste comme du meilleur des rois! Quelle inconséquence de la part de certains hommes! ou plutôt, pour quelques-uns, quelle révélation tacite de leurs hypocrites sentiments !

« On vous dira, peut-être, que l'annulation de la loi du 19 janvier 1816 est la conséquence naturelle de celle que vous avez votée peu de jours après les événements de juillet (1). J'aurai, au moins, l'avantage de ne point me trouver en contradiction avec moi-même, puisque, prenant, alors, pour la première fois la parole dans cette enceinte, seul, je me suis opposé à une mesure qui me paraissait un acheminement à beaucoup d'autres exigences du même genre.

« Ne nous le dissimulons pas, Messieurs; il en est des mauvais principes comme des bons : une fois jetés dans la société, ils entraînent les hommes bien au-delà de leurs caractères, de leurs intentions, de leurs mauvaises inclinations comme de leurs vertus.

« Je comprenais, il y a seize mois, qu'on eût ouvert aux conventionnels les portes de la France ; j'en ai exprimé formellement le désir, parce qu'il sera toujours dans mon cœur de détester les proscriptions. J'aurais voulu que la royauté usât en leur faveur de sa plus belle prérogative ; qu'à l'exemple du roi Louis XVIII et de son successeur, le nouveau roi des Français accordât l'autorisation de rentrer en France à tous ceux qui ne l'avaient pas encore re-

(1) Loi sur le rappel des régicides. *Voy.* p. 113.

çue. Mais, alors comme aujourd'hui, je ne voulais pas que les pouvoirs de l'État vinssent, en quelque sorte, faire amende honorable devant des hommes coupables que rien ne pourra jamais relever de leurs remords.

« Quel que soit le sort réservé à la proposition, le jour où périt le prince qui voulut rendre à la France toutes ses libertés sera, à jamais, pour elle, un jour de deuil et de douleur.

« Je vote contre la proposition et pour le maintien de la loi de 1816. »

M. le marquis de Malleville ayant proposé d'ajouter, par amendement, que « *les administrations publiques*, ainsi que les cours et tribunaux, vaqueraient le 21 janvier en signe de deuil, » et la commission de la Chambre des Pairs ayant adhéré à cet amendement, on va aux voix sur le projet de loi.

Nombre des votants : 143 ; *pour*, 82 ; *contre*, 59 ; billets blancs, 2 ; majorité, 21.

SÉANCE DU 29 FÉVRIER 1832.

Les ministres avaient apporté, le 1er février, un projet de loi, adopté par la Chambre des Députés, par lequel se trouvait fixé le montant de la nouvelle liste civile, ou dotation de la couronne. — MM. Dupin (aîné) et Delaire avaient été nommés commissaires pour soutenir la discussion de cette loi devant la Chambre des Pairs. — M. de Dreux-Brézé n'avait point pris la parole sur la question principale ; mais il crut devoir la prendre à l'occasion d'un amendement proposé par M. de Coigny, au sujet de la caisse de vétérance et des pensions dites de la Liste Civile. — Pour l'intelligence complète de cette question incidente, il est bon de savoir que la liste civile impériale et celles de Louis XVIII et de Charles X, qui jouissaient de tous les biens alloués à la nouvelle liste civile (excepté le domaine de Rambouillet), étaient chargées, non-seulement, de pensions bénévolement accordées par la munificence de ces souverains, mais encore de pensions liquidées, selon le temps des services des pensionnaires, et qui étaient payées, par *la caisse* appelée *de vétérance*, au moyen des retenues faites sur les traitements des employés de la liste civile. Après la révolution de juillet, quoique les fonds et revenus de l'ancienne liste civile et, par conséquent, le montant des sommes versées à la caisse de vétérance eussent toujours été remis au nouveau Roi Louis-Philippe, les pensions bénévoles et le paiement des pensions liquidées sur les fonds de retenue n'avaient point été payées. Le nouveau projet de loi se taisait sur ce point, malgré les réclamations, de toute nature, qui s'étaient déjà élevées à cet égard. L'amendement proposé par M. de Coigny avait pour objet de mettre, comme naguère, à la disposition de la couronne, toutes les valeurs de la caisse de vétérance, à la condition de servir les pensions liquidées et à liquider qui seraient dues sur cette caisse. M. Dupin (aîné) soutenait que cet amendement imposerait une dépense de plus à la nouvelle liste civile dont la dotation n'avait point été fixée dans cette prévision.

C'est alors que M. de Dreux-Brézé se leva et dit :

« MESSIEURS,

« Je n'aurais pas pris la parole dans une question

de finances qui a déjà été discutée par des orateurs auxquels leurs connaissances spéciales donnent une autorité qui ne m'appartient pas, si je n'avais regardé comme un devoir de prendre la défense des pensionnaires de la caisse de vétérance dont les intérêts sont, en cette circonstance, si gravement compromis. C'est, donc, sous ce seul point de vue que j'aborderai la discussion (1).

(1) Ce n'était pas la première fois que M. de Dreux-Brézé plaidait la cause des pensionnaires de l'ancienne liste civile et ce ne fut pas la dernière. — Voici ce que, en diverses occasions, il dit en leur faveur.

Séance du 11 mars 1831. — « Je regrette qu'aucun de MM. les ministres ne soit présent à la séance de ce jour, car les observations que je veux vous soumettre ne peuvent avoir d'utilité que si elles trouvent accès auprès de l'administration. Plusieurs réclamations m'ont été adressées par d'anciens employés de la maison civile du roi; ma position particulière m'a mis à portée de connaître leurs infortunes. Ces pensionnaires sont ceux qui, au moment des événements, ont cessé leurs fonctions et auxquels leurs anciens services assurent des droits à une pension. Ces services se composent, non-seulement de ceux que ces employés ont rendus dans la maison civile, mais encore de services autres et antérieurs dans diverses carrières. Je ne dirai pas : ils cumulent, parce que le mot n'est pas en faveur ; mais ils réunissent, donc, un double titre à la pension.

« Il n'y a pas besoin de crédit pour faire face aux secours que leur position réclame ; les sommes nécessaires se trouvent à la caisse dite de vétérance. Depuis sept mois, on s'occupe de la liquidation de ces pensions ; peut-être encore trois ou quatre mois se passeront avant que cette liquidation soit terminée. En attendant, les intéressés sont dans une détresse extrême. J'en connais beaucoup qui ont six enfants et qui, on doit le dire, meurent de faim. Il me semble que la caisse de vétérance pourrait très-bien leur donner des secours provisoires à compte sur leurs pensions. Il n'y aurait aucun déficit sur cette caisse, puisque les pensions courront du jour où ces employés ont cessé leur service. C'est une pensée que j'aurais voulu communiquer aux membres du gouvernement et surtout à M. le ministre de l'Intérieur, M. de Montalivet, qui a conservé encore quelque influence sur cette

« Appelé, par ma position personnelle, à connaître, plus particulièrement, les besoins de ceux dont je viens vous entretenir, j'ai réclamé, en toute occasion, l'attention et la sollicitude du gouvernement à cet

partie de l'administration, puisqu'il n'est remplacé que provisoirement dans ses fonctions d'intendant de la nouvelle maison civile. »

Séance du 21 septembre. — « A l'occasion de la pétition présentée par madame la marquise de Soucy, je suis bien aise de rappeler au gouvernement les obligations qu'il a contractées relativement aux pensions de la liste civile. Plus que personne, par ma position particulière, je suis en état de certifier combien il est instant de fixer la position des nombreuses personnes qui y ont droit. J'appuie le renvoi à M. le président du Conseil des ministres. » (*Le renvoi est prononcé.*)

Séance du 29 novembre. — « Je regrette de fatiguer la Chambre de mes réclamations à l'égard des pensionnaires de la liste civile. J'avoue cependant que, lorsque la question se présente naturellement, je me reprocherais de ne pas le faire. Je dois, toutefois, convenir que M. le président du Conseil vient d'apporter un projet de loi qui pourra satisfaire à quelques-unes de leurs demandes et je lui en rends grâce ; mais cette loi est provisoire et je crois, qu'en politique, le provisoire est un assez mauvais moyen. Comment se fait-il que, depuis quinze mois, la liste civile touche 1,500,000 fr. par mois, et que les pensionnaires ne soient pas payés ?

(Après avoir invité M. le ministre de l'instruction publique à ne pas l'interrompre, M. de Brézé continue) :

« Et que des pensionnaires, disais-je, n'aient reçu qu'un faible secours. On m'objectera, je le sais, qu'il était nécessaire que la liste civile fût votée ; je le conçois, et je suis le premier à regretter qu'elle n'ait pu l'être plus tôt.

« Il y a d'ailleurs, dans l'espèce, deux sortes de pensions. Les unes viennent véritablement de la liste civile : ce sont celles qui étaient accordées par l'ancienne famille royale ; elles ne sont pas payées, parce que la liste civile n'est pas votée. Le chiffre de ces pensions était réellement considérable. Je comprends que le Gouvernement attende, décidé qu'il est de réduire ce chiffre et de ne donner des pensions qu'à ceux des titulaires qui touchaient de 600 fr. à 1,000 fr., parce qu'ils sont les plus nécessiteux.

« Mais il y a une autre classe de pensionnaires : ce sont ceux qui, au moment des événements, avaient des emplois dans la maison civile du Roi. On exerçait sur ceux-ci, chaque mois, une retenue qui formait un fonds qu'on

égard. J'aurais à me reprocher aujourd'hui de ne pas appuyer l'amendement proposé par notre noble collègue, M. le duc de Coigny, puisqu'en rétablissant le texte primitif de la loi proposée sur la dotation appelait la caisse de vétérance. Après cette époque, on a liquidé leurs pensions suivant leur ancienneté de service, non-seulement dans la maison du Roi, mais dans d'autres services publics. Plusieurs de ces pensionnaires, même, avaient été dans la maison de l'Empereur. Depuis cette liquidation, depuis onze mois, ils ont leurs titres ; cependant, ils n'ont rien reçu.

« Je crois qu'en venant réclamer pour ces personnes, je n'acquitte qu'un très-rigoureux devoir de justice. Il est de notoriété publique qu'elles sont dans un état complet de détresse. Je pense qu'en appelant l'attention du Gouvernement sur leurs souffrances, je n'aurai pu lui déplaire. »

Séance du 28 février 1832. — « Je me bornerai à faire une seule observation. M. le président du Conseil, pour éloigner l'amendement relatif à la caisse de vétérance, nous a parlé d'une connexité que nous n'avons pas établie, car mon honorable collègue a fait réserve de l'amendement de la caisse de vétérance. On nous a dit qu'une loi, qui sera présentée incessamment, satisfera aux obligations contractées envers les créanciers de la caisse de vétérance. Mais, Messieurs, je suppose que la chambre ne veuille pas accorder un nouveau crédit pour satisfaire à ces obligations, qui nous répond que le ministère soutiendra son projet ? (Mouvement.) En effet, ne s'était-il pas expliqué de la manière la plus favorable aux pensionnaires ? La Chambre a cru devoir ne pas adopter la proposition ministérielle, et le ministre a aussitôt abandonné son projet.

« J'admets, même, que le ministère soutienne sa proposition vis-à-vis de la Chambre ; j'admets que la Chambre accorde les fonds demandés ; qui nous dit que les pensionnaires seront satisfaits ? Les pensions se trouveront, tout naturellement, soumises à une révision ; car c'est une condition imposée à toutes les pensions à la charge de l'État. Eh bien ! il faut que la nation sache quels seront les hommes qui perdront le plus à cette révision ; ce seraient les anciens serviteurs de l'Empire. Sur mille sept cent quarante-sept titulaires de pensions, il y en a plus de onze cents qui tiennent à l'ancienne maison impériale. Pourquoi seront-ils plus lésés ? Parce que Louis XVIII, dans sa bienveillance, dans sa généreuse sollicitude pour les intéressés, avait accordé des pensions sans aucune espèce de sévérité. »

Séance du 24 décembre. — « Messieurs, je ne connais pas le pétition-

de la couronne, il réintègre dans leurs droits deux mille familles dont M. le commissaire du gouvernement a parlé un peu légèrement, en les mettant toutes dans la classe de la domesticité, car il doit savoir que dans leur nombre se trouvent compris les

naire ; je ne connais pas les droits qu'il peut avoir à la bienveillance de la Chambre ; néanmoins, je viens appuyer le renvoi de la pétition à M. le président du Conseil des ministres, ne fût-ce que pour demander à ceux-ci l'accomplissement de leurs promesses de l'année dernière : promesses sacrées, car elles regardent des malheureux, et qui cependant sont restées sans effet.

« Vous devez vous rappeler, Messieurs, que, dans la session dernière, l'on apporta la loi sur la dotation de la couronne. Un amendement fut présenté et appuyé éloquemment par M. le baron Mounier.

« Cet amendement avait pour but de mettre, à la charge de la liste civile nouvelle, les pensionnaires de l'ancienne liste civile qui avaient des droits acquis sur la caisse de vétérance.

« Le résultat de cet amendement était fort douteux ; M. le ministre ne parvint à l'éloigner qu'en nous donnant l'assurance formelle qu'une loi serait présentée, dans le plus court délai, pour satisfaire à cette obligation. Au moment d'aller aux voix, je demandai à MM. les ministres de vouloir bien s'expliquer sur le délai qui aurait lieu jusqu'à l'accomplissement de leur promesse. M. le ministre de la guerre, aujourd'hui président du Conseil, répondit (*Moniteur* du 1er mars) : « *Je donne à la Chambre l'assurance que la loi sera présentée, non-seulement dans la session actuelle, mais sous très peu de jours ;* » et M. le commissaire du Gouvernement, qui, je crois, était M. Dupin, répondit : «*Peut-être demain.* » Eh bien ! Messieurs, ce n'est, cependant, que six semaines après que le Gouvernement a apporté à la Chambre des Députés le projet de loi en question et il l'a apporté à une époque où, déjà, MM. les Députés ne se trouvaient plus en nombre pour délibérer.

« Je pense donc qu'il est urgent de rappeler à MM. les ministres et leurs promesses et leurs obligations. Je n'ai pas besoin, Messieurs, d'ajouter combien ce devoir est obligatoire à remplir, car l'affreuse position des pensionnaires dont j'ai parlé est, non-seulement, connue dans cette Chambre, mais elle l'est partout. On sait qu'il y a de ces malheureux qui sont morts de faim, d'autres qui se sont tués de désespoir. »

premiers artistes de la capitale, les Spontini, les Cherubini, les Boïeldieu et tant d'autres célébrités.

« M. le président du Conseil, s'appuyant sur ce qu'il y a de noble et de généreux dans le cœur humain, a défendu avec courage, il y a peu de jours, les droits des pensionnaires de l'État; nous devions espérer qu'animé du même esprit, il nous aurait facilité la tâche qui nous est imposée. Ce n'est donc pas sans étonnement que je l'ai entendu vous parler de l'assentiment que doit obtenir une mesure d'ordre

« Je pense que la Chambre voudra bien apprécier ces motifs, et que MM. les ministres présenteront le projet de loi qu'ils ont promis. »

Séance du 28 janvier 1833. — « Je me garderai bien, Messieurs, d'affaiblir l'impression qu'ont produite sur vous les éloquentes paroles de M. le baron Mounier. Il vous a exposé, de nouveau, avec la clarté qui appartient si particulièrement à son talent, les droits des pétitionnaires. Je me contenterai de vous faire remarquer la différence qui existe entre le langage présent de MM. les ministres, et celui qu'ils nous tenaient l'an dernier.

« Lorsqu'il y a quelques jours je demandai le renvoi d'une pétition semblable à M. le président du conseil, M. le ministre de l'intérieur me répondit qu'il ne perdrait point de vue le sort des pétitionnaires, mais que cette question était grave, qu'elle présentait des difficultés sérieuses et qu'une commission était nommée pour les aplanir.

« L'année dernière, lors de la discussion de la dotation de la couronne, un amendement, qui tendait à mettre à la charge de la liste civile nouvelle les pensionnaires de l'ancienne liste civile, fut présenté dans cette Chambre. Cet amendement compromettait momentanément le vote de la dotation de la couronne, puisqu'on aurait été obligé de reporter le projet de loi à la Chambre des Députés.

« M. le ministre de la guerre, aujourd'hui président du Conseil, s'efforça de faire écarter cet amendement; il n'y parvint qu'en nous donnant la promesse formelle qu'un projet de loi, statuant sur le sort des pensionnaires, serait apporté *le lendemain*.

« Ainsi, lorsqu'il s'agit d'obtenir le vote de la dotation de la couronne, on promet un projet de loi pour le lendemain; aujourd'hui que ce vote est obtenu, on parle des difficultés que présente le projet. Je vous le demande,

qui consiste maintenant, dans son opinion, à avoir distrait la caisse de vétérance de la liste civile. A une époque récente, le 3 octobre 1831, M. le président du Conseil professait une opinion différente, puisqu'il terminait ainsi l'exposé de ses motifs à la Chambre des Députés :

« Ajoutons, enfin, que c'est à la liste civile, aussi,
« que nous venons demander de pourvoir au service
« de la caisse de *vétérance*, sur laquelle reposent les
« pensions d'anciens serviteurs des divers pouvoirs

Messieurs, si les difficultés sont aussi réelles qu'on veut bien le dire, elles étaient dans la nature des choses ; par conséquent, elles devaient exister l'année dernière tout aussi bien que cette année, et alors la promesse qu'on nous faisait n'était qu'un leurre.

« Pour ma part, je ne puis voir, dans une semblable conduite du ministère, que l'intention d'ajourner indéfiniment l'accomplissement d'un devoir sacré.

Si je ne craignais d'être accusé d'établir un parallèle entre le temps présent et la Restauration, parallèle qui ne serait nullement favorable à l'époque actuelle, je dirais que le roi Louis XVIII, trois mois après sa rentrée en France, avait réglé les pensions des anciens serviteurs de Napoléon qui n'avaient pu trouver place dans la nouvelle maison royale ; cependant, grand nombre de ces anciens serviteurs de Napoléon avaient été admis à prendre place dans la maison du roi légitime ; et la preuve, Messieurs, c'est que sur les dix-sept cent quarante-trois pensionnaires de la caisse de vétérance, qui l'an dernier avaient droit à des pensions, onze cents y étaient à titre d'anciens serviteurs de l'Empereur.

« J'appuie, donc, de tous mes efforts le renvoi proposé par la commission.

« Puisque la Chambre m'a accordé la parole, j'en profiterai pour lui faire remarquer que le droit de pétition, consacré par la Charte, devient depuis quelque temps, dans cette assemblée, un droit illusoire.

« Un grand nombre de pétitions, relatives à la loi d'état de siége, nous ont été adressées depuis longtemps; cependant, Messieurs, on ne nous en fait point le rapport. Attend-on, je le demande, que la Chambre ait statué sur le projet du Gouvernement ?

« Mais il est encore des pétitions d'un autre ordre et que je m'étonne de ne pas voir rapportées; je veux parler de celles qui sont relatives à la captivité d'une illustre princesse, dont le sort fixe en ce moment les regards

« qui se sont succédé depuis quarante ans. *Leurs*
« *droits ne peuvent être contestés; car ils sont fondés*
« *sur les retenues opérées sur leurs appointements.* »

« Le silence du ministère, dans une question si importante et liée à une proposition émanée de son initiative, est d'autant plus difficile à expliquer que la justice du principe ne lui a pas paru douteuse. Je m'étonne, surtout, qu'un des membres du cabinet qui a été à portée, plus que qui que ce soit, de connaître l'affreuse position des pensionnaires de la caisse de

de la France et de l'Europe. Je ne saurais ignorer leur existence, puisqu'elles m'ont été presque toutes adressées pour les déposer sur le bureau de la Chambre ; je saisirai même l'occasion qui m'est offerte, par la publicité des débats, pour témoigner aux pétitionnaires ma profonde reconnaissance de la confiance dont ils m'ont honoré. (*Montrant une liasse de papiers.*) Voici une nouvelle pétition relative au même objet, que je reçois à l'instant des habitants d'Angers, et qui est couverte de dix-sept cents signatures.

« Comment se fait-il, Messieurs, qu'au mépris d'un droit sacré, on laisse enfouies dans les cartons des milliers de pétitions qui demandent la liberté de Madame, duchesse de Berri ? et dans quelles circonstances ? lorsqu'il est impossible de ne pas éprouver pour sa personne les craintes les plus vives, les alarmes les plus fondées ; lorsque sa captivité, vu l'insalubrité du lieu de sa détention, n'est plus seulement un acte arbitraire, mais devient un attentat à son existence ? (*Murmures.*) Je ne me propose point d'entrer, Messieurs, dans une discussion qui, dans ce moment, ne serait point motivée ; mais je demande que la Chambre fixe, dans cette séance, le jour de la discussion sur les nombreuses pétitions qui réclament la liberté de Madame, duchesse de Berri. »

M. le garde des sceaux : « L'honorable orateur, qui a pris la parole, l'a fait pour manifester deux pensées : la première, que l'on remarque dans le fond de tous ses discours, a été d'arriver, par la comparaison établie entre le régime actuel et la Restauration, à ses profonds regrets sur un état de choses qui n'est plus, qui ne peut plus revenir, parce que la France n'en veut pas. » (*Mouvements en sens divers.*)

M. de Dreux-Brézé, vivement : « Jugez mes paroles, et respectez mes sentiments. »

M. le garde des sceaux, au milieu du bruit : « Vos intentions sont claires

vétérance, n'ait pas regardé comme un devoir de venir à leur défense.

« C'est ainsi que MM. les ministres ont donné crédit à des bruits que je crois mensongers, mais qui ne tendent à rien moins qu'à faire penser que, si cette classe de pensionnaires n'a pas été portée à la charge de la nouvelle liste civile par la décision de la Chambre élective, l'influence ministérielle n'y a pas été étrangère.

« Si je rejette cette supposition, je ne puis cepen-

et leur but l'est aussi. La seconde des pensées qui président au discours que vous venez d'entendre, a été d'en venir aussi à madame la duchesse de Berri, pour se récrier sur l'illégalité, sur l'arbitraire de sa détention et sur l'insalubrité du lieu où elle est détenue !... L'honorable orateur entendait sans doute que la liberté de madame la duchesse de Berri fût respectée par le Gouvernement et qu'on la laissât à son aise fomenter la guerre civile dans l'Ouest !... Ce n'est pas là sans doute sa pensée; mais son discours tend à le faire croire. »

M. le garde des sceaux s'occupe des pétitions qui ont fait naître cette discussion. Il reconnaît les droits des anciens pensionnaires et, tout en niant qu'on dût les mettre à la charge de la nouvelle liste civile, il annonce que leur sort sera incessamment fixé.

M. le marquis de Dreux-Brezé : « M. le ministre, au lieu de répondre à mes arguments, s'est livré, comme d'ordinaire, à des accusations dont je ne me disculperai point, car la chambre en a fait justice; je me contenterai de dire qu'il devrait savoir qu'il n'est pas permis d'attaquer les intentions d'un orateur, et qu'on ne saurait réfuter que ses paroles. Si on entrait dans une autre voie, je le demande, Messieurs, que deviendrait la liberté des discussions et dans quelle carrière se jetterait-on ?

« Je reviens à la pétition et je révélerai un fait que, par prudence, j'avais voulu taire; ce fait le voici : Un projet de loi, statuant sur les droits des pensionnaires de la liste civile, avait été rédigé sous le ministère de M. Laffitte; eh bien ! pourquoi ce projet n'a-t-il pas été soumis, à cette époque, à la Chambre des Députés ? Uniquement dans la crainte de nuire au chiffre de la dotation de la couronne, qui n'avait pas encore été votée. Je vous laisse maintenant à juger, Messieurs, quelle a été, dans toute cette affaire, la conduite des différents ministères qui se sont succédé depuis 1830.

dant m'empêcher de dire que, sans le silence du gouvernement dans une question si intimement liée aux intérêts bien entendus de la couronne, la balance aurait infailliblement penché en faveur de deux mille familles dont quelques-unes s'éteignent chaque jour, faute d'un morceau de pain. »

« Je n'exagère rien, Messieurs, les pétitions qui vous sont adressées de Versailles sont là pour témoigner en faveur de mon assertion.

« Votre noble rapporteur ne vous a pas laissé ignorer les regrets de la commission de ne pas avoir trouvé, dans le projet proposé, les moyens de satisfaire aux obligations contractées envers les pensionnaires de la caisse de vétérance. J'aurais désiré qu'il entrât plus avant dans la question et qu'il vous exposât les principes sur lesquels reposent leurs droits ; car, alors, Messieurs, vous n'auriez pas hésité à reconnaître l'obligation dans laquelle vous vous trouvez de réparer l'omission qui a eu lieu à leur sujet. Je vais donc tâcher de suppléer au silence du rapport, en vous rappelant, succinctement, les différentes lois et ordonnances qui, depuis 1810, ont régi cette caisse de vétérance.

« Je me trouve d'ailleurs obligé de ramener la discussion sur son véritable terrain, puisque, à la fin de la séance d'hier, M. le commissaire du gouvernement est venu, en quelque sorte, récuser l'authenticité des titres des pensionnaires.

« Ce n'est pas, seulement, Messieurs, une question de bienveillance et d'humanité que vous avez à traiter, mais une question de droit, et d'un droit résultant de lois et ordonnances ; et c'est pour ces motifs que, dans mon opinion, la liste civile actuelle doit être chargée de l'acquittement des pensions dont nous nous occupons.

« Une caisse de retraite avait été fondée en 1810 dans la maison impériale ; elle reçut, en 1814, une organisation nouvelle qui lui donna la possibilité d'assurer le sort des anciens serviteurs de Napoléon et, plus tard, de ceux de Louis XVIII et de Charles X.

« Il est inutile de remarquer, même en passant, qu'à son avénement au trône, le roi Charles X n'avait point voulu grever la caisse des pensions, des pensions dues à ses serviteurs qui furent alors réformés, et que ces dernières furent mises à la charge du domaine privé de la maison de Monsieur ; décision qui leur enleva toute espèce d'avenir.

« La retenue de deux pour cent, exercée sous l'Empire sur les traitements, fut portée à trois pour cent par l'ordonnance du 3 décembre 1814. Cette retenue s'appliqua non-seulement aux traitements d'activité, mais encore aux frais de voyages, gratifications et indemnités de tout genre. Un grand nombre d'employés de tous rangs, des trois maisons ci-dessus précitées, ont maintenant des droits acquis sur cette caisse.

« Les pensions réglées, antérieurement aux événements de juillet, jointes à celles qui doivent être accordées par suppression des emplois occupés par des serviteurs de la maison du roi Charles X, s'élèvent à 1,138,352 fr., ce qui fait que l'on peut prévoir que la caisse des retraites va se trouver grevée, momentanément, par le résultat des derniers événements, d'une charge temporaire qui, aujourd'hui, sera, pour les premiers moments, d'à peu près 900,000 fr.

« Avant ces événements, les ressources de cette caisse excédaient, chaque année, ses dépenses parce que les retenues qui l'alimentaient formaient, pour elle, un revenu considérable et permanent. Mais, si l'administration de la nouvelle liste civile la repousse de son sein, les combinaisons sur lesquelles on l'avait établie et qui lui étaient communes avec toutes les institutions du même genre, ces combinaisons, dis-je, ne produiront plus leurs mouvements salutaires, et ses moyens, réduits à l'intérêt qu'elle retire de son capital, ne se composeront plus que d'un produit annuel de 176,755 fr.

« Dans cette situation, le gouvernement sera forcé de demander aux Chambres le crédit nécessaire pour suppléer à l'insuffisance du revenu de la caisse ; car MM. les ministres l'ont eux-mêmes formellement proclamé : les droits acquis ne peuvent rester méconnus ; et leur validité ressort de ce qui va suivre.

« L'article 17 de la loi organique du 18 novembre 1814 est ainsi conçu : — « Les pensions de re-
« traites, accordées pour services dans la maison du
« Roi, ne subsisteront, après son décès, qu'autant
« qu'elles auront été établies sur un fonds formé, à
« cet effet, par une retenue sur le traitement des
« employés ; auquel cas ce fonds sera placé sous

« l'administration et la responsabilité du ministre
« de la maison du Roi et ne pourra recevoir d'autre
« affectation. » — Cet article 17 vous a été communiqué, hier, par M. le commissaire du gouvernement. J'espère en tirer, à mon tour, des conclusions différentes de celles qui vous ont été présentées.

« Bientôt après la promulgation de cette loi, l'ordonnance du 5 décembre 1814, contresignée par le ministre secrétaire d'État au département de la maison du Roi, créa la caisse des retraites et lui donna, pour base, le système de retenue prévu par l'article 17 de la loi. Ainsi, les pensions actuellement acquises sur la caisse des retraites ou de vétérance ont incontestablement le caractère auquel le même article 17 avait attaché des assurances formelles de perpétuité, nonobstant tout changement de règne. Il importe de remarquer qu'en donnant ces assurances, la loi ne les met pas uniquement à la charge de chacun des princes qui doivent successivement monter sur le trône. Les termes limitatifs dont elle se sert sont en même temps absolus ; quant aux pensions dont il s'agit, elle impose même aux ministres de la maison du Roi une responsabilité spéciale à leur égard et semble indiquer que, par là, dans sa pensée, l'État est matériellement intéressé à la conservation du fonds des retraites, en raison des événements qui pourraient, plus tard, le mettre dans la nécessité de suppléer à son insuffisance.

« Vous voyez clairement, Messieurs, par la pensée du législateur de 1814, que les hommes qui devaient concourir à l'administration des biens de la liste civile ne passaient pas, à ses yeux, pour des serviteurs étrangers à l'État, puisqu'il imprimait si formellement à ces biens le caractère d'une propriété publique.

« Aussi, l'article 17 se trouve placé dans la section qui détermine les règles suivant lesquelles les biens de la liste civile devront être administrés : circonstance qui montre, clairement, qu'en même temps que le législateur imposait aux agents de la liste civile des obligations étroites, il se croyait tenu d'assurer le sort de ceux qui seraient fidèles à les remplir.

« A ces raisons, tirées de la loi de 1814, il convient d'ajouter des considérations dont personne ne méconnaîtra la puissance.

« Lorsque le trône de Louis XVI fut renversé, un grand nombre de personnes attachées à la maison de ce prince perdirent l'état qu'elles avaient auprès de lui. Les deux lois du 1er juin 1791, constitutives de la liste civile, n'avaient rien promis à ceux qui seraient successivement dans le cas de quitter son service. Néanmoins, on sentit que tant d'existences, inopinément renversées, exigeaient de l'État quelque dédommagement ; la Convention, elle-même, laissa pénétrer dans son sein cette impression irrésistible. Elle déclara, par l'article 5 de son décret du 27 novembre 1792, qu'elle prendrait en considération « la nature et le temps des services, l'âge et les « besoins des employés dans les maisons et domaines « de la liste civile. »

« L'année suivante, sa promesse fut réalisée par le décret du 27 août.

« A l'époque de la Restauration de 1814, la caisse des retraites de la maison de Napoléon n'avait pour toute ressource qu'une inscription, sur le grand livre, de 12,619 fr. de rente et une somme de 60,000 fr. en argent. Certes, c'était bien peu de chose pour satisfaire aux besoins résultant des pensions déjà inscrites et de celles dont l'allocation était imminente, à raison du changement politique qui venait de s'opérer.

« La sollicitude du feu Roi s'empressa d'y pourvoir. Les charges de la caisse furent diminuées par la généreuse confiance avec laquelle il accepta les services d'un grand nombre d'officiers et employés de tout rang; et celles qu'il ne put faire disparaître par cette voie bienfaisante furent, sans exception ni réduction, transmises à la nouvelle caisse qu'il institua par son ordonnance du 3 décembre 1814.

« Ainsi, dans les deux circonstances qui, seules, ont de l'analogie ou, plutôt, une parfaite similitude avec le cas présent, le sort des personnes attachées à la maison du prince descendu du trône a été pris en considération, soit par l'État, soit par la royauté nouvelle.

« Il paraît donc étrange que le gouvernement n'ait pas cru devoir soutenir, il y a peu de jours, devant la Chambre des Députés, dans l'intérêt des serviteurs des derniers règnes, des propositions analogues à celles que la Convention sut écouter dans l'intérêt des serviteurs de Louis XVI, ou qui furent accueillies, si complétement, par le chef de la maison de Bourbon, dans l'intérêt des serviteurs de Napoléon.

« A la différence des personnes frappées par les révolutions précédentes, celles qui ont des droits à réclamer, aujourd'hui, peuvent, du moins, se prévaloir d'une assurance de perpétuité donnée par la loi de 1814; et, de plus, elles apportent un capital considérable : celui qui représente les 176,755 fr. dont j'ai parlé plus haut.

« Quel parti prendra-t-on à l'égard de ce capital, si l'État ou la liste civile n'ajoute pas, à son revenu, la somme nécessaire pour satisfaire au paiement des pensions acquises ? L'État, certainement, ne pourrait s'en emparer; car à quel titre pourrait-il, régulièrement, se l'approprier, s'il ne donnait rien en échange ?

« Autorisera-t-on les titulaires à se le partager ? Mais sur quelle base pourrait s'exécuter ce partage ? A l'égalité dans la quotité des pensions de deux titulaires, le titulaire âgé de soixante-dix ans a, sur le fonds des retraites, des droits évidemment beaucoup moins étendus que le titulaire âgé de quarante ans seulement.

« Interdira-t-on le partage ? Mais, dans ce cas, à qui appartiendront le capital et les excédants de revenus, lorsque les extinctions successives auront abaissé la quotité générale des pensions au-dessous de la quotité de la rente annuelle ? Et d'ailleurs, ce n'est pas le partage des retenues effectuées qui leur a été promis et qu'ils ont espéré, mais un moyen permanent d'existence pour leurs familles, lorsque l'âge ne leur permettrait plus d'en être le soutien par leurs services.

« Toutes ces questions, comme on le voit, sont difficiles à résoudre. — Elles disparaîtraient, dit-on, si l'État, en s'emparant du capital de la caisse, ajoutait à ses revenus la somme qu'exigent ses besoins de chaque année.

« Mais, Messieurs, cette dernière hypothèse conduit, naturellement, à examiner si, au lieu de la réaliser, la nouvelle administration de la liste civile ne ferait pas plus sagement de consolider l'existence de la caisse des retraites, d'en continuer le régime et d'appeler les personnes qui feront partie de la nouvelle maison à profiter de sa bienfaisante institution.

« Premièrement, une semblable détermination serait en parfaite harmonie avec l'article 17 de la loi de 1814; elle seule peut, même, assurer l'exacte exécution de cet article qui paraît devoir conserver son autorité, malgré les derniers événements, puisqu'il ne se rattache, en aucune manière, à l'ordre des idées politiques.

« En second lieu, la nouvelle administration ne tardera pas à sentir, pour elle-même, la nécessité d'un établissement semblable. Or, quand il faudra le créer elle aura à faire en sa faveur de grands sacrifices. Ces sacrifices lui seront d'autant plus onéreux que ses ressources seront, probablement, plus restreintes que celles au moyen desquelles le feu roi Louis XVIII voulut bien former le premier fonds de la caisse de retraites de 1814. Il sera permis de craindre que la dotation de la nouvelle caisse ne se constitue que péniblement et dans des proportions insuffisantes.

« Le sort des serviteurs de la nouvelle maison paraîtrait donc plus solidement assuré, si elle se chargeait de parfaire le paiement des pensions acquises. En recueillant la caisse des retraites avec son capital, elle subviendrait, ainsi, à ses besoins et recevrait les améliorations que chaque année apporterait par les extinctions et le placement productif de ses excédants de recettes.

« Tel fut l'avis : 1° de M. le baron de Schonen, dans un rapport du 29 décembre 1831; 2° de M. Thil, dans un rapport du 12 février de la même année ; 3° de le M. président du Conseil, ainsi que je l'ai rappelé en commençant; 4° de M. Laffitte, enfin, puisque le 15 décembre 1830, présentant le projet de loi sur la dotation de la couronne, il disait : « La caisse dite de « vétérance, sur laquelle reposent les pensions d'an-« ciens serviteurs, impose de nouvelles charges à la « liste civile. Ces anciens serviteurs ont été placés « auprès du chef de l'État, à toutes les époques; plu-« sieurs d'entre eux appartiennent à l'Empire et « même au roi Louis XVI. Leurs droits ne peuvent « être méconnus, car ils sont fondés sur des rete-« nues. »

« MM. les ministres, après avoir gardé un long silence sur le parti à prendre à l'égard des pensionnaires de la caisse de vétérance, sont venus nous assurer qu'ils s'occuperont de leur sort dans la présentation prochaine d'une nouvelle loi.

« Je repousse, pour ma part, cet ajournement dont le résultat me paraît chanceux et fort incertain, malgré les intentions présentes de MM. les ministres envers les pensionnaires. Nous ne pouvons oublier, comme je le disais hier, qu'il y a peu de jours ils ont abandonné leur cause sans combattre. Qui peut nous répondre qu'ils trouveront le concours nécessaire pour réaliser leurs promesses?

« Au contraire, tout peut faire prévoir qu'ils éprouveront une forte opposition dans la Chambre des Députés. Ne doutez pas de cette opposition, Messieurs, car les Députés regarderont à deux fois à voter un nouveau crédit spécial à ce sujet.

« Admettez, ce qui peut très-bien arriver, que la Chambre des Députés n'accorde pas le crédit demandé. Dans quelle position se trouveront les malheureux pensionnaires? Ils seront sans recours aucun, et le gouvernement sera dans l'impossibilité de rien faire pour eux.

« Certainement, Messieurs, vous ne voudriez pas, en rejetant l'amendement, encourir la responsabilité qui pèserait sur vous, de n'avoir pas fait droit à leurs réclamations lorsque vous en aviez la possibilité et dans une circonstance qui, peut-être, ne se représentera plus.

« Il n'est pas inutile d'observer que, sur dix-sept cent quarante-sept pensionnaires actuellement existants, plus de onze cents sont d'anciens serviteurs de Napoléon. Cette simple observation suffit pour faire reconnaître si cette restauration, tant calomniée, avait accueilli les droits acquis et s'était empressée d'y satisfaire! si les deux rois qui se sont succédé, animés d'un véritable esprit de justice, avaient jamais reculé devant les charges qu'elle leur imposait!

« Je vous disais hier, Messieurs, qu'en admettant même que la loi que MM. les ministres nous font espérer fût votée par la Chambre des Députés, il s'ensuivrait une révision de pensions et que cette révision serait, surtout, défavorable aux serviteurs de l'Empire, en raison de la libéralité avec laquelle le feu roi Louis XVIII avait voulu qu'elles fussent accordées. Ce que j'ai avancé est positif, et de nouveaux renseignements sont venus garantir l'exactitude de mon assertion.

« Au surplus, Messieurs, il ne s'agit point des serviteurs de tel ou tel régime ; et si j'ai parlé de ces derniers, c'est parce qu'on aurait pu croire que mon intérêt ne s'attachait spécialement qu'à ceux de l'ancienne dynastie. Non ; il ne s'agit, dans cette affaire, ni de souvenirs, ni de regrets, ni d'affections personnelles ; quelle que puisse être la nuance de nos opinions politiques, cette cause nous regarde tous, car elle est celle du malheur et de l'infortune.

« Je ne sais si je m'abuse ; mais il me semble que, si les conseillers de la couronne l'avaient compris et senti comme moi, ils n'auraient pas hésité un moment à venir donner leur adhésion à l'amendement présenté par M. le duc de Coigny.

« Un grand nombre de voix généreuses, expression d'opinions politiques différentes, se sont, en effet, élevées dans la Chambre des Députés en faveur des principes que j'ai établis ; néanmoins, la majorité a négligé de remplir, à leur égard, un devoir sacré. Elle a agi ainsi par des motifs que je n'examinerai pas, et, sans doute, vous approuverez cette réserve ; mais vous vous empresserez, Messieurs, de réparer une omission que, pour ma part, je suis encore à m'expliquer.

« Toute l'argumentation que vous avez entendue peut se réduire à ceci : vous avez parfaitement raison ; les principes que vous avez établis sont très-justes ; mais la Chambre des Députés en a jugé autrement ; par conséquent, vous devez y souscrire.

« Je suis loin de ne pas accorder à la décision de la Chambre élective, rendue en pleine liberté, toute l'autorité qui lui appartient ; mais j'aime à croire que nous jouissons de la même liberté ; car, autrement, je ne verrais pas la nécessité de délibérer.

« Je vote pour l'amendement de M. le duc de Coigny. »

L'amendement n'est pas adopté.

SESSION DE 1832.

OUVERTE LE 19 NOVEMBRE 1832 ET CLOSE LE 25 AVRIL 1833.

SÉANCE DU 27 NOVEMBRE 1832.

Le discours de la couronne contenait quelques passages relatifs aux soulèvements qui s'étaient manifestés dans la Vendée et à l'insurrection qui avait éclaté à Paris, dans les journées des 5 et 6 juin : à l'occasion desquels événements, le Gouvernement avait rendu des ordonnances qui mettaient la capitale et les départements de l'Ouest en *état de siège* et les soumettaient, ainsi, à l'autorité militaire. La Cour de cassation avait annulé, par un arrêt du 29 juin, la mise en état de siège de Paris. Des lois nouvelles, selon le discours de la couronne, devaient être demandées aux Chambres sur cette situation. D'autres passages du discours se rapportaient à la capture de Madame, duchesse de Berri [1], dont la présence dans l'Ouest avait occasionné l'arrestation préventive, à Paris, de plusieurs personnes éminentes et, enfin, l'arrestation et le procès, à Blois, de M. Berryer, député. — La Chambre des Pairs proposait une adresse en réponse au discours du trône. — M. de Brézé demande la parole et dit :

« Messieurs,

« En continuant à siéger dans cette Chambre, après les événements de juillet 1830, quelques-uns de mes collègues et moi nous avons proclamé, hautement, que c'était contre l'anarchie, et pour l'empêcher d'en-

---

[1] Une ordonnance, rendue le lendemain de l'arrestation de Madame, en date du 8 novembre, portait qu'une loi serait présentée aux Chambres pour statuer sur le sort de la princesse.

vahir notre pays, que nous consentions à prêter notre appui au chef de l'État et à ses ministres. Mais, en acceptant cette situation, nous n'avons pu entendre que nous deviendrions les instruments dociles d'une autorité qui violerait la constitution et les principes de liberté. Certes, Messieurs, on n'a pas pu croire que ceux qui avaient combattu les fatales ordonnances à une époque où il y avait, peut-être, dans leur position, quelque mérite à le faire, tandis que d'autres hommes n'avaient qu'à y gagner de la popularité, certes, je le répète, on n'a pas pu croire que ceux-là entreraient dans des voies tout opposées, après une révolution qui venait de renverser un trône et une Charte précisément pour rétablir les principes de liberté et la constitution ; je le dis encore : on n'a pas compté, sans doute, sur autant d'inconséquence. Je ne saurais donc, par une coupable apostasie, démentir mes actions, mes paroles, et consacrer, par mon vote en faveur des ministres d'un pouvoir nouveau, ce que je désapprouvais dans la conduite des ministres du roi Charles X (1).

« Il serait inopportun de vous rappeler que c'est ici, ici même, par le vote du plus grand nombre

---

(1) Nous trouvons, dans un article biographique (FASTES PARLEMENTAIRES) qui vient d'être publié sur M. le marquis de Dreux-Brézé,—avril 1842,— l'opinion exprimée par le noble Pair qui avait assisté au procès des ministres du roi Charles X, et nous croyons pouvoir et devoir, même, reproduire, ici, le vote qu'il porta lorsqu'il fut appelé à se prononcer sur la peine à appliquer à M. le prince de Polignac :

« Si l'ordre de succession à la couronne avait été maintenu, si la constitu-
« tion n'avait pas été changée, je ne connaîtrais pas (sauf la peine de mort,
« que je ne crois pas applicable aux délits purement politiques), je ne

d'entre vous, que la liberté et les droits du pays ont reçu une promesse solennelle dans l'arrêt qui a condamné quatre hommes, à la mort civile et à une captivité sans terme, parce qu'ils avaient cru que l'article 14 de la Charte les autorisait à porter atteinte aux bases de la constitution. Cet arrêt est là qui vous défend, à tous, de donner à la France le spectacle d'une contradiction qui n'aurait pas d'excuse.

« Fidèle à ma conduite passée, ma profession de foi, contre les mesures exceptionnelles, a toujours été constante. Qu'il me soit donc permis, Messieurs, de redire les paroles que je fis entendre dans cette enceinte, il y a une année, lorsqu'il s'agissait d'une autre adresse :

« Je ne dissimulerai jamais, disais-je le 26 no-
« vembre 1831, l'ardent désir qui m'anime et m'a-
« nimera toujours, que force reste à la loi ; mais,
« pour ma part, je ne saurais consentir à laisser
« supposer que, par l'adresse que vous allez voter,
« vous puissiez jamais accorder des lois exception-
« nelles à un ministère quelconque.

« connaîtrais pas, dis-je, de peines trop sévères pour punir les auteurs
« des ordonnances de juillet. Mais, lorsque le roi Charles X, son fils et son
« petit-fils ont été violemment exclus du trône ; lorsque le corps politique,
« appelé par la constitution pour juger les ministres, a été mutilé ; lorsque
« nous vivons sous l'empire d'une constitution nouvelle, je ne reconnais pas
« à la Chambre, je ne reconnais à personne le droit d'appliquer une peine
« quelconque aux ministres qu'on vous demande de juger. Conformément à
« ces convictions et, uniquement, par des motifs d'humanité, faciles à appré-
« cier, je vote pour l'expulsion *pure et simple* du territoire du royaume des
« ministres signataires des ordonnances de juillet. »

« Qu'on ne l'oublie pas, Messieurs : la paix inté-
« rieure de la France et l'obéissance de tous les partis
« ne résultent d'une constitution supérieure à tous
« les pouvoirs, que parce qu'on a espéré y trouver la
« sauvegarde de tous les droits comme de tous les
« intérêts, la garantie de la liberté de tous. » Voilà,
Messieurs, ce que j'exprimai, alors, et ce que j'ai cru
utile de rappeler dans cette occasion.

« Mes appréhensions se sont complétement justifiées et je me trouve, ainsi, disculpé d'un reproche
qui me fut d'autant plus pénible qu'il m'était adressé
par un collègue dont je respecte l'âge et l'expérience.
M. le comte de Pontécoulant s'éleva contre l'injustice de mes prévisions ; il me dit qu'il avait
combattu plus de lois d'exception que je ne pouvais
l'avoir fait. J'eus l'honneur de lui répondre que ses
vénérables cheveux blancs étaient là pour le témoigner ; mais que je prenais, devant la Chambre, l'engagement de n'en jamais accorder à aucun pouvoir.
Dans cet engagement, nous sommes tous deux soli-
daires aujourd'hui.

« Mais que parlé-je de lois d'exception ? Il ne s'agit
plus, en ce moment, de sanctionner, par nos votes,
des dérogations aux lois constitutives proposées par
un ministère, de donner législativement au pouvoir la
force dont il aurait besoin pour combattre les factions ! Le ministère est sorti, à la fois, de la constitution, des lois et des voies législatives ; il a pris ce qui
lui avait été refusé ; il a créé, par des ordonnances,
une législation et des principes dont les actes ont

trompé toutes les prévisions ; il a créé, d'un seul coup, le délit, la juridiction et la peine.

« Un homme qui, malgré les erreurs dans lesquelles il fut entraîné, n'en laissera pas moins d'honorables souvenirs ; M. Casimir Périer, au caractère personnel duquel j'ai, constamment, rendu justice ; M. Périer, malgré les obstacles non moins grands et plus nombreux que ceux contre lesquels ses collègues et successeurs ont eu à lutter, a cru qu'il était possible de gouverner entre les deux écueils de la licence et de l'arbitraire ; il le crut et le démontra, presque, dans l'exécution. Avec lui, les violations de la loi ne furent que très-partielles ; mais l'application qu'il fit de son système politique témoigna que les mesures extra-légales n'étaient ni sa pensée, ni la règle de sa conduite.

« Lorsque la France perdit cet homme d'État, MM. les ministres proclamèrent que le système politique de M. Périer lui survivrait. Eh bien ! de deux choses l'une : ou ils ont manqué à leur promesse et, alors, ils sont coupables; ou bien, faibles et inhabiles, ils ont été forcés de recourir à l'arbitraire pour suppléer à leur insuffisance et, alors, nous sommes en droit de leur demander pourquoi ils ont gardé ce fardeau qu'ils étaient incapables de porter.

« L'honorable M. Périer repoussait jusqu'à la pensée de demander des lois d'exception : ses successeurs n'ont pas reculé devant l'idée d'évoquer des lois dont la France croyait, à jamais, avoir perdu le souvenir. Voilà comment MM. les ministres ont continué le système du 13 mars !

« Ceux qui, pendant quinze années, s'étaient montrés les plus zélés défenseurs de la liberté de la presse, ceux-là ont fait envahir les presses et suspendre les publications placées sous la protection des lois! Ceux qui avaient appelé la population aux armes pour maintenir, disaient-ils, la légalité, ceux-là ont créé un régime dans lequel les citoyens ont été enlevés à leurs juges naturels, au jugement du pays, et placés sous une juridiction prévôtale! Ceux qui ont applaudi aux barricades élevées contre un ministère qui avait méconnu le système représentatif, ceux-là ont oublié ce qu'ils devaient au caractère et à l'indépendance des membres des deux Chambres! Ceux, enfin, qui proclamaient, après les trois journées, l'inviolabilité des personnes et des propriétés, ceux-là ont ordonné des visites domiciliaires sans prévention préalable ; ils ont violé le domicile des citoyens, imposant des contributions illégales et disposant de la propriété pour réaliser ces monstrueux tributs ! — Voilà, Messieurs, quelques traits de la conduite sur laquelle nous ne saurions appeler trop de blâme.

« Et, pourtant, que s'est-il passé? Dans l'Ouest, une tentative impuissante d'insurrection provoquée, en grande partie, je le maintiens, par les illégalités que je viens de signaler ; à Paris, une entreprise insensée, réprimée, aussitôt que connue, par le courage de la garde nationale et de l'armée. Dans l'Ouest, quarante mille hommes de troupes de ligne, secondant une administration vigilante, répondaient à la France de la paix intérieure. A Paris, les régiments et les légions, marchant au nom de l'ordre public, ont suffi pour repousser l'anarchie. Dans la Vendée, comme dans la capitale, le pouvoir s'est donc trouvé armé de tous les moyens capables de rétablir la tranquillité et de maintenir le règne des lois.

« Or, ces moyens, ces forces imposantes, ces crédits immenses, ces gardes nationales protectrices, à qui le pouvoir les doit-il? à vous, Messieurs, à cette puissance législative qui a fait à l'ordre public tant de sacrifices et n'a jamais rien refusé de ce qui pouvait le consolider. Ces sacrifices, que nos plus grands rois n'auraient jamais pu espérer, à quelle influence les avons-nous accordés? aux promesses formelles qui nous ont été faites de respecter la presse, la liberté et la propriété. N'auriez-vous donc donné au pouvoir des soldats que pour en faire des juges? Ne lui auriez-vous donc accordé des gardes nationales que pour avoir les commissions militaires et la rétroactivité? Voilà, cependant, à quoi ont abouti les engagements d'un côté et les concessions de l'autre!

« Ministres de Louis-Philippe, après de tels sacrifices pour l'ordre, qu'avez-vous fait pour la liberté?

« Faut-il dérouler à vos yeux cette série d'actes arbitraires? Dirai-je les secrets de famille devenant la proie d'obscurs agents, et les hommes les plus honorables soumis à de vexatoires et humiliantes perquisitions? Vous parlerai-je de tous les domiciles d'une classe de suspects envahis à la fois; de toutes les prisons encombrées; des cachots de la police, jusque là le repaire du vice et du crime, recevant des hommes dont la France honore les vertus et admire les talents (1)? Vous rappellerai-je Cathelineau et Bonnechose tombant, sans avoir attaqué, sous la baïonnette de militaires français, et trois Députés en état de proscription sous un régime dictatorial et forcés, comme aux jours de funeste mémoire, de se soustraire à un mandat qui ne leur apparaissait que comme une vengeance (2)? Et encore, les plateaux de la balance ont-ils manqué aux lois de l'équilibre! car, tandis que les échafauds se dressaient dans la Vendée, les commutations de peine adoucissaient, dans Paris, la sévérité des arrêts. Je ne signale cette anomalie que comme un fait : loin de moi la pensée d'appeler la haine et les rigueurs contre les égarements politiques.

« On se lasse, Messieurs, à tracer un si pénible tableau. Comment, cependant, ne pas parler de l'acte arbitraire relatif à l'établissement des garnisaires? Le ministère nous dit, dans le discours d'ouverture de cette session, qu'il a eu recours à la législation afin de parvenir au rétablissement de l'ordre. Bien loin que la législation sanctionne l'établissement des garnisaires, il fut proclamé, dans la dernière session, qu'aucune loi n'autoriserait jamais cette injuste mesure; M. Périer, en combattant la proposition qui en fut faite, la qualifia même d'*odieuse iniquité*. Un autre ministre, qui siége encore dans le Conseil, avait dit que c'était un *affreux et illégal expédient qui appartenait au régime de la terreur*. Toute la

(1) MM. de Chateaubriand, de Fitz-James, Hyde de Neuville.
(2) MM. Cabet, Garnier-Pagès et Laboissière.

Chambre des Députés s'était levée, avec indignation, pour repousser un vote attentatoire à la liberté individuelle et à la propriété. Eh bien! Messieurs, c'est la même mesure, qualifiée d'*odieuse* par le ministère et par la Chambre, que les successeurs de M. Périer ont osé appliquer! Quand les hommes qui tiennent les rênes de l'État se montrent si peu conséquents avec eux-mêmes, comment veut-on que de mauvaises pensées ne germent pas dans l'esprit de ceux que ne retiennent ni responsabilité morale, ni devoirs publics?

« Vous devinez, Messieurs, que je veux vous parler de ce procès honteux dans lequel la perversité et la bassesse ont impliqué l'un des plus honorables caractères, comme l'un des plus beaux talents (1). A Dieu ne plaise que je veuille réveiller les mouvements d'indignation qui ont accompagné et terminé ces débats d'un jour! Ce serait méconnaître les nobles inspirations des hommes distingués qui veulent bien me prêter ici leur attention que de douter, un instant, de la profonde horreur qu'ils ont ressentie à la vue de ce tissu d'impostures et d'odieuses calomnies. Mais je dois, pour rentrer dans mon sujet, faire remarquer que les mauvais principes produisent les

---

(1) M. Berryer. — Un sieur Tournier, se disant chef de bataillon, s'était présenté chez l'honorable Député et avait été, ensuite, faire de fausses révélations d'embauchage et de complots chimériques qui avaient occasionné l'arrestation et la mise en jugement de M. Berryer. Devant la cour d'assises de Blois, cet homme fut forcé de rétracter toutes ses dénonciations, ce qui fit tomber l'accusation.

mauvaises conséquences et que l'arbitraire enfante l'erreur.

« L'étroite enceinte des assises de Blois a offert cette unanimité de sentiments qui se réveille toujours, en France, au grand jour de la vérité. Des hommes appartenant à des opinions diverses ont été ramenés, tout d'un coup, aux idées de justice, d'humanité et de générosité. Mais combien cette générosité qui est propre à tous les partis, alors même que l'orgueil et l'intérêt les égarent, combien ces sentiments élevés, qui forment la dot morale de notre belle France, n'ont-ils pas brillé dans une circonstance récente(1)? Ici, encore, l'horreur de la lâcheté et de la trahison, l'admiration pour de hautes qualités, l'intérêt pour de nobles infortunes, la sympathie pour le courage ont été unanimes dans toutes les opinions. Aux yeux des hommes les plus prévenus, tant de périls et de grandeur ont jeté un voile brillant de gloire sur d'héroïques erreurs, justifiées, d'ailleurs, par de mémorables exemples. Mais je ne me laisserai pas entraîner plus longtemps sur ce sujet. Pour rentrer dans la discussion, je demanderai si cette ordonnance du 8 novembre, qui nous appelle à statuer sur le sort d'une illustre princesse, n'est pas une suite et une conséquence du système d'arbitraire qui a pesé sur la France ?

« Je demanderai à MM. les ministres si c'est, aussi, le complément de la loi rendue pendant la dernière

---

(1) L'arrestation et la captivité de S. A. R. Madame, duchesse de Berry.

session qu'ils comptent réclamer de nous; si, après avoir fait statuer, par voie législative, sur le sort de la famille exilée, le principe de la rétroactivité, flétri par un arrêt solennel, sera appliqué à Madame, duchesse de Berry, et si nous serons les instruments de cette nouvelle violation de la constitution?

« Je ne veux pas anticiper sur une discussion qui, peut-être, s'ouvrira dans cette enceinte ; mais je ne puis me dispenser de placer cette ordonnance à la suite de tous les actes que j'ai signalés.

« Je ne pense pas qu'en répondant au discours d'ouverture de cette session, la Chambre puisse approuver le système politique qui a été suivi ; je regarde, même, comme un devoir, pour elle, de manifester son improbation de la conduite du précédent ministère, dont le nouveau s'est fait la caution dans ses circulaires.

« MM. les ministres nous déclarent que les impôts ne peuvent être diminués!............ vous, Messieurs, déclarerez-vous que la constitution et les lois ne doivent pas être respectées ? »

SÉANCE DU 12 DÉCEMBRE 1832.

Dans la séance de l'avant-veille, M. Barthe, garde des sceaux, avait apporté un projet de loi sur *l'état de siège*. — Dans la séance du 12, M. Séguier, qui occupait le fauteuil du président de la Chambre des Pairs, en l'absence de M. Pasquier (malade), avait proposé de nommer la commission qui devait présenter un rapport sur ce projet. — Selon les usages de la Chambre, c'était au président à désigner les membres de cette commission. — Au moment où M. Séguier va consulter la Chambre sur cette nomination, M. de Dreux-Brézé se lève :

« MESSIEURS,

« Personne, plus que moi, n'apprécie l'avantage incontestable qui résulte de la nomination de vos commissions, laissée à M. le président. L'expérience de quinze années est là pour témoigner combien son zèle éclairé, combien son tact, toujours sûr, sait composer chaque commission des hommes les plus propres à traiter les diverses questions soumises à la Chambre. Mais c'est, précisément, parce que je désire que ce pouvoir soit continué à M. le président, que je crois qu'il y a des occasions où la Chambre ne doit pas lui en laisser toute la responsabilité.

« Messieurs, s'il s'est jamais présenté une question où la Chambre dût soulager M. le président de cette responsabilité, c'est celle-ci. Lorsqu'on vous apporte une loi tendant à déchirer la Charte et à détruire l'article 54, lequel dit que « des commis-
« sions, des tribunaux extraordinaires, à quelque titre

« et sous quelque dénomination que ce soit, ne pour« ront jamais être rétablis » ; lorsqu'on apporte un projet de loi qui rappelle la funeste époque de 93, où l'on envoyait aussi des commissions extraordinaires avec plein pouvoir, je ne doute pas, Messieurs, que la Chambre ne rejette cette loi *liberticide;* mais je crois qu'il est de son devoir de témoigner, par la nomination de sa commission, nomination qu'elle fera elle-même, que les lois arbitraires et exceptionnelles ne seront jamais accueillies dans cette enceinte. »

Plusieurs voix : Appuyé !

— LE PRÉSIDENT : « La Chambre veut-elle que le président désigne les membres de la commission ?

— *Aux extrémités* : Non ! non !

— *Au centre* : Aux voix !

La Chambre, consultée, laisse le choix au président.

SÉANCE DU 14 DÉCEMBRE 1832 (1).

Par suite de la révolution de juillet et des événements qu'elle avait amenés, il avait été impossible, dans les sessions précédentes, de voter, en temps utile, le budget des recettes et des dépenses pour l'exercice 1832. — Les ministres avaient donc été obligés de demander l'autorisation législative de percevoir, provisoirement, trois douzièmes des impôts indirects selon les lois de finances des années antérieures et jusqu'à la présentation et à la promulgation du budget de l'exercice courant. — La Chambre des Députés avait adopté les mesures proposées à ce sujet par le ministère, et quand le projet de loi vint à la discussion de la Chambre des Pairs, M. de Brézé prononça le discours suivant.

« Messieurs,

« La Chambre des Députés, appelée à s'occuper, d'une manière encore plus spéciale que nous, du vote de l'impôt, s'est trouvée dans la position de pouvoir à peine discuter le crédit de 340 millions qu'on vient vous demander aujourd'hui. Ce n'est donc

---

(1) Dans la séance du 12 décembre, le président avait dit que *l'urgence* du projet sur les douzièmes provisoires semblait exiger que la discussion fût ouverte presque immédiatement. Sur cette propositon, M. de Dreux-Brézé avait dit :

« Je regrette sincèrement de me trouver, deux fois dans la même séance, (*Voir la séance précédente*, p. 252.) en dssentiment avec une proposition faite par M. le président; mais il me semble qu'il est impossible de disposer aussi légèrement des intérêts des contribuables. Je sais que MM. les ministres nous ont apporté le projet de loi de manière qu'on ne pût y proposer aucun amendement; mais encore est-il permis, je pense (car nous vivons sous un gouvernement de discussion), d'adresser quelques questions à MM. les ministres, de leur demander quelques explications.

« Pour ma part, je suis préparé à le faire. J'avouerai que j'aurais été bien

pas une discussion que je prétends ouvrir ; MM. les ministres nous ont appris qu'il ne pouvait plus y en avoir, dans cette Chambre, en matière d'impôts; mais l'exposé des motifs de M. le ministre des finances, dans les deux Chambres, me porte à vous soumettre quelques observations et à demander à MM. les ministres quelques éclaircissements.

« Notre patriotisme ne peut nous faire hésiter à voter le crédit demandé puisque, s'il en était autrement, l'action du Gouvernement serait complétement paralysée ; mais il est permis de lui imputer la situation qui a créé la nécessité dans laquelle nous nous trouvons.

« MM. les ministres doivent, sans doute, avoir eu de bien fortes raisons pour réunir les Chambres à une époque où la continuation du provisoire est devenue nécessaire puisque, l'an dernier, M. le ministre des finances nous promit que nous allions enfin sortir de cette situation inconstitutionnelle.

« La convocation des Chambres semblait appelée, il y a déjà plusieurs mois, par la nature même des

aise d'avoir deux fois vingt-quatre heures pour lire le projet de la commission, afin de pouvoir faire des demandes plus en connaissance de cause ; cependant, je suis prêt à monter à la tribune.

(Après une courte interruption, M. de Brézé continue) :

« J'ai l'honneur de faire observer à la Chambre que, l'année dernière, l'urgence n'était pas moins grande qu'aujourd'hui, et nous avons eu plusieurs jours pour nous préparer. Nous pouvons prendre encore ce délai sans que le service public soit entravé. Je pense, donc, que la Chambre pourrait ajourner la discussion à après-demain. Cependant, je le répète, je me soumettrai à sa décision et suis tout prêt à prendre la parole, si la Chambre désire que la discussion commence sur-le-champ. (Appuyé.)

événements qui se sont passés dans l'intervalle des deux sessions. Il semblait que, lorsque le Gouvernement s'était cru dans la nécessité de prendre des mesures extra-légales (pour me servir d'une expression mesurée), il eût été de son devoir de réunir les Chambres. Il est donc étonnant que MM. les ministres ne l'aient pas fait; et il l'est, aussi, qu'ayant eu, pour agir de cette façon, des motifs qui doivent être d'un grand poids, ils n'aient pas jugé à propos de les faire connaître ou, seulement, de les faire pressentir.

« Enfin, la nécessité arrivée, le Gouvernement vient vous demander trois douzièmes. On conçoit qu'il en ait besoin; on conçoit qu'il trouve plus commode de fixer, sans discussion préalable, les impôts de toute l'année 1833; on conçoit ce qu'il y a de tristement réel dans le motif que donne M. le ministre des finances, qu'aucun espoir de soulagement n'est possible pour cette année 1833; mais si, dans cet aveu, il y a de la franchise, on se demande s'il est bien politique, s'il est bien dans l'intérêt du Gouvernement, en ouvrant la boîte de Pandore, d'en enlever jusqu'à l'espérance, dernière consolation des malheureux? Certainement, il est utile de connaître les charges que l'on doit supporter; mais il est bon, au moins, d'en apercevoir le terme. D'ailleurs, Messieurs, que pensera la France quand elle saura que toutes les économies qu'on lui avait promises, au nom de la révolution de juillet, se résument dans un déficit de 166 *millions*, sur le budget dans lequel elle va entrer, et dans une dépense de 700 millions en sus de ses revenus ordinaires pour soutenir, pendant les trois premières années, c'est-à-dire depuis 1830 jusqu'à la fin de 1833, *la sûreté, l'indépendance et la dignité de la révolution de juillet?*

« Que dira la France, quand elle verra que, même après 1833, on lui donne la triste assurance qu'elle ne peut espérer aucune réduction dans ses charges?

Que dira-t-elle, enfin, quand elle entendra M. le ministre des finances lui déclarer que le seul moyen véritable qu'il connaisse pour alléger, un jour, le fardeau qui l'accable, c'est de réduire l'intérêt des rentes cinq pour cent?

Nous nous serons endettés de 700 millions à la fin de 1833; mais quelle sera notre situation à cette époque? Aurons-nous une véritable paix? Aurons-nous une tranquillité certaine, une prospérité qui compense nos pertes? voilà ce que M. le ministre ne dit point, ce qu'il n'ose dire, sans doute, et sur quoi, cependant, il serait bon que le Gouvernement s'expliquât.

Depuis trois ans, on nous dit que l'Europe va désarmer, qu'elle va même démolir les places qui ont été élevées contre nous; et, néanmoins, l'Europe ne désarme pas; les places restent debout et nous sommes écrasés sous le poids des dépenses qu'entraîne, nécessairement, un effectif de quatre cent mille soldats armés. Or, si cet état ne finit pas avec 1833, il faudra, en 1834, un nouveau surcroît de dépenses de 166 millions. Et que sera-ce si nous avons alors la guerre? Ce ne seront plus 166 millions qui deviendront indispensables; ce seront 3 ou 400 millions! c'est-à-dire que notre situation est telle qu'avec la paix, comme le gouvernement nous la donne, nous détruisons nos ressources pour faire la guerre et que, si la guerre venait à avoir lieu, une banqueroute et des réquisitions en nature, qui anéantiraient, à la fois, les revenus des particuliers et ceux de l'État, seraient le résultat inévitable de la situation où la paix nous aurait mis. Voilà sur quoi il importe que M. le ministre veuille bien s'expliquer. Il faut qu'il dise à la France comment elle pourra passer entre ces deux écueils et comment elle évitera de se ruiner, en détail, ou de flétrir son crédit par une banqueroute éclatante; car MM. les membres du cabinet ne doivent pas se dissimuler que la franchise de M. le ministre des finances a placé le Pays, à cet égard, dans une grande anxiété.

Voici, d'ailleurs, Messieurs, le langage que la France ne peut manquer d'adresser à ceux qui se sont chargés de ses destinées : Quoi! vous m'imposez, en trois ans de paix, une surcharge de 700 millions et, à la suite de ces trois années de paix, je ne suis pas garantie contre le danger d'une guerre! Mais avec ces 700 millions employés en deux ans de guerre, alors que les illusions dont on m'avait bercée étaient partagées par les peuples, aujourd'hui désabusés comme moi; alors que la Pologne, l'Italie et une partie de l'Allemagne pouvaient nous seconder par de si puissantes diversions; avec ces 700 millions, dis-je, vous pouviez faire une guerre dans laquelle j'aurais eu des chances de succès qui sont désormais évanouies!

Sans doute la paix est préférable à la guerre; mais c'est quand elle donne les moyens de faire la guerre avec plus d'avantage et alors que la nécessité l'exige. Aussi, si la France ne reproche pas à MM. les ministres de lui avoir conservé la paix, elle les accuse de la lui avoir faite telle, que le jour où la guerre arrivera, la guerre qui est toujours menaçante, puisque toute l'Europe est armée, elle y entrera sans autre appui que l'incertaine amitié de l'Angleterre, avec des finances obérées, un crédit détruit et des ressources épuisées.

La France est encore en droit de dire à MM. les ministres que, si la paix nous coûte 700 millions, des combinaisons faites dans des intérêts qui ne sont pas français ont, aussi, contribué à cet énorme surcroît de dépenses, témoins : l'emprunt pour établir en Grèce, si tant est qu'il y arrive, le fils du roi de Bavière et les 25 millions payés aux Américains avant d'avoir fait compensation de ce qu'ils nous devaient pour la Louisiane, tandis que, pendant les quinze années de la Restauration, on leur avait refusé tout arrangement dont la compensation ne serait pas la première base.

Qu'avions-nous besoin de payer, avant l'échéance, 5 millions aux co-intéressés d'une maison de banque dont le chef présidait alors le conseil des ministres?

Qu'avions-nous besoin d'aller attaquer une citadelle pour le compte des Belges, de faire d'immenses dépenses et de faire verser *chez eux, pour eux et sans eux*, le sang français qui, disait-on, ne devait couler que pour la France, uniquement pour remettre au roi Léopold une forteresse qui lui est inutile et dont la prise, loin de terminer l'affaire du traité entre la Belgique et le roi de Hollande, n'aura d'autre résultat que de lui donner une occasion pour se déclarer dégagé même des conditions auxquelles il avait souscrit ? La Belgique nous rendra-t-elle ce sang versé pour elle ?

« D'un autre côté, Messieurs, si l'armée belge, comme on doit le penser, est animée de l'amour de la gloire, elle doit être peu flattée en se voyant ainsi exclue, par nous, des dangers dont le but est l'accroissement de son territoire. Enfin, qui nous paiera les frais de cette expédition ? Sera-ce la Belgique ?

« Voilà des questions sur lesquelles il importe que M. le ministre des finances nous donne des éclaircissements, afin que nous sachions si nous n'aurons aucun soulagement sur les 700 millions que nous coûte la paix.

« M. le ministre a raison quand il dit qu'il *serait désastreux de surcharger et d'accabler la propriété;* mais comment peut-on espérer d'échapper à la nécessité de le faire? La Restauration, en payant les dettes de la première révolution et de l'empire, en soldant leur arriéré, en réparant, noblement, une grande injustice (1), était parvenue à soulager la pro-

---

(1) L'indemnité pour les spoliations révolutionnaires.

priété de 92 millions; mais, depuis la révolution de juillet, la propriété est surchargée de 130 millions, ainsi qu'il a été établi dans les débats de l'autre Chambre. (*Discours de M. Dupin*). Si cette énorme surcharge ne lui avait pas été imposée, on aurait pu disposer de ces 130 millions comme moyen de servir des rentes créées pour la guerre, ou pour la paix telle que les différents ministères qui se sont succédé nous l'ont faite. Mais, aujourd'hui, quelle ressource nous reste-t-il? On ne veut pas revenir sur les impôts indirects; on n'a, par conséquent, et M. le ministre des finances l'a dit lui-même, que la ressource de diminuer l'intérêt de la rente cinq pour cent.

« On était entré dans cette voie sous un ministère qu'on a appelé *déplorable*, et qui avait placé la France dans un état de prospérité dont la perte peut être aujourd'hui *déplorée*; mais alors cette prospérité était si grande que le cinq pour cent dépassait le pair, malgré la probabilité du remboursement, et nul doute qu'il n'eût atteint le taux de 125 ou de 130, sans le point d'arrêt résultant de cette probabilité. C'est sous ce ministère, qualifié de *déplorable*, que le provisoire avait cessé, et c'est le ministère Laffitte qui nous l'a rendu.

« Ceux qui proclament cette ressource comme la ressource unique s'opposaient, alors, à ce qu'on l'employât; pour qu'il fût permis maintenant d'en user, il faudrait donc des circonstances au moins aussi favorables que celles qui existaient à cette époque. Et ces circonstances étant dues, en grande partie, au soulagement de la propriété, comment y songer aujourd'hui qu'on nous présente un surcroît de charges de 700 millions ou de 40 millions de rentes en perspective, sans compter ce que peut y ajouter ou la guerre, si elle éclate, ou la paix, si elle subsiste aux conditions auxquelles nous l'obtenons?

« M. le ministre des finances, dont la candeur nous a exposé notre misère avec des expressions qui marquent à quel point son cœur français en est affligé, rendrait un vrai service à la patrie s'il pouvait lui faire entrevoir l'époque où, après avoir atteint le terme des suppléments de charges causés par les événements, elle pourra commencer à se rapprocher de cette prospérité qu'on lui avait promis de dépasser.

« Ces explications sont nécessaires dans l'intérêt du pays, dans celui du gouvernement et, aussi, pour aider à la conscience de ceux auxquels on demande de consacrer, irrévocablement, pour 1833, un état financier dont les résultats sont vraiment déplorables.

« En résumé, avant de voter en faveur du projet de loi, il faut que le Gouvernement nous fasse connaître les motifs du retard de la session qui nous a condamnés au provisoire et qui nous met dans la triste situation (passez-moi l'expression) de voir *escamoter*, en quelque sorte, le budget de 1833.

« Il faut que le Gouvernement nous dise si l'ère de surcharge qui, de jour en jour, avance la ruine du pays, doit se terminer avec 1833 et si l'an 1834 amènera, enfin, le retour vers ces temps de soulagement et d'économie que promettaient à la France ceux qui sont, aujourd'hui, à la tête des affaires.

« Il faut qu'il nous dise, en un mot, si 700 millions, dépensés en trois ans de paix, seront le terme de nos sacrifices.

« Il faut qu'il fasse connaître à quelle époque la seule ressource véritable d'économie qu'aperçoit M. le ministre des finances, c'est-à-dire la diminution de l'intérêt de la rente, deviendra praticable.

« Il faut qu'il nous dise s'il a la certitude qu'après la prise d'Anvers ou, seulement, après les sacrifices de 1833, l'Europe désarmera et si nous aurons une véritable paix, une paix qui ne consomme pas notre ruine.

« Il faut que le Gouvernement nous dise si les places, élevées contre la France, seront enfin démolies, comme l'annonçait, il y a un an, le discours d'ouverture de la session de 1832.

« Il faut qu'il nous dise comment nous éviterons de nous ruiner peu à peu avec la paix, ou de faire banqueroute, en cas de guerre, à cause des charges de la paix.

« Il faut que M. le ministre des finances, qui a parlé de la diminution dans la dépense des pensions comme d'une ressource assez prochaine, veuille bien expliquer sa pensée de manière à rassurer ceux que ses paroles ne peuvent manquer d'inquiéter.

« Il faut que le ministère nous dise si les frais que nous avons faits et que nous faisons encore pour la Belgique nous seront remboursés; et si les Belges, par exemple, ne nous accuseront pas d'avoir accru leurs dépenses et nos dangers, en donnant au général qui défend Anvers les avis singuliers que contient la lettre du maréchal commandant l'armée au ministre de la guerre, imprimée, selon moi, fort imprudemment dans le *Moniteur* et dans laquelle on ne trouve pas moins que ce fait très-grave : *que si l'ennemi fait partout la résistance qu'il peut faire, s'il nous attend au passage du fossé et à la brèche du corps de place, le maréchal ne pourrait assigner l'époque probable de la prise de la citadelle.*

PLUSIEURS VOIX : Eh bien! qu'est-ce que cela fait?

Il faut l'avouer, Messieurs, on ne peut comprendre qu'un tel rapport ait été imprimé dans le *Moniteur*, quand on pense que cette feuille est, peut-être, aujourd'hui même, entre les mains du général Chassé.

« Si MM. les ministres ne nous donnaient point des explications satisfaisantes, il ne nous resterait qu'à constater que le ministère, pouvant convoquer les Chambres il y a deux mois, ne l'a pas fait, afin d'obtenir un vote d'urgence.

« Il nous resterait à constater que, depuis 1830, depuis qu'il a été proclamé si haut que *la Charte serait une vérité*, un système de crédits provisoires a détruit non-seulement le vote annuel, mais encore le contrôle annuel de l'impôt; qu'au lieu de nous procurer les économies et le gouvernement à bon marché qu'on nous avait promis, les événements politiques nous coûtent 700 millions en dehors du budget ordinaire ; que ce budget ordinaire, diminué de 13 millions sur la liste civile, diminué de la dépense de la garde royale et des régiments suisses, est aujourd'hui de 12 millions plus considérable qu'il n'était sous la Restauration.

« Il nous resterait enfin à constater qu'au lieu d'entrevoir les diminutions de dépenses auxquelles la France aspire, elle doit s'attendre à ce qu'on lui impose encore de nouveaux sacrifices. »

SÉANCES DES 15 ET 17 JANVIER 1833.

Dans la session de 1831, la Chambre des Députés avait adopté une proposition relative à l'abrogation de la loi du 19 janvier 1816, laquelle ordonnait un deuil public en mémoire du meurtre juridique de Louis XVI. La Chambre des Pairs avait alors discuté cette proposition (Voir le discours de M. de Dreux-Brézé, page 210). — Elle l'avait renvoyée à la Chambre des Députés, qui avait persisté dans sa première résolution, et la clôture de la session l'avait laissée sans suite. — Elle fut reproduite à la Chambre élective dans la session de 1832, adoptée de nouveau et transmise à la Chambre inamovible qui y introduisit un amendement notable. — La Chambre des Députés n'accepta point cet amendement, et la proposition, formulée en projet de loi, revint encore à la Chambre des Pairs qui délibéra sur la question de savoir si elle nommerait une nouvelle commission pour lui faire un rapport sur ce nouveau renvoi. C'est sur ces deux questions, de fond et de forme, que M. de Dreux-Brézé prit la parole :

SÉANCE DU 15 JANVIER.

(On met d'abord en délibération l'article 1ᵉʳ de la commission, tendant à déclarer que le 21 janvier demeure un jour de deuil national.)

LE MARQUIS DE DREUX-BRÉZÉ, *de sa place*. « Certainement, il est bon de déclarer que nous ne considérons pas comme un jour ordinaire le jour où périt le meilleur des rois.

« Mais, Messieurs, qu'est-ce qu'un deuil national où le gouvernement ne sera pour rien ? pour que cette déclaration atteigne le but qu'on se propose, il est indispensable qu'elle soit appuyée par une démonstration évidente, par un acte réel ; il ne suffit pas que le mot de deuil, soit inséré au bulletin des lois.

« Le rapporteur de votre commission vous a cité l'Angleterre; j'aurais voulu qu'il entrât dans quelques détails sur ce qui se pratique chez nos voisins. Je l'ai fait l'an dernier ; mais la Chambre me semble impatiente d'aller aux voix; je serai bref aujourd'hui.

Le noble pair rappelle, ici, les détails qu'il a donnés dans son discours du 21 février 1832 (p. 216 et 217); puis, il continue :

« Toutes les opinions politiques se réunissent pour flétrir le crime du 21 janvier, pour proclamer que la France, loin d'être complice de l'assassinat de Louis XVI, a toujours repoussé ce crime avec horreur. Cette conviction, unanime aujourd'hui, l'était, aussi, au moment où la loi du 19 janvier 1816 a été rendue; les discours prononcés à cette époque dans la Chambre des Députés et dans la Chambre des Pairs, nommément le discours de l'illustre vicomte de Chateaubriand, sont d'irrécusables témoins de cette unanimité.

« Mais, Messieurs, il y a quelque chose de plus authentique que des discours : c'est le refus de l'appel au peuple, prononcé par les hommes qui osèrent se dire les juges de Louis XVI. Toute la question consiste donc à savoir quels sont les meilleurs interprètes des sentiments de la France, ou de ceux qui affirment que ce jour est, pour la patrie, un jour de deuil et de douleur, ou de ceux qui voudraient le considérer comme un jour sans solennité.

« Il me semble, Messieurs, que c'est là toute la question; il me semble, aussi, que les hommes qui voudraient abolir le douloureux hommage que l'on rend à la mémoire de Louis XVI comprendraient mal les sentiments du pays.

« La royauté, en France, est un principe national. Dans mon opinion, il ne saurait y avoir que ceux qui voudraient la république ou qui, sans le savoir, marcheraient à la république, qui pourraient s'élever contre le deuil national du 21 janvier.

« Mais, Messieurs, ce ne sont pas, seulement, les amis de la monarchie, ce sont encore les amis de la véritable liberté qui doivent un hommage public à la mémoire de Louis XVI.

« N'est-ce pas, en effet, ce prince, nouveau père du peuple, qui a rattaché toute la tradition de nos libertés à ce siècle de Louis XII qu'un de nos collègues, qui descend de la tribune, M. Rœderer, a proclamé le grand siècle de la monarchie?

« Je n'ai pas besoin de retracer tous les bienfaits du règne de Louis XVI; je n'ai pas besoin de rappeler l'élan qui se manifesta lorsqu'il convoqua les États-Généraux où six millions de Français vinrent déposer leurs votes et concourir aux réformes alors demandées de toutes parts et surtout, enfin, lorsqu'il publia son immortelle déclaration.

« Mais j'ai besoin d'affirmer que, dans mon opinion, tout homme qui refuserait un hommage à la mémoire de Louis XVI ne me semblerait être ami ni des principes monarchiques, ni des principes de liberté.

« Je vote pour le maintien des amendements de l'année dernière. »

SÉANCE DU 17 JANVIER.

« Messieurs,

« Il me paraîtrait convenable de nommer une nouvelle commission pour examiner le projet de loi qui vient d'être renvoyé si subitement et sans discussion à la Chambre des Pairs.

« La Chambre des Députés, sur des motifs qu'il ne m'appartient pas d'examiner, a délibéré, séance tenante ; elle n'a pas, même, cru devoir attendre que les membres qui la composent aient pu lire la délibération qui a eu lieu dans cette enceinte.

« La Chambre des Pairs, animée d'un esprit tout différent, délibérera avec ce calme et cette modération qui lui sont propres. Consacrons, par cet exemple, la liberté complète, entière, qui doit toujours présider aux délibérations du pouvoir législatif.

« Il me semble que ce mode de procéder est le seul qui puisse convenir à la Chambre des Pairs. » (*Assentiment.*)

SÉANCE DU 17 JANVIER 1833.

Lors de la discussion du projet de loi sur les trois-douzièmes provisoires (Voir la séance du 14 décembre, page 253), M. le marquis de Dreux-Brézé avait fait l'éloge de l'état des finances sous la Restauration, et avait montré dans quelle perturbation la révolution les avait jetées en moins de deux ans. Le ministre des finances, M. Humann, avait, alors, combattu cette assertion et soutenu, au contraire, que les embarras financiers dans lesquels on se trouvait maintenant provenaient du fait de la Restauration.—Lorsque le projet de loi sur le réglement définitif des comptes de l'exercice 1829 fut apporté à la Chambre des Pairs, M. le comte Roy, rapporteur, présenta à la Chambre le tableau des finances sous le gouvernement des Bourbons et la situation prospère dans laquelle le Trésor public avait été laissé en 1830. — Le ministre voulut encore combattre cette assertion en manifestant le regret de voir agiter une pareille question, et M. de Brézé, demandant la parole, répondit sur-le-champ :

« Messieurs,

« Loin de regretter, comme M. le ministre des finances, la discussion qui s'est élevée aujourd'hui, je me félicite de l'avoir provoquée par celle qui a eu lieu, il y a quinze jours, au moment du vote des douzièmes provisoires.

« Je suis heureux de faire remarquer à la Chambre que le discours de M. le comte Roy, que l'on peut appeler une espèce de compte rendu de l'état de nos finances à l'époque de la révolution de juillet, est venu disculper la Restauration des accusations de prodigalité et de dilapidation qui avaient été prononcées par M. le ministre des finances.

« M. le ministre n'a pas cru devoir répondre, par des chiffres, aux chiffres de M. le comte Roy; par cela même, il a avoué l'impuissance de sa position, il a plié sous le poids des arguments d'un ancien ministre des finances de la Restauration.

« Mais M. le ministre a avancé que la Restauration était cause des deux invasions étrangères qui ont été si onéreuses à la France ; c'est à quoi je vais répondre.

« Je dirai que ces deux invasions ont été le résultat de l'ambition d'un grand capitaine (*murmures*), d'un grand capitaine que beaucoup de membres de cette Chambre et moi le premier, nous nous faisons honneur d'avoir servi ; mais, enfin, Messieurs, c'est son ambition qui a amené les deux invasions de l'ennemi.

« Sans la légitimité, sans le principe d'ordre et de stabilité qu'elle portait avec elle, je vous le demande, Messieurs, la France n'eût-elle pas été démembrée ? Si l'intégrité du territoire a été respectée, n'est-ce pas à cause des garanties que donnait à l'Europe le principe de l'hérédité monarchique et légitime ?

« Je le répète : je me félicite de ce débat qui éclairera la France. Les hommes de mon opinion ne demandent que le grand jour de la vérité, et elle se trouve, tout entière, dans le discours si remarquable de M. le comte Roy.

« Il ne restera plus, aujourd'hui, aucun doute dans les esprits ; l'évidence des faits, qui ne peuvent être complaisants, est là pour convaincre tout le monde. »

SÉANCE DU 15 FÉVRIER 1833.

On a vu précédemment, séance du 12 décembre, que M. le garde des sceaux avait présenté, le 10, sur *l'état de siége*, un projet de loi auquel le discours de la couronne avait fait allusion à propos des événements des 5 et 6 juin. — Ce projet de loi renfermait, plus ou moins directement, les dispositions les plus menaçantes et les plus sévères empruntées aux temps de la première révolution et de l'empire, et notamment les mesures prises par le directoire après la journée du 18 fructidor. — La commission de la Chambre des Pairs en faisant, dans la séance du 5 janvier, un rapport sur ce projet de loi, par l'organe de M. Allent, s'était bornée à proposer quelques amendements. M. de Dreux-Brézé ne garda aucun ménagement sur cette loi qu'il avait déjà qualifiée de *liberticide*, et produisit sur la Chambre une impression profonde en lui adressant le discours suivant :

« Messieurs,

« Je suis heureux de penser que j'étais d'accord avec les sentiments de la Chambre lorsque j'ai appelé *liberticide* le projet de loi qui vous a été présenté par le ministère. Le travail de votre commission a justifié l'impression qu'avait produite sur moi la présentation de ce projet qui doit rester à jamais, sous vos yeux et sous les yeux de la France, comme un avertissement de l'arbitraire sans frein dans lequel on voulait vous entraîner.

« Le rapporteur de votre commission a fort bien établi que le projet de loi renfermait deux séries de dispositions distinctes qui pouvaient, jusqu'à un certain point, être considérées comme deux lois différentes.

« Les unes se rattachent uniquement à la législation militaire; les autres sont entièrement politiques.

« Les premières seront, sans doute, traitées, dans cette assemblée, par les habiles jurisconsultes qui en font partie, avec le talent et les lumières qui les distinguent.

« Pour ma part, je me propose d'examiner l'esprit et les conséquences du projet de loi, sous le point de vue politique. Je me permettrai, aussi, de soumettre à la Chambre quelques réflexions sur les amendements de la commission.

« Car si les amendements proposés par le rapporteur ont pu modifier le projet dans ses dispositions les plus manifestement attentatoires à la liberté, ils n'ont pu, cependant, faire disparaître entièrement le principe, l'esprit, le fond même de la loi *liberticide* qu'on a osé présenter à une Chambre qui n'hésita jamais, autrefois, malgré les ombrages du pouvoir, à se porter toujours du côté de la liberté.

« Une longue expérience a convaincu les membres de cette noble Chambre que les lois qui ont pour but de donner aux gouvernements une sécurité passagère, aux dépens de la liberté et de la propriété de tous, les affaiblissent toujours au lieu de les fortifier. Les institutions qui ne protégent pas la société perdent l'amour et l'adhésion des peuples; car les gouvernements sont faits pour les peuples, et non les peuples pour les gouvernements.

« Quand il est démontré qu'une constitution ne peut pas garantir l'ordre et la stabilité, on éprouve le besoin de porter ailleurs ses idées et ses espérances. Ainsi ont péri toutes les constitutions qui, pour se maintenir, ont eu recours à l'arbitraire; ainsi sont tombés tous les gouvernements qui ont mis leur intérêt au-dessus des droits de tous et qui ont détruit les principes au nom des circonstances.

« Dans mon opinion, Messieurs, ce ne sont pas, seulement, les termes de la loi primitivement proposée par le gouvernement que vous avez à juger, c'est l'esprit qui l'a dictée, c'est la nécessité prétendue qui a porté MM. les ministres à tenter ce moyen extrême. Or, Messieurs, cet esprit qui les anime, cette nécessité d'arbitraire qu'ils ont cru trouver dans leur situation, vous disent assez quel usage ils feraient de l'instrument qu'ils vous demandent, s'il en restait quelques débris dans leurs mains. Ils se croiraient forcés de suppléer, par l'abus des facultés que vous leur auriez accordées, à l'usage de celles que vous leur auriez refusées.

« Votre commission a cru devoir faire des concessions à la pensée ministérielle; la Chambre n'en fera aucune. Si des troubles passagers ont jeté, momentanément, de l'inquiétude dans le pays, l'esprit d'ordre s'est développé de toutes parts et a fait tomber toutes les images de l'anarchie. Pour conquérir toutes les conditions de l'ordre, il suffit maintenant de ne pas laisser le pouvoir s'emparer de l'arbitraire.

« MM. les ministres prétendent que la loi qu'ils vous demandent leur est nécessaire. Cependant, Messieurs, le gouvernement n'a-t-il pas trouvé le moyen de combattre cette loi sans les différents partis qui lui sont opposés? Est-ce qu'ils pressentiraient de nouveaux troubles? est-ce qu'ils appréhenderaient des circonstances plus graves que celles dans lesquelles on s'est trouvé? Si l'on adressait une pareille demande à MM. les ministres, ils ne manqueraient pas de répondre qu'ils n'ont aucune crainte de ce genre; alors je leur dirais à mon tour : Cette arme que vous nous demandez ne doit donc être employée que contre les libertés publiques? Vous reconnaissez donc aussi que, pendant l'intervalle des deux sessions, vous avez agi sans pouvoirs? Vous voulez donc faire légalement ce que vous n'aviez pas le droit de faire? En ce cas, vous deviez avouer avec franchise, au début de la session, que vous aviez violé la constitution; vous deviez venir confesser l'extrémité dans laquelle vous vous étiez trouvés.

« Vous le voyez, MM. les ministres ne sauraient nous donner une explication sincère de leur pensée, qu'elle ne tournât tout entière contre eux.

« Forcez donc le ministère à sortir d'un système funeste pour lui et pour la France; forcez-le à chercher son salut dans la justice, dans la satisfaction de tous les droits qu'il méconnaît, de tous les intérêts qu'il blesse ou qu'il menace; opposez, à ceux qui veulent vous amener à reconnaître la nécessité de leur système d'oppression, qu'en France la liberté publique est la nécessité suprême à laquelle tous les pouvoirs publics et le gouvernement, lui-même, doivent être subordonnés.

« Ces courtes réflexions, Messieurs, tirent encore une force nouvelle des événements qui ont fondé le pouvoir actuel.

« La révolution de 1830 s'est faite contre l'arbitraire, contre l'illégalité, contre un pouvoir qu'on accusait d'avoir porté la main sur des institutions par lui constituées.

« Le régime de la Restauration se présente sous deux points de vue que l'histoire saura distinguer: le bien-être matériel qu'elle a réalisé; le malaise moral qu'elle n'a pu guérir.

« Le bien-être matériel résultait des principes d'ordre et de stabilité qui étaient au fond de ce régime; ces principes inspiraient aux intérêts une confiance qui est la vie du commerce et de l'industrie.

« Le malaise moral tenait aux germes d'arbitraire ministériel cachés dans cet art. 14 qui menaçait toutes les libertés, sans leur laisser d'autres garanties que la ressource terrible d'une révolution.

« Les journées de juillet ont vu tomber, à la fois, le principe d'ordre qui rassurait les intérêts et l'art. 14 qui inquiétait les imaginations; ainsi, le bien et le mal de la Restauration, ses avantages et ses inconvénients ont été confondus dans une destruction commune.

« La loi qui vous est proposée aurait ce résultat étrange, qu'après avoir détruit les avantages du régime de la Restauration, sous le prétexte des inconvénients que présentait ce régime, on se trouverait, au bout de trente mois, avoir rétabli ses inconvénients sans retrouver ses avantages ; en sorte que la France n'aurait obtenu de la révolution que l'accroissement de son malaise moral et la destruction de son bien-être matériel.

« Quand la Charte de 1814 a été renversée, la France a cru qu'elle allait avoir une constitution définitive qui garantirait les droits de tous. On a proclamé qu'il ne pouvait plus y avoir d'art. 14 dans les chartes, parce que cet art. 14 était une épée toujours suspendue sur la liberté ; cet art. 14 a été spécialement et formellement abrogé, et il semblait que la révolution n'avait été faite que pour le détruire. C'est pour ce motif que trois générations de rois ont été expulsées et n'ont pu être couvertes par la responsabilité ministérielle ; c'est pour avoir mis Paris en état de siége que quatre ministres sont aujourd'hui dans les fers.

« Les hommes du pouvoir auraient-ils donc perdu toute mémoire ? ne se rappellent-ils donc plus les paroles de leurs amis à une autre époque ? « La jour-
« née du 28 juillet 1830 (disait M. Bérenger à la
« Chambre des Députés le 27 septembre de la même
« année), offre le spectacle d'un roi de France trai-
« tant sa capitale en ville ennemie... Un maréchal de
« France est chargé de cette horrible mission. »

« M. Persil disait, dans cette enceinte, lors de son réquisitoire contre les ministres : « Ainsi, la première
« ville de France, la capitale du premier des empires,
« était mise *hors la loi!* Un million de citoyens de
« tout sexe, de tout âge, de tout rang, ne devaient
« plus trouver de protection que dans l'autorité mi-
« litaire; les magistrats de la cité étaient dépouillés
« de leur influence et de leur autorité! La vie, la
« fortune, l'honneur des citoyens étaient confiés à
« des commissions extraordinaires ou à des con-
« seils de guerre ; l'état de siége favorisait toutes
« les dispositions du ministère pour l'arbitraire et
« son penchant pour les mesures inconstitution-
« nelles! »

« Rappelez-vous enfin, Messieurs, les paroles d'un éloquent orateur qui siége maintenant dans cette assemblée; il s'écriait, à la Chambre des Députés, dans la séance du 19 août : « Nous n'aurons jamais
« de ministres capables de faire mitrailler la popu-
« lation de Paris et qui aient l'insolence, la folie
« de déclarer Paris en état de siége. » Ainsi parlait M. Villemain.

« Comment, aujourd'hui, a-t-on osé proposer ce qu'alors on condamnait? comment a-t-on voulu rétablir, par une loi, tout ce qu'on a détruit?

« Si le pouvoir, s'appuyant sur la nécessité, vient demander à l'omnipotence parlementaire un art. 14 nouveau et permanent, il reconnaît par cela même un pouvoir constituant et, alors, il devrait commencer par faire, à cette tribune, amende honorable pour le mot de *parjure* qu'on a osé appliquer à un prince qui, je l'atteste, n'a jamais cru porter atteinte à la Charte et qui a pensé user d'un droit constitutionnel, ainsi que le roi son frère lui en avait, plusieurs fois, donné l'exemple. L'imprudence de MM. les ministres, en présentant le projet de loi, est telle que, plus ils établiraient que la loi qu'ils vous demandent est une loi indispensable, plus ils accuseraient la révolution de juillet qui a déclaré que la responsabilité ministérielle ne mettait pas à couvert l'inviolabilité royale. Alors, Messieurs, ce n'est pas moi qui tirerais la conséquence; la France entière se chargerait de ce soin.

« J'en appelle à la conscience de tout homme de bonne foi : quand on a proclamé que la Charte serait désormais une vérité, on a voulu dire que, l'art. 14 étant retranché de la Charte et la révolution ayant été faite pour le retrancher, la Charte serait désormais débarrassée de cet article 14 et qu'on aimait mieux faire une révolution que de laisser subsister une constitution qui pouvait être altérée, dans ses bases, par le pouvoir qui s'en était dit l'auteur.

« Eh bien! Messieurs, tout ce qu'on a voulu détruire en juillet 1830, on l'a reproduit aujourd'hui. Si l'on ne veut pas que la France ait une constitution au-dessus de tous les partis, il faut s'attendre, alors, qu'il y aura toujours des volontés qui pourront se placer au-dessus des lois.

« Quel est le but de la loi qui nous est proposée? M. le ministre de la justice nous a parlé d'une révision, d'une modification des lois existantes sur l'état de siége; mais, dans l'exposé des motifs, il a dédaigné d'entrer dans une question qui domine toute cette discussion.

« La législation préexistante à la Charte est-elle subordonnée aux principes de la Charte? M. le ministre a dit : *non;* mais, Messieurs, la cour de cassation a dit : *oui.* La France entière dira que toute législation préexistante aux principes de la Charte est abolie, qu'une législation postérieure ne saurait être établie contrairement aux principes de la Charte; car, dans ce cas, la violation, au lieu d'être le fait du ministère, s'opérerait par voie législative et les Chambres s'associeraient au renversement du pacte fondamental.

« Voilà ce que la France aura gagné à la révolution de juillet. L'art. 14 était douteux; pour plusieurs, il ne donnait pas le droit qu'on a cru pouvoir prendre. Aujourd'hui, par le projet, cet art. 14 serait établi pour un avenir indéfini si, toutefois, il pouvait y avoir un avenir pour l'arbitraire.

« L'art. 14 se trouverait ainsi ressuscité d'une manière beaucoup plus dangereuse pour les institutions, beaucoup plus redoutable pour les citoyens.

« Si l'on reconnaît au pouvoir législatif le droit de changer la Charte, d'annuler ou de modifier les garanties qu'elle a données, il y a nécessité, alors, pour les Chambres, de ressaisir le pouvoir constituant et de déclarer que c'est une Charte nouvelle qu'elles vont octroyer.

« C'est ainsi, mais seulement ainsi, qu'il n'y aura pas de contradiction entre la Charte et la loi ; c'est ainsi, seulement, que M. le garde des sceaux ne jettera pas la confusion dans l'exercice de la justice, en mettant en opposition les principes de liberté contenus dans la Charte et les principes d'arbitraire contenus dans la loi nouvelle.

« Qu'aurait-on à opposer à la cour de cassation, ou à une cour royale, ou à un tribunal civil qui déclarerait que la loi qu'on vous demande ne peut prévaloir sur les garanties de la Charte, tant que ces garanties ne sont pas formellement et explicitement abrogées?

« Qu'objecterait-on aux jurisconsultes qui, dans un moment de crise, répondraient, comme répondirent au 26 juillet quelques Députés, que, la constitution étant violée, les impôts peuvent être refusés et que la résistance est devenue légale ?

« Par quelle funeste erreur le Gouvernement n'a-t-il pas craint de plonger le pays dans l'anarchie en demandant à être armé d'une loi toute d'arbitraire, tandis que les intérêts publics resteraient armés de la Charte?

« C'est donc, il faut le dire, Messieurs, une Charte nouvelle qu'on vous a demandée ; mais, alors, il faut avoir le courage de l'avouer ; il faut faire disparaître, de la Charte de 1830, toutes les garanties qui ne pourraient rester debout sans infirmer les dispositions de la loi proposée, si elle était adoptée. Ainsi, il faudrait effacer l'art. 4, qui garantit la liberté individuelle que les tribunaux ne pourraient plus protéger; il faudrait enlever l'art. 7, qui proclame la liberté de la presse, car cette liberté cesserait d'exister dès que les écrivains pourraient être expulsés du territoire par un commissaire et qu'il serait permis de saisir les presses comme pièces de conviction; il faudrait anéantir l'art. 8, par lequel la propriété est déclarée inviolable, car, sans l'inviolabilité des personnes, il n'y a plus de propriété.

La violation du domicile, les saisies faites par des commandants militaires, par de simples gendarmes ou même des agents de police, l'expulsion des chefs d'exploitations agricoles et manufacturières sont autant d'attentats contre la propriété. Nous ne saurions laisser subsister l'interdiction de rechercher les opinions et les votes. L'omnipotence des commissaires extraordinaires ne serait pas plus limitée, par cette barrière, que les hautes dispositions de la Charte.

« C'est aux Chambres de 1832 qu'on a osé demander de rétablir l'exil!

Pour être conséquent, il aurait fallu leur demander, aussi, de rétablir la Bastille au lieu d'élever, sur son emplacement, un monument à la liberté; ainsi, la volonté d'un agent subalterne pourrait faire sortir du territoire le propriétaire et le prolétaire, le manufacturier et l'artisan! l'exil qui, sous le pouvoir qu'on appelait absolu, nécessitait un ordre revêtu de la signature du Roi, lui-même, et contre-signé par un ministre, l'exil pourrait être infligé par le plus obscur fonctionnaire! L'exil n'atteignait, généralement, autrefois, que les hommes placés dans des positions élevées; aujourd'hui, il atteindrait tout le monde! — On peut véritablement dire, en cette occasion, que nous sommes en progrès vers l'égalité.

« Je n'ajouterai pas que l'exil est une peine, et que cette peine n'est pas dans nos codes ; qu'il serait motivé sur une présomption, et que personne ne peut se défendre d'une présomption. Je n'ajouterai pas que, l'exil n'étant pas dans nos codes, tout citoyen aurait le droit de désobéir, tant que l'ordre ne lui aurait pas été signifié judiciairement. Et je vous le demande, Messieurs, qui pourrait le lui signifier ?

« Ne faudrait-il pas faire un second appel au patriotisme et au courage des gardes nationales et de tous les citoyens français, pour qu'ils protégeassent les droits nouveaux consacrés par la Charte nouvelle ?

« Enfin, pour qu'il n'y eût pas d'équivoques sur l'application de la législation de la République, du Directoire, du Consulat, de l'Empire, de la Restauration et de la révolution de juillet ; pour que, selon l'expression de M. le garde des sceaux, le règne de la loi ne fût pas interrompu, ne serait-il pas nécessaire d'extirper encore le dernier article de la constitution, lequel annule et abroge toutes les lois et ordonnances contraires aux dispositions adoptées pour la réforme de la Charte?

« C'est seulement ainsi, Messieurs, qu'on serait de bonne foi et que, deux ans après une révolution faite contre l'arbitraire et au nom de la liberté, on proclamerait la Charte de l'arbitraire contre la liberté.

« Si le Gouvernement s'était contenté de demander une nouvelle législation sur l'état de siége, relativement aux places de guerre et postes militaires, on comprendrait le projet de loi. Certainement, lorsqu'une ville est assiégée par l'étranger, le bon sens a admis, dans tous les temps et dans tous les pays, la nécessité de réunir toutes les forces sous un même pouvoir afin d'obtenir cette unité d'action si nécessaire, en pareil cas, pour la défense. Dans de telles occurrences, les libertés locales s'effacent par un consentement général ; mais avoir voulu appliquer à des villes ouvertes, à des communes, à des départements entiers, les conséquences de l'état de siége ! voilà ce qu'on ne peut concevoir.

« M. le ministre de la justice énumère, très-succinctement, dans son exposé des motifs, les lois qu'il dit existantes sur l'état de siége ; mais il se garde bien d'entrer dans le détail de chacune de ces lois ! il se garde bien de vous exposer les diverses circonstances qui les ont motivées !

« Au lieu de se livrer à cet examen consciencieux et si nécessaire, on établit le texte du projet sur des lois rendues à des époques différentes; on les confond ensemble pour former un tout monstrueux, puisque, en proposant une loi qui ne devrait avoir en vue que de protéger les citoyens contre les dangers auxquels ils peuvent être exposés, on forge des armes au moyen desquelles on pourrait anéantir toutes les libertés du pays.

« Ces lois sont : 1° celle du 10 juillet 1791, loi sage et dont le titre seul indique le but; elle est intitulée : *Décret concernant la conservation et le classement des places de guerre et postes militaires, la police des fortifications et autres objets y relatifs*.

« 2° Le décret de 1811 qui, comme la loi de 1791, ne semble s'appliquer qu'aux places de guerre. Ce décret se réfère dans toutes ses dispositions à cette loi de 1791 ; on en cite, on en transcrit les articles.

« Rien dans ces lois ne pouvait motiver la partie politique du projet, si l'on peut, toutefois, appeler politique le monstrueux arbitraire qu'on est venu réclamer de vous.

« Pour atteindre le but qu'on se proposait, il a fallu exhumer une de ces lois révolutionnaires dont la France abhorre le souvenir. Vous comprenez, Messieurs, que je veux parler de la loi du 19 fructidor an v.

« Je l'ai dit, en commençant : je laisserai, aux orateurs plus versés que moi dans la connaissance des lois, le soin d'examiner en détail celles dont on s'est servi pour étayer le projet et dont on vous a donné des extraits à la suite du rapport imprimé de votre commission. Mais je viens suppléer au silence qu'on a cru devoir garder sur la loi du 19 fructidor an v, dont on ne vous a cité que le dernier paragraphe. Si l'on éprouve un véritable dégoût à fouiller dans cet arsenal révolutionnaire, il est, cependant, nécessaire que la France connaisse les différentes dispositions de cette loi atroce sur laquelle le Gouvernement s'est appuyé, ou qu'il a tenté de reproduire sous une autre forme.

« L'art. 1ᵉʳ annule les élections de cinquante départements ;

« L'art. 11 déclare que *nul ne sera admis à voter dans les assemblées primaires et électorales, s'il n'a préalablement prêté le serment individuel de* HAINE A LA ROYAUTÉ *et à l'anarchie*, *de* FIDÉLITÉ ET ATTACHEMENT A LA RÉPUBLIQUE *et à la constitution de l'an* III ;

« Les art. 25 et 32 exigent le même serment des ecclésiastiques et des jurés ;

« L'art. 13 prononce la déportation, sans jugement, de cinquante-trois Députés, de deux membres du Directoire et de dix citoyens. On remarque, dans cette longue liste de proscrits, des noms tels que ceux-ci : Boissy-d'Anglas, Pastoret, Vaublanc, Barbé-Marbois, Portalis, Barthélemy, Siméon : M. Siméon, celui-là même qui fait partie, aujourd'hui, de votre commission et qui, après avoir traversé tant d'orages politiques, se trouve, selon le jeu souvent bizarre des choses de ce monde, chargé de rechercher ce qu'il peut y avoir *de bon* à prendre dans cette loi du 19 fructidor par laquelle il fut proscrit! (*Mouvement.*)

« L'art. 17 établit des commissions militaires pour juger, sans *aucun recours*, les individus inscrits sur la liste des émigrés qui seront arrêtés sur le territoire français;

« L'art. 24 permet au Directoire de déporter les prêtres sans jugement;

« L'art. 34 ordonne *l'expulsion des Bourbons, y compris la veuve de Philippe-Joseph d'Orléans* (mère de Louis-Philippe) et la confiscation de leurs biens;

« L'art. 35 met tous les journaux et *les presses qui les impriment* sous l'inspection de la police *qui pourra* les prohiber;

« Enfin, l'art. 39 et dernier *rend* au Directoire le pouvoir de mettre les communes en état de siége.

« Voilà le monument de haute sagesse sur lequel le Gouvernement a basé la partie politique du projet de loi!

« Si cette loi du 19 fructidor est abrogée par la Charte de 1830, comment ose-t-on la reproduire?

« Si elle n'est pas abrogée par la Charte de 1814 et celle de 1830, pourquoi n'exhumerait-on pas quelque jour, des archives sanglantes de la Convention, la loi qui crée des tribunaux révolutionnaires et tant d'autres décrets non moins propres à assurer la liberté, le repos et le bonheur des citoyens?

« La situation où la révolution de juillet a mis la France rend encore plus redoutable la faculté qui vous est demandée. Un ministre a dit, dans l'autre Chambre, que deux partis menaçaient, à la fois, le Gouvernement; ce sont donc deux des trois opinions politiques entre lesquelles la société est aujourd'hui partagée, que la loi proposée voudrait atteindre. Ce seraient deux partis qu'on voudrait, qu'on devrait exiler d'une cité si des troubles s'y manifestaient. Où donc s'arrêterait la portée de ce pouvoir monstrueux? Y a-t-il, dans cette grande ville, Messieurs, une seule famille qui n'eût, alors, à trembler pour plusieurs de ses membres? Y a-t-il un père qui n'eût pas un de ses enfants à cacher ou à défendre?

« Quelle est, enfin, la législation que l'on invoque et dont on vous demande la régularisation?

« Les lois sur lesquelles on s'appuie furent des mesures de circonstances, toutes empreintes d'un esprit de despotisme, en présence d'événements d'une gravité qui poussait le pouvoir aux extrémités de l'arbitraire.

« Est-il besoin de vous rappeler, Messieurs, que ce fut à cette époque de fructidor an v qu'une faction triomphante foula aux pieds, non-seulement la constitution, mais encore toutes les lois de la justice et de l'honneur, en dressant des tables de proscription?

« Est-ce dans cette enceinte que j'aurai besoin de retracer la représentation nationale violée, les délégués du peuple enlevés par des satellites et jetés dans des cachots, et le funeste tombeau de Sinnamary? Est-ce là ce qu'on a voulu nous rendre avec les commissaires extraordinaires, l'exil et cet état de siége par lequel l'épée de l'arbitraire remplacerait le règne des lois?

« Si nous nous reportons au décret du 24 juillet 1811, nous trouvons les libertés publiques entièrement envahies par un seul homme, rapportant tout à lui, concentrant dans ses mains, victorieuses il est vrai, tous les intérêts nationaux et exerçant sur la France le pouvoir le plus absolu. L'Empire, appuyé sur le glaive, comme l'a très-bien dit M. Villemain dans une séance mémorable, n'était pas une monarchie, mais un pouvoir absolu. Et d'ailleurs, Messieurs, si la France accorda tout à ce despotisme glorieux, ne serait-ce pas parce qu'il nous avait arrachés à des temps de sanglante mémoire ? Y a-t-il, je le demande, similitude entre cette époque et celle de 1830 ? Nous trouvons, en 1811, une lutte acharnée entre la France et l'Angleterre, une guerre d'extermination en Espagne et un plan d'invasion de la Russie prêt à recevoir son exécution. Ce fut l'époque où l'Italie et la Hollande étaient, violemment, réunies à l'empire français, où les propriétés commerciales étaient saisies et publiquement brûlées, où le chef de l'Église était dans les fers, où un roi était prisonnier à Valençay, où le donjon de Vincennes servait de tombeau à la liberté individuelle.

« Telles sont les origines de la législation que l'on invoque ; voilà les appuis dont on se sert. Après une révolution faite contre l'art. 14, on vous demande de rendre à la fois au pouvoir, contre les termes formels de la Charte, et le coup d'état du Directoire, et le despotisme sans limite de Napoléon.

« J'arrive, Messieurs, au travail de votre Commission.

« Nous devons commencer par lui adresser des

remerciements pour avoir attaqué les mauvaises intentions du projet de loi, pour avoir déclaré qu'elle voulait s'opposer à la violation de la Charte. Si, pour ma part, je regrette vivement que l'honorable rapporteur n'ait pas flétri les lois révolutionnaires de la juste réprobation qui doit peser sur elles, je reconnais, cependant, que nous devons lui savoir gré d'avoir insinué qu'on voulait faire revivre une législation virtuellement abrogée.

« Je m'étonne qu'avec une conviction pareille, la Commission n'ait pas rejeté, entièrement, un projet de loi qui, dans mon opinion, n'était pas susceptible d'être amendé. Pour n'avoir pas pris ce parti, elle s'est trouvée exposée à faire porter sur la responsabilité de la Chambre la concession d'une nouvelle loi politique qui viole, réellement, avec quelque apparence de modération, toutes les garanties de la liberté des citoyens.

« Votre Commission déclare avoir brisé le ressort d'arbitraire et de police dont le Gouvernement voulait avoir la libre disposition. Ce ne sera plus, il est vrai, comme dans la loi primitivement proposée, dans le cas *très-peu précis* de troubles que le ministère pourra faire exiler, selon son bon plaisir, tous les citoyens d'une portion de la France : ce ne sera que dans le cas d'invasion ou de guerre civile que cette autorité absolue sera donnée au pouvoir. Ce ne sera plus le premier venu qui sera investi de ce droit : ce sera le général commandant des troupes envoyées contre les ennemis ou contre la rébellion.

« Mais, Messieurs, s'il importe à la liberté publique que le Gouvernement ne puisse nommer commissaire qui il voudra, ne peut-il pas envoyer, pour commander les départements, tous les généraux qu'il aurait choisis pour commissaires ?

« On nous dit que ce pouvoir ne s'exercera que contre les vagabonds, les gens sans aveu et les individus qui ont leur domicile dans d'autres lieux.

« Ainsi, la commission comprend, dans la même mesure, les gens sans aveu, les vagabonds, et les Français domiciliés dans une ville, quand même ils y auraient depuis longtemps une habitation, leur famille, leurs affaires, leur industrie? et la jeunesse lettrée de nos écoles, qui vient chercher les bienfaits de l'enseignement, se trouverait confondue, dans des exils en masse, avec des hommes sans feu ni lieu, avec le rebut de la société !

« Remarquez, cependant, Messieurs, la différence qui existe entre la façon avec laquelle la Commission traite les forçats libérés, les vagabonds, les gens sans aveu, et la manière dont le Gouvernement de juillet a demandé l'autorisation de traiter tous les citoyens d'une commune, d'un département, d'une portion quelconque de la France! La Commission veut un général pour prononcer l'exil des forçats et des gens sans aveu, et le ministère trouvait bon le premier venu pour déporter tous les citoyens.

« Il importe à l'honneur du Gouvernement, comme à la société tout entière, que MM. les ministres fassent connaître et les motifs qui les déterminaient à demander un pouvoir aussi exorbitant, et ceux qui pourraient les déterminer, aujourd'hui, à se contenter de celui que la Commission croit devoir leur accorder.

« L'amendement sur les visites domiciliaires ne donne aucune garantie aux citoyens contre les vexations des agents du pouvoir ministériel. Sous prétexte de rechercher et de poursuivre ceux qu'on nomme, en temps de troubles, les suspects de guerre civile, il n'est pas un domicile qu'on ne puisse fouiller, même la nuit; car il n'est pas un domicile où, le lendemain de la défaite d'un parti, un suspect d'opinion politique ne soit sûr de trouver un asile.

« Si le Gouvernement se contentait des pouvoirs que la Commission lui accorde, il reconnaîtrait, par là, qu'il avait voulu être investi d'un pouvoir arbitraire dont il pouvait se passer et, alors, il serait permis de lui demander l'usage qu'il en voulait faire. Si, au contraire, il soutenait que cet arbitraire lui était indispensable, il faudrait qu'il nous expliquât les motifs qui ont pu, depuis, changer ses convictions.

« La Commission déclare que, sans ces amendements, le projet est inadmissible. Elle va plus loin : elle avoue que les concessions qu'elle fait au Gouvernement n'exigeaient réellement pas une loi nouvelle. On est donc étonné, quand elle reconnaît elle-même que son projet détruit, d'abord, le ressort politique que le Gouvernement voulait avoir entre ses mains; quand on la voit convenir que ce projet, qui restreint sans résultat les libertés publiques, ne peut satisfaire ni les amis de la liberté, ni les amis du pouvoir, ni, à plus forte raison, ceux qui sont à la fois amis du pouvoir et de la liberté ; quand, enfin, elle regarde ce projet comme impuissant contre la sédition et la guerre civile : on est donc étonné, dis-je, qu'elle n'ait pas eu le courage de rejeter entièrement cette loi ; car il est évident que la Chambre des Pairs ne peut pas plus voter un projet inutile qu'accepter une loi odieuse.

« Et d'ailleurs, Messieurs, dans quelle circonstance vient-on demander de tels pouvoirs ? lorsque les intérêts, loin de lutter entre eux, ont abandonné les armes de la guerre civile pour entrer dans la discussion pacifique des principes ; lorsqu'il n'y a ni émigration, ni rassemblement insurrectionnel ; quand cinq cent mille soldats et trois millions de gardes nationaux sont armés pour le maintien de l'ordre ; quand le pouvoir obtient les plus larges subsides et des condamnations exorbitantes contre la presse !

« Si la confusion règne dans les éléments sociaux, si l'anarchie est au sein de l'administration, si tout craque et se disjoint dans la machine gouvernementale, que le ministère ne s'en prenne point à la France. L'amour de la patrie, le désir de la paix intérieure et extérieure, le sentiment de la modération et de la justice sont dans le cœur de l'immense majorité des Français. Si, avec ces dispositions, nous restons dans un chaos moral et politique, la faute en est à un pouvoir inhabile ou aveugle qui ne sait tirer aucun parti des éléments d'ordre que lui offre la société et qui, par de tels projets de loi, perpétue les divisions et les agitations pour dominer par l'arbitraire, parce que, apparemment, il est incapable de gouverner par la liberté.

« On ne manquera pas de dire que je refuse au Gouvernement les moyens de repousser les factions, et que c'est une inconséquence quand on réprouve hautement l'anarchie et qu'on proclame que la liberté n'est que la conséquence de l'ordre.

« Certainement, le Gouvernement doit être fort; mais, Messieurs, l'arbitraire, loin d'être de la force, n'est qu'un aveu de la faiblesse. Il est dangereux pour tout Gouvernement; car s'il lui donne, quelquefois, l'apparence de la force, il ôte toujours à son action la régularité et la durée : l'arbitraire ébranle le crédit, anéantit le commerce, frappe toutes les sécurités.

« D'ailleurs, Messieurs, ici, il n'y a pas de milieu possible : liberté pour tous ou arbitraire pour tous.

« Lorsqu'un homme souffre sans avoir été re-
« connu coupable, a dit Benjamin Constant, tout ce
« qui n'est pas dépourvu d'intelligence se croit me-
« nacé ; car toute garantie est détruite, la terre
« tremble et l'on ne marche qu'avec effroi. »

« Après quarante ans de vicissitudes et de révolutions, on devrait savoir que l'arme forgée pour frapper un ennemi s'est souvent tournée contre son auteur. La Convention créa le tribunal révolutionnaire, et les rédacteurs de la loi ont tous été mis à mort par ce tribunal. Danton fit rendre un décret qui condamnait à mort les aristocrates, et il a été condamné comme ayant conspiré contre la souveraineté du peuple; enfin, l'échafaud de la place Louis XV a vu tomber la tête de l'homme au profit duquel semblait avoir été commis le crime du 21 janvier.

« Quelle force immense aurait obtenu le Gouvernement si, au lieu de recourir à l'arbitraire, il était entré dans des voies toutes nationales; si, sachant se placer au-dessus de tous les partis, il avait agi de telle sorte que les sentiments et les intérêts de tous fussent conciliés; s'il avait fait disparaître les entraves qui éloignent tant de bons citoyens de toute participation à l'exercice des droits politiques; s'il avait détruit cette centralisation qui lui donne une force momentanée dont il se trouvera bientôt embarrassé! Mais l'objection qu'on élève contre ce système, c'est que le Gouvernement aurait mis toute l'influence dans les mains de ses adversaires. Ce ne sont pas, je pense, les amis du pouvoir qui m'opposeraient un pareil argument, car il retomberait tout entier sur ce pouvoir et il prouverait que, pour gouverner notre pays, on doit avoir en soi toutes les conditions nationales et toutes les conditions monarchiques.

« La conduite de MM. les ministres ne serait conséquente que s'ils venaient déclarer, avec franchise, que la Charte de 1830 est impraticable, qu'elle ne saurait fonder un pouvoir stable : il est, peut-être, en France, des hommes qui les croiraient; mais quand ils nous disent, tous les jours, qu'elle est le dernier terme des progrès de l'esprit humain, qu'elle est le résultat du travail de toutes les intelligences depuis quarante-trois ans, que la patrie est entrée, depuis cette époque, dans une ère nouvelle qui lui présage un avenir de gloire, de bonheur et de liberté, ne portez donc pas, leur dirai-je, une main sacrilége sur l'idôle que vous avez présentée à l'adoration du peuple ; car, de ce moment, il ne croira plus à vos promesses et il renversera l'autel que vous lui avez élevé.

« Je vote contre le projet de loi et contre les amendements proposés par la Commission. »

La discussion dura trois jours ; le projet de loi ayant été, à l'unanimité, renvoyé à un nouvel examen de la commission, il n'en fut plus question et ce projet demeura, ainsi, comme non avenu.

SÉANCE DU 6 MARS 1833.

M. Pascal Lacroix, lieutenant-colonel en retraite, avait adressé à la Chambre des Pairs une pétition sur laquelle la commission fait un rapport. Le pétitionnaire demande que l'effigie de l'empereur Napoléon soit rétablie sur la décoration de la Légion-d'Honneur et que l'Ordre de Saint-Louis soit maintenu dans toute son intégrité, comme éminemment propre à réunir, en un seul faisceau, toutes les gloires dont la France s'honore.

M. le marquis de Dreux-Brézé : Je demande la parole :

« MESSIEURS,

« Je ne connais pas le pétitionnaire ; mais, en même temps qu'il adressait sa pétition à la Chambre, il me faisait l'honneur de m'écrire pour me demander de soutenir la partie de cette pétition qui réclame le maintien de l'Ordre de Saint-Louis. Je lui ai promis de le faire et je viens accomplir ma promesse.

« Le pétitionnaire m'écrit : « J'ose demander que
« *l'Ordre royal et militaire de Saint-Louis* soit ré-
« tabli et conservé dans toute son intégrité, bien que
« je sois un franc et loyal admirateur de la sublime
« révolution de juillet. » A cet égard, Messieurs, nous ne sommes peut-être pas tout à fait du même avis (*Hilarité générale.*); mais il ajoute « que le
« brillant héritage que nous a laissé cette antique et
« belle France, de tous temps si valeureuse et si
« guerrière, ne doit pas être répudié, et que la gloire
« ancienne ne doit pas être brutalement séparée de

« la gloire nouvelle. » Ce sont là, Messieurs, de nobles et généreux sentiments, avec lesquels je suis heureux de sympathiser et qui trouveront de l'écho dans cette Chambre, comme hors de cette chambre ; car personne, je le suppose, ne répudie la gloire acquise par Louis XIV qui fonda cet ordre, si je ne me trompe, en 1693. Personne ne répudie la gloire des Condé et des Turenne.

« Il y a bientôt deux ans, Messieurs, une pétition, à peu près semblable, fut adressée à la Chambre ; j'en profitai pour demander à MM. les ministres quelques explications sur la position dans laquelle se trouvait l'Ordre de Saint-Louis (1) ; M. le comte Sébastiani, alors ministre des affaires étrangères, qui se trouvait au banc des ministres, me répondit que le Gouvernement ne s'était point encore occupé de cette question, question grave à cause des intérêts de l'armée qui s'y trouvaient attachés.

« J'aurais pu lui répondre à mon tour (et je ne le fis point par une réserve qui doit être appréciée) que je savais, à n'en pas douter, que, peu de temps avant, M. le ministre de la guerre avait donné des ordres pour que les officiers des régiments eussent à ne plus porter la croix de Saint-Louis ; puis, ensuite, que cet Ordre avait été remplacé par un autre, donnant autorisation de porter cette décoration en en supprimant les fleurs de lys.

« Depuis cette époque, déjà éloignée, comme vous

(1) Voir page 124.

voyez, Messieurs, nous avons vu, il y a six mois, dans le *Moniteur*, une circulaire, adressée aux inspecteurs-généraux, dans laquelle on invitait les colonels des régiments à inviter, à leur tour, les officiers de l'armée à abandonner cette décoration qui leur avait été donnée pour d'anciens services. Qu'est-il résulté de cette mesure? C'est que les militaires ont répondu, avec justice, qu'ils ne savaient obéir qu'à des ordres positifs et que, dans plusieurs régiments, on n'a pas voulu se rendre à l'invitation. Là dessus, les officiers ont été mis aux arrêts; c'est une manière de répondre comme une autre; (*Hilarité.*) mais elle ne décida nullement la question. J'ai pour habitude d'éloigner les noms propres de toute discussion; ainsi, je ne nommerai point les personnes; puis, je serais désolé si une indiscrétion de ma part pouvait être nuisible à qui que ce fût; mais, s'il en était besoin, j'aurais des noms propres à citer.

« Après la révolution de juillet, on pouvait croire que nous étions arrivés à une époque où l'on dédaignerait toute espèce de décoration, où l'on rejetterait tous ces hochets de la vanité. Si j'avais à exprimer mon opinion à cet égard, Messieurs, je dirais que la renommée qu'un homme peut acquérir, soit dans l'armée, soit dans la magistrature ou dans l'administration, soit dans les arts ou les lettres, vaut infiniment mieux pour lui que toutes les décorations du monde; mais enfin, en France, nous n'en sommes pas encore arrivés à ce point. Vous le savez, Messieurs, combien d'austérités républicaines n'avons-nous pas vues fléchir devant un titre ou une décoration ?

« Puisqu'il en est ainsi, je demanderai pourquoi l'on priverait des officiers d'une récompense qui leur a été donnée pour prix d'anciens services? Je ferai remarquer que l'Ordre de Saint-Louis plaît d'autant plus à l'armée, que cet Ordre lui est spécialement dévolu et que, de plus, il ne coûte absolument rien à l'État, sauf quelques modiques pensions accordées à de vieux chevaliers de Saint-Louis, pensions qui finiront avec l'existence des titulaires. Je ferai remarquer, aussi, que la Restauration (car ce n'est pas ma faute si je suis obligé de la citer toutes les fois que j'ai à m'appuyer d'un exemple de loyauté et de justice), je ferai remarquer, dis-je, que la Restauration s'empressa de reconnaître l'Ordre de la Légion-d'Honneur, en le maintenant, formellement, par un article de la Charte de 1814. Je ferai remarquer, encore, que les officiers qui ont reçu l'Ordre de Saint-Louis tenaient, tous, à l'ancienne armée, puisque cette décoration ne pouvait être donnée qu'après vingt-quatre années de services.

« Je renouvelle, donc, à MM. les ministres la demande que je leur fis, il y a deux ans, de vouloir bien s'expliquer sur la position dans laquelle se trouve aujourd'hui, en France, l'Ordre de Saint-Louis, faisant toutes mes réserves pour combattre les mesures qui pourraient lui porter atteinte.

« Je demande le renvoi de la pétition au président du Conseil. »

M. LE GÉNÉRAL LALLEMAND combat la proposition et demande *l'ordre du jour*.

La Chambre ordonne le renvoi de la pétition au président du conseil.

SÉANCES DES 9 ET 15 MARS 1833.

Dès 1831, quelques anciens soldats des gardes françaises, *vainqueurs de la Bastille* au 14 juillet 1789, avaient adressé à la Chambre des Députés une pétition pour solliciter des récompenses. Appuyée par MM. de Lameth et de Lafayette, cette pétition avait été renvoyée au Gouvernement qui institua alors (8 mai 1832) une commission, chargée d'examiner les titres des pétitionnaires, et accorda un secours de 500 francs en attendant qu'une loi eût statué sur cet objet. Un projet de loi fut, en effet, apporté à la Chambre élective, et le colonel Paixhans fit un rapport par lequel la commission, amendant le projet, proposait de réduire à 250 francs le taux des pensions à accorder aux *vainqueurs de la Bastille* dont le nombre, maintenant, s'élevait à 400! — Vivement attaquée, dans son principe même, par M. Gaëtan de La Rochefoucauld, et défendue, de même, par M. de Lafayette, la loi ne fut adoptée, sur 236 membres présents, que par 150 voix contre 86. — Apportée à Chambre des Pairs, et sur le rapport de M. Mathieu-Dumas qui concluait à son adoption, le principe de cette loi qui tendait à reconnaître l'insurrection comme le plus saint des devoirs, fut combattu par M. de Brézé; il profita de cette occasion pour rétablir la signification véritable et historique des faits et des actes du roi Louis XVI, des États-Généraux et de la constitution française avant la révolte du 14 juillet et l'annulation factieuse des mandats donnés aux Députés par les électeurs de 89. — La loi, ayant subi des modifications, fut reportée à la Chambre des Députés, qui l'adopta, et rapportée de nouveau à la Chambre inamovible, ce qui donna à M. de Brézé, dans la séance du 15 mars, l'occasion de s'élever encore contre le principe de la loi, laquelle ne fut, enfin, adoptée que par 86 voix contre 62 et deux billets blancs.

SÉANCE DU 9 MARS.

« Messieurs,

« Le projet de loi qui vous est présenté n'est pas une de ces mesures, purement fiscales, destinées à apaiser des exigences ou à satisfaire des intérêts ; ce n'est pas là une de ces mesures qu'on accueille sur la parole d'un ministre et qu'on vote sans examen. Quelques centaines de mille francs, de plus ou de moins, ne sont rien dans ce gouffre où s'engloutit la prospérité matérielle de la France ; mais il ne faut pas que l'ordre, la morale, l'honneur du pays et notre propre considération tombent dans cet abîme ; c'est ce qui m'engage à examiner le principe de ce projet avant de lui accorder mon suffrage.

« Si ce principe est en harmonie avec l'opinion et les vœux de la nation, s'il répond à ce besoin généralement senti de l'ordre public et de ses conditions, je suis prêt à sanctionner de mon vote la mesure qui vous est proposée, après en avoir reconnu la convenance relative.

« Mais si la concession qui nous est demandée s'applique à un acte de révolte contre la constitution et les lois ; si, au lieu de favoriser les progrès de la liberté, ce même acte nous a jetés loin de ses voies et a été la source des calamités qui ont pesé sur la France pendant tant d'années ; alors, Messieurs, je repousserai, de toutes mes forces, une loi qui causerait à la France le plus grand des préjudices, car, dans mon opinion, elle attenterait, à la fois, à son ordre intérieur, à sa liberté, à son honneur.

« Je commencerai par déclarer devant la Chambre, comme le déclarait il y a quelques jours un honorable Député à la tribune de la Chambre élective, que je ne connais aucun des quatre cent un vieillards auxquels on propose d'accorder une pension, que je n'ai jamais vu aucun d'eux, ni parlé à aucun d'eux.

« Loin donc de vouloir rapetisser cette discussion, en la renfermant dans une discussion de personnes, je tâcherai de l'agrandir en abordant des questions d'un ordre plus élevé.

« On veut que nous reconnaissions, aujourd'hui, que l'insurrection dont le résultat fut la prise de la Bastille, et alors que près d'un demi-siècle a dévoré presque tous les hommes qui y ont pris part; on veut, dis-je, que nous reconnaissions que cette insurrection a été juste, légitime, nationale et, par conséquent, glorieuse; on prétend qu'une récompense publique, décernée par les trois pouvoirs, attestera et le dévouement des combattants qui ont survécu, et la reconnaissance du pays. Ces citoyens, selon les intentions du projet de loi, sont les fondateurs de la liberté française; une rétribution pécuniaire doit être le prix d'un aussi éminent service.

« C'est en cet état que la question se présente et que je vais entrer dans son examen.

« En quelles circonstances, Messieurs, éclata l'insurrection du mois de juillet 1789?

« Il y avait peu de temps que la nation française, par les votes de six millions d'électeurs, venait de former la représentation nationale et de charger, expressément, ses délégués de maintenir la constitution monarchique, en assurant toutes les libertés que cette constitution et le progrès des lumières avaient développées au sein de cette société.

« Ces six millions d'électeurs avaient formulé, dans un admirable témoignage de raison, les vrais principes de la constitution française.

« Le plus vertueux, le meilleur, le plus sage des hommes et des rois s'était intimement uni avec la nation, acceptant cette haute expression de l'opinion publique, non comme les conditions d'une défaite, mais comme la manifestation d'un peuple généreux et éclairé qui voulait perfectionner l'œuvre des siècles au lieu de la détruire. Il avait affermi les fondements de l'ordre public et de la liberté, dans cette immortelle déclaration qui résumait les vœux légitimes de la France.

« La constitution française allait triompher et sortir, rajeunie et restaurée, de cet accord d'un grand peuple avec un roi magnanime, lorsque des hommes entreprirent de renverser la constitution nationale pour lui substituer des institutions étrangères.

« L'Angleterre et l'Amérique obtinrent, sans l'avoir réclamé, l'honneur de nous donner des lois. Deux principes, qui devaient bientôt lutter entre eux, se réunirent pour commettre un acte de révolte; la constitution de la France fut déchirée avec le mandat des Députés, foulée aux pieds dans un jeu de paume : dès ce moment, les auteurs de ces attentats devenaient seuls souverains du pays, par la double usurpation des droits du trône et de la nation.

« Dans une telle situation, que devait-il arriver? La représentation nationale changeant de nature, de caractère, et se mettant en pleine révolte contre la royauté, sans cependant s'être encore saisie du gouvernement, la société devait tomber dans la confusion et l'anarchie. Le pouvoir ne pouvait plus rien, ni pour l'ordre, ni pour lui-même ; la représentation, n'exprimant plus le vœu national et se trouvant divisée en factions opposées, n'était plus que l'image de la société en dissolution.

« A Paris, un parti désorganisateur s'était révolté contre la loi elle-même ; les meurtres, les incendies, les pillages, l'assassinat des plus honorables citoyens appelaient un remède prompt et efficace.

« On voudra bien m'accorder que la loi qui sert de garantie aux personnes et aux propriétés est indépendante de tout principe politique ; c'est la loi des républiques comme des monarchies ; elle entre dans tous les systèmes, excepté dans les combinaisons du désordre et de la violence.

« Eh bien! Messieurs, cette loi même est méconnue; l'autorité royale, chargée, nominalement du moins, du maintien de l'ordre public, veut faire respecter la loi; — un cri parti de l'enceinte du Palais-Royal appelle la multitude aux armes ! C'est Camille Desmoulins qui l'a proféré. Des bandes, animées par la fureur, se répandent partout, se livrant à tous les excès, enlevant, dans les dépôts publics et particuliers, les armes et les munitions qu'ils contiennent ; des soldats, organisés pour servir de garde à la ville de Paris, se rendent complices de la révolte ; des comités insurrectionnels se forment et entrent en lutte, non-seulement contre le pouvoir royal, mais encore avec le pouvoir électoral que sa sollicitude pour l'intérêt public avait porté à exercer une action au milieu de cette grande crise. — Suivez ce tableau :

« Les électeurs forment, à l'Hôtel-de-Ville, un comité permanent ; — l'anarchie dresse ses comités de révolte dans les sections.

« Les électeurs, qui avaient donné des mandats à leurs Députés, croyaient avoir encore une mission à remplir; ils se trompaient: — les Députés étaient en révolte contre la nation et contre la royauté; ils avaient déchiré leurs mandats.

« Il importe, Messieurs, de constater, au 14 juillet 1789, l'action des électeurs et celle de la révolte armée : l'une, dans le sens de la constitution ; l'autre, dans le sens de la violence et d'une république à venir.

« Les électeurs se réunissent au corps municipal, organisent la garde nationale et font distribuer des armes aux citoyens, en les invitant à protéger les personnes et les propriétés ; — des hommes, presque tous étrangers à la ville de Paris, pillent les armes déposées à l'Arsenal et aux Invalides, enlèvent les dépôts de poudre, s'emparent des convois d'approvisionnement et se livrent à tous les excès.

« Les électeurs engagent une négociation pacifique avec le gouverneur de la Bastille et, dans la matinée du 14, il est convenu qu'aucun acte d'hostilité ne sera commis; — à peine cet accord est-il conclu qu'une foule d'hommes, armés de fusils, de sabres, d'épées, de haches, remplissent les passages et la cour qui précédaient la première entrée de la forteresse et crient : *Nous voulons la Bastille! à bas la troupe!* Ces hommes escaladent une muraille, coupent, à coups de hache, les chaînes du pont-levis et se précipitent dans l'enceinte de la forteresse.

« Les électeurs envoient une députation au gouverneur de la Bastille pour lui demander de recevoir, dans la forteresse, un détachement de la milice parisienne qui la garderait de concert avec les troupes du roi; à la vue du signe de paix, porté par les Députés, le pavillon blanc est arboré sur les tours; les soldats, qui défendaient la Bastille, renversent leurs armes; les assiégeants, troupe sans discipline et sans chef, où se trouvaient des hommes payés pour exciter des troubles et commettre des crimes, sont invités à s'éloigner; — mais quelques coups tirés, par suite d'un malentendu, de l'intérieur de la Bastille, sont le signal d'un affreux désordre; l'autorité du corps municipal et des électeurs est méconnue; la députation se retire sans avoir rempli sa mission de paix; la révolte triomphe et le crime avec elle; les lois de la justice et de l'humanité sont violées!

Je n'ai pas besoin de vous rappeler les atrocités qui ont accompagné ce qu'on nous représente, aujourd'hui, comme une victoire : il me répugnerait, Messieurs, de vous peindre des horreurs que, pour l'honneur de mon pays, je voudrais pouvoir rayer de nos annales. Je ne retrace les faits généraux que pour en tirer des considérations morales et politiques.

« La Bastille n'a donc point été prise ; elle a été rendue à la ville de Paris, à ses officiers municipaux, à son corps d'électeurs. — Ceux qui prétendent l'avoir conquise l'ont usurpée sur le pouvoir qui cherchait à faire respecter et à maintenir l'ordre.

« Parmi les vainqueurs de la Bastille, apparaît une figure sombre et terrible. Tout l'acte du 14 juillet et son but se résument en un homme : cet homme est Danton. Dans la nuit du 15 au 16 et à la tête d'une bande armée, il se présente à la Bastille, s'en empare et enlève l'officier auquel l'autorité municipale avait confié la garde de la forteresse. Danton fut *le vainqueur des vainqueurs de la Bastille*. S'il vivait encore, verrions-nous son nom en tête de la liste des récompenses nationales? Ah! Messieurs, notre pays a été assez calomnié !

« Il faut choisir, cependant, et décider à quel principe, à quelle influence nous devons la récompense demandée ; il faut savoir si nous allons récompenser les citoyens amis de l'ordre, ceux qui, au péril de leur vie, ont lutté contre l'anarchie et ses fureurs; ou bien si, par un acte solennel, nous allons consacrer, comme légitime et juste, le fait de la violence et de la révolte, non-seulement contre le pouvoir, mais encore contre l'ordre social, contre les lois divines et humaines.

« Messieurs, votre Commission se trompe en disant qu'on récompense le fait qui a donné l'impulsion à la révolution ; l'impulsion véritable a eu lieu ou, plutôt, la révolution, elle-même, a été faite, dans ce qu'elle avait de généreux et d'analogue aux principes du siècle, par la déclaration de Louis XVI où se trouvaient l'égalité devant la loi et l'égalité dans les charges publiques. Les hommes qui ont donné à la révolution le développement terrible qu'elle a pris, n'y ont ajouté que des crimes et des malheurs.

« Louis XVI, en abolissant les détentions arbitraires, en proclamant le principe de la liberté individuelle, avait abattu la première pierre de la Bastille ; il lui avait ôté son caractère d'illégalité. La Bastille n'était plus qu'une masse de pierres, un monument, un fort, primitivement destiné à la défense de la capitale. Mais le génie du mal, qui en projetait la destruction, devait, bientôt, avec les ruines de cet édifice, construire des cachots pour la grandeur déchue, l'innocence et tous les grands talents. — Au surplus, nous le savons, Messieurs, les bastilles ne manquent jamais à l'arbitraire.

« La victoire de la Bastille, il faut bien le dire, a été le triomphe du principe du désordre sur le principe de l'ordre, des principes anarchiques sur le principe de la liberté, de la république sur la royauté nationale. Elle a réalisé, matériellement, la révolte du jeu de paume et formé le premier anneau de cette chaîne funeste de désordres et de malheurs qui commence au 15 juillet 89 et aboutit au 21 janvier 93.

« Quoi ! vous venez de déclarer que le 21 janvier était un jour à jamais funeste et déplorable ; vous avez, ainsi, donné satisfaction à l'honneur du pays, à l'opinion du monde entier, à la justice, à la vérité éternelle, et vous iriez, maintenant, accorder une prime à l'acte qui a préparé le meurtre d'un roi par le meurtre de la royauté, et élevé, sur les débris du trône, la tyrannie sanglante d'une Convention !

« D'ailleurs, qui sont-ils, ces vainqueurs de despotisme, ces libérateurs de leur pays ? Soldats obscurs et sans nom, n'avaient-ils pas des chefs invisibles ? Où sont ces chefs ? qu'ils se montrent ! Si l'on doit aux soldats des récompenses pécuniaires, on doit aux généraux les honneurs du triomphe.

« Mais quoi ! ces chefs n'ont accompli qu'une œuvre de confusion et d'anarchie ; ils ont fini par reculer d'effroi devant le monstre hideux qu'ils avaient suscité ; ils ont fui pour n'en pas être dévorés ! Gardons, alors, gardons nos palmes triomphales ; gardons notre or : la patrie n'en a point pour couronner sa servitude et ses désastres.

« Après avoir été accusé, il y a peu de temps, par M. le ministre de la justice, de faire du *radicalisme* (ce sont ses propres expressions) lorsque je m'élevais contre un projet de loi au moyen duquel on pourrait anéantir toutes les libertés du pays, on ne manquera certainement pas de dire, aujourd'hui, que je viens soutenir le pouvoir absolu en combattant le projet qui a pour but de donner des récompenses aux vainqueurs de la Bastille !...... — C'est la marche obligée quand on a pris pour thème habituel de répondre à de loyaux arguments par des attaques personnelles.

« Je repousserai également, Messieurs, l'une et l'autre de ces accusations. Si j'ai voué ma vie entière à la défense de la liberté, je proclamerai, en toute occasion, que je réprouve, hautement, le désordre et l'anarchie qui n'amènent jamais que le despotisme. Loin de demander le triomphe de mes convictions politiques à la violence, je ne l'attends que du temps et des progrès de la raison publique.

« Les véritables radicaux, Messieurs, ce sont les hommes qui viennent réclamer votre assentiment pour un projet de loi dont le but est de donner des primes d'encouragement à la révolte ; les véritables radicaux, ce sont les hommes qui demandent des récompenses pour l'insurrection : l'insurrection et le despotisme ont toujours marché de front ; et il était naturel qu'après avoir présenté, à la Chambre des Députés, la loi sur les vainqueurs de la Bastille, on vînt demander, à la Chambre des Pairs, la loi *liberticide* de l'état de siége.

« Ministres de la révolution de juillet, au lieu des récompenses pécuniaires que vous nous demandez pour les hommes de 89, commencez par leur rendre les droits politiques dont ils ont été dépossédés ; abolissez les nouveaux priviléges ; licenciez votre aristocratie électorale ; murez les portes de vos bastilles ; diminuez les impôts qui écrasent le peuple et, alors, vous aurez droit de demander des récompenses pour les hommes des *deux* époques de 89.

« Si nous montrons tant de libéralité pour un exploit d'un jour, dont les résultats ont trompé l'attente des amis de la liberté, que ferons-nous en faveur des guerriers qui ont acquis tant de gloire sur les champs de bataille? Quelles récompenses aurons-nous pour les conquérants de l'Italie et de l'Égypte, pour les vainqueurs de Marengo, d'Austerlitz, d'Iéna, de Wagram et de la Moskowa? Ont-ils moins mérité de la patrie, ceux qui lui ont apporté une si abondante moisson de lauriers? Eux aussi, ce me semble, ont combattu pour la dignité, l'honneur et l'indépendance de la France ! Mais ils ne vous demandent rien, c'est que la gloire, de même que la liberté, ne se met point à prix et que, pour des cœurs généreux, une couronne de chêne est préférable à des dotations pécuniaires!

« Dans une circonstance aussi importante, j'ai dû parler le langage austère de la vérité, sans m'inquiéter des souvenirs que mes paroles pouvaient blesser. J'ai regardé, surtout, comme un devoir de conscience et d'honneur de dissiper l'illusion funeste que la mesure proposée tend à perpétuer en laissant croire que la fondation de la liberté date de la prise de la Bastille.

« Après ce qu'a fait entendre dans une autre assemblée, la voix d'un honorable Député, puis-je mieux faire, Messieurs, que de m'appuyer de ce témoignage impartial et de vous dire : Non, la liberté française n'est l'œuvre ni des hommes du jeu de paume, ni des combattants de la Bastille; ils n'ont fait que détruire l'œuvre de la raison publique et du vœu national, pour lui substituer le principe de la révolte et la volonté arbitraire des factions. Non, le 14 juillet n'a pas été fait par les six millions d'électeurs méconnus, rejetés par leurs mandataires. La faction qui a pris la Bastille est celle qui, le 10 août, a pris les Tuileries. C'est elle qui a déchiré les mandats et foulé aux pieds la déclaration du 23 juin, par une double révolte contre la royauté et le vœu national qui venaient de s'unir. C'est du 14 juillet, où la violence matérielle est venue appuyer la révolte d'un parti, que datent les malheurs qui ont ensanglanté Paris et couvert la France de larmes et de deuil.

« Permettez-moi, Messieurs, avant de descendre de cette tribune, de vous citer les paroles récemment prononcées, par un Député, au sujet d'une pétition relative aux condamnés politiques; paroles qui s'appliquent parfaitement à la loi demandée. Voici comment s'exprimait M. Dupin, en réclamant l'ordre du jour sur cette pétition :

« On voudrait faire considérer ceux qui ont atta-
« qué un gouvernement établi comme les auxiliaires
« futurs et éventuels d'un gouvernement qui vien-
« dra ; et, comme l'avenir n'appartient à personne,
« comme il est toujours permis de supposer qu'après
« un gouvernement, il en viendra un autre, il en

« résulterait qu'il n'y aurait pas de bien ou de mal
« absolu ; que le crime ne sera que conditionnel et
« la répression éventuelle ; qu'enfin, le mal ne pourra
« être appelé mal. Ce n'est pas là de la morale, c'est
« de la subversion de toute morale et de toute vé-
« rité. »

« Pesez, Messieurs, toutes les conséquences que peut avoir cette imprudente mesure, je dirai plus, cette grande immoralité politique à laquelle la Convention, elle-même, n'a pas voulu s'associer, et vous voterez avec moi, je n'en doute pas, contre le projet de loi. »

M. VILLEMAIN. — Je ne m'attendais pas à prendre la parole et je ne rappellerai pas toutes les circonstances de notre révolution ; je ne m'attacherai qu'à un seul fait.

Il y a quarante ans, lorsque feu M. le marquis de Dreux-Brézé répétait à l'assemblée nationale un ordre imprudent et qui lui attirait cette foudroyante réponse d'un célèbre orateur : ....

M. DE DREUX-BRÉZÉ. — « Je vous remercie, Monsieur, de rappeler ce souvenir. »

M. VILLEMAIN. — « Va dire à ton maître que nous sommes « ici par la volonté du peuple... »

Je n'achève pas la citation ; je n'ai voulu m'en servir que pour prouver qu'alors l'insurrection était déjà commencée ; était-elle nécessaire ? Je n'hésite pas, Messieurs, à répondre : Oui, elle était nécessaire et, dans ma conviction, c'est de ce moment seul que date notre émancipation à la liberté; c'est à elle que nous devons tous, et même l'orateur auquel je réponds, c'est à elle, dis-je, que nous devons l'honneur de siéger dans cette enceinte.

M. DE DREUX-BRÉZÉ. — « Je demande la parole pour répondre à un fait personnel.

« J'ai remercié l'orateur que vous venez d'entendre d'avoir rappelé un souvenir historique qui se rattache à la mémoire de mon père : je m'explique. Les historiens du temps ont, tous, rapporté ce fait d'une manière inexacte. Au retour du roi Louis XVIII, de ce roi si sage, si juste appréciateur des besoins de son époque, mon père voulut rétablir la vérité. Ce prince, animé de sentiments de conciliation, lui qui avait dit, en revenant en France : *pardon et oubli*, il demanda à mon père de n'en rien faire et M. de Brézé se soumit à cette auguste volonté. N'étant plus retenu par les mêmes considérations, je puis dire, aujourd'hui, comment les choses se passèrent.

« Mon père fut envoyé par Louis XVI pour ordonner à l'Assemblée nationale de se séparer. Il entra couvert ; tel était son devoir, puisqu'il parlait au nom du Roi. De grandes clameurs se firent entendre à sa vue ; on lui cria de se découvrir. Mon père s'y refusa, en répondant par une expression énergique, si énergique que je ne pourrais convenablement la reproduire. Alors, Mirabeau se leva ; il ne s'écria point : *Allez dire à votre maître ;.....* on n'en était pas encore arrivé à traiter avec un tel mépris les têtes couronnées ; mais il répondit : « *Nous sommes « ici par le vœu de la nation ; la force matérielle « seule pourra nous faire désemparer.* » Mon père prit alors la parole et, s'adressant à Bailly qui présidait l'assemblée : « *Je ne puis*, dit-il, *reconnaître, « en M. de Mirabeau, que le Député du bailliage*

« d'Aix et non l'organe de l'assemblée. » Puis, Messieurs, comme cinq cents hommes sont plus forts qu'un seul, il se retira quelques minutes après et alla rendre compte au Roi de cet incident.

« Voilà, exactement, Messieurs, comment les choses se passèrent ; j'en appelle au souvenir des membres de cette Chambre qui siégeaient, alors, dans l'Assemblée nationale, nommément à ceux de M. le comte de Montlosier que j'aperçois devant moi.

M. de Montlosier fait des signes d'assentiment et répond : *C'est la vérité tout entière.*

« Je le répète, je remercie, sincèrement, M. Villemain de l'occasion qu'il vient de me fournir de rétablir dans toute leur exactitude des faits depuis trop longtemps dénaturés. »

M. VILLEMAIN. — L'honorable M. de Brézé n'a point à se plaindre de moi, puisque je lui ai fourni l'occasion de développer, de rappeler un souvenir de famille. Ce qui frappe les esprits, c'est ce fait immense qui m'a permis de dire que, ce jour-là, l'insurrection était commencée, la Bastille était prise et que l'insurrection était légitime. Les paroles ne font rien dans cette circonstance ; elles n'ont servi qu'à mettre l'honorable Pair dans le cas de réhabiliter la mémoire de son père.

M. de Brézé, *avec feu*. — « Apprenez, Monsieur, que je n'ai rien à réhabiliter dans la mémoire de mon père. »

M. LE PRÉSIDENT. — Messieurs, la discussion générale ne peut dégénérer en une discussion personnelle.

M. VILLEMAIN. — Monsieur le Président, je ne puis rester sous le reproche apparent d'une imputation injurieuse, ou même d'une parole irréfléchie qui n'était pas dans ma pensée. L'ardent et généreux orateur a mal saisi mes paroles ; je trouve juste et naturel qu'il célèbre la mémoire de celui dont il porte le nom, de son illustre père; mais il n'en est pas moins évident que c'est aux conséquences de la révolution qu'il doit l'honneur de siéger dans cette enceinte.

SÉANCE DU 15 MARS.

M. de Dreux-Brézé, ayant demandé la parole sur les amendements proposés au projet de loi et qui avaient été renvoyés à la commission, s'exprime ainsi :

« Je commence par regretter que le rapport que nous venons d'entendre n'ait pas été imprimé ainsi que les amendements adoptés par la commission.

« Aujourd'hui, ces amendements constituent, du moins dans la forme, un nouveau projet de loi. Cependant, Messieurs, je suis, peut-être, celui des membres de cette Chambre qui peut se passer le plus facilement de ce document pour fixer son opinion, car la commission ne s'est occupée que de la question financière, question que j'ai complétement laissée de côté dans la séance de mardi.

« Le projet de loi comprend deux objets bien distincts : premièrement, la question politique, que j'appellerai de moralité ; secondement, la question de finances.

« J'abandonne encore, aujourd'hui, le point de vue financier que je regarde comme très-minime ; mais je reviendrai sur la question de moralité politique qui est immense puisque, dans mon opinion, la loi qui vous est demandée consacre le principe d'insurrection et de révolte.

« Dans la discussion générale, j'ai présenté un tableau succinct, mais très-véridique, de l'état de la capitale à l'époque du 14 juillet ; j'ai signalé deux partis : l'un, appartenant à l'opinion modérée qui souhaitait, avec ardeur, les réformes nécessitées par le progrès des lumières et les besoins de l'époque, parti qui désirait arriver à la reddition de la Bastille par les voies de conciliation ; l'autre, établissant, dans Paris, des comités de révolte et d'insurrection, procédant par des conspirations, qui couvrit plus tard la France d'échafauds et voulait, à ce moment, obtenir la prise de la Bastille par la violence.

« Je n'existais pas alors ; j'ai donc été obligé, pour m'éclairer sur ces faits, de puiser mes documents dans les ouvrages des hommes qui ont écrit l'histoire de la révolution française.

« Ne croyez pas, Messieurs, que ce soit dans les écrits des historiens favorables aux opinions de ma famille, que j'aie pris ma conviction politique sur ces événements. Ce n'est pas parmi les défenseurs de la mémoire de Louis XVI que j'ai cherché mes autorités; c'est dans l'ouvrage d'un homme qu'on pouvait supposer dévoué à la famille qui règne aujourd'hui sur la France et qui, certainement, a fait preuve de zèle envers la révolution : cet homme, M. Dulaure, a été de la Convention et s'est associé à tous les actes de la majorité de cette assemblée.

« Je vous citerai seulement, Messieurs, deux passages de cet écrivain relatifs à la prise de la Bastille :

« Parmi les Parisiens partisans de l'insurrection,
« on remarquait deux partis principaux qu'il ne faut
« pas confondre, si l'on veut avoir des idées saines
« sur notre révolution : l'un était composé d'hommes
« sans intrigues, amis de la liberté publique et qui
« n'ambitionnaient que la gloire et le bonheur de la
« patrie.

« Dans l'autre parti figuraient des intrigants de
« toutes les classes qui calculaient les événements et,
« peut-être, les faisaient naître pour en profiter ; ils
« paraissaient être les agents d'un chef ou d'une fac-
« tion dont le caractère, vaguement connu, n'était
« désigné sous aucun nom. Ces intrigants, en parlant
« de liberté, faisaient tout pour en contenir l'essor
« et pour la rendre odieuse, et ne craignaient pas de
« commettre des crimes pour y parvenir. A ce parti
« était évidemment attachée cette troupe de brigands,
« étrangers à la ville de Paris, que j'ai déjà signalée
« en parlant du pillage de la maison de Réveillon.
« Les vols, les incendies, les meurtres dont la révo-
« lution a été souillée, sont l'ouvrage des hommes de
« ce parti. » — Messieurs, cela est-il clair ?

« Mais voici, qui est encore plus caractéristique :

« Il existait deux directions, ajoute M. Dulaure :
« l'une, patente, était celle des électeurs ; l'autre, oc-
« culte, celle d'un parti que j'ai signalé et que j'aurai
« occasion de signaler encore. Les électeurs vou-

« laient s'emparer de la Bastille par composition,
« dans le but de pourvoir à la défense de Paris et à
« la sûreté de ses habitants ; le parti signalé voulait
« s'en emparer par la force, sans le concours des
« électeurs, afin d'envahir leur autorité et de se
« rendre maître du mouvement. »

« Quand un régicide désapprouve les hommes d'anarchie et de désordre, la Chambre des Pairs viendra-t-elle, quarante-trois ans après l'événement du 14 juillet 1789, accorder des récompenses à ceux qui ont souillé la capitale par le crime et l'assassinat et déclarer comme légitime et juste le fait de la violence et de la révolte ! »

SÉANCE DU 30 MARS 1833.

Plusieurs pétitionnaires ayant demandé l'abolition du serment politique et la Commission ayant proposé l'ordre du jour, le marquis de Brézé demanda la parole.

« Vous n'attendez pas de moi, Messieurs, que je puisse répondre à tous les arguments de l'éloquent rapport dont on vient de vous faire une rapide lecture ; mais je demande à la Chambre la permission de lui soumettre quelques considérations à l'appui de la pétition présentée par M. Hyde de Neuville. Je ne savais pas qu'elle dût être rapportée aujourd'hui; je l'ai seulement appris par le bulletin qu'on vient de me remettre en entrant dans la Chambre. Je regrette sincèrement que cette pétition n'ait pas été annoncée à l'avance, car j'aurais essayé de traiter la question avec l'étendue qu'elle mérite.

« La pétition est digne de la plus sérieuse attention, et par l'objet qu'elle traite, et par le pétitionnaire qui compte dans cette enceinte tant d'anciens amis politiques.

« En 1830, une grande révolution s'est opérée; le principe de la légitimité a été renversé et on lui a substitué le principe de la souveraineté nationale.

« C'est sur ce nouveau principe que repose, aujourd'hui, tout l'édifice social. Je n'ai pas à discuter ici les avanages ou les inconvénients de ce principe, que je suis loin d'avoir appelé de mes vœux (*On rit*), mais, enfin, sur lequel repose notre constitution.

« Partons de la base nouvelle : peut-on lier par un serment l'exercice d'un droit constitutionnel ? Messieurs, je ne le pense pas.

« Certes, je suis bien loin de croire que la souveraineté nationale puisse et doive s'exercer par la violence, comme aux journées des 27, 28 et 29 juillet. C'est, au contraire, parce que je désire qu'elle ne se produise que par les voies régulières et légales, que je crois que le serment est une entrave qu'il est indispensable de détruire.

« Vous n'en douterez pas, Messieurs, quand j'aurai mis sous vos yeux un fait très-grave, qui mérite toute votre attention et que chacun de vous peut aisément vérifier : sur cent vingt-deux mille électeurs inscrits en 1831, quatre-vingt mille, seulement, se sont présentés dans les colléges. Ainsi, quarante-deux mille électeurs n'ont pas paru aux élections. Le serment est la raison qui a déterminé la plupart de ces électeurs à ne pas user de leurs droits.

« Peu familiarisés avec les idées introduites dans notre droit public par la souveraineté nationale, ils ne savent pas qu'ils sont électeurs en vertu de leur propre droit ; que, pendant l'exercice de leurs fonctions, ils remplissent un acte de souveraineté et que, par conséquent, le serment n'implique que l'obligation de se soumettre aux lois.

« La question que je traite, dans ce moment, si succinctement devant vous, acquiert encore plus de gravité par les circonstances dans lesquelles nous sommes placés depuis trois ans!

« Trois opinions divisent maintenant la France; elles en sont, malheureusement, venues à des collisions violentes, que, pour ma part, je déplore sincèrement. C'est pour qu'un danger pareil ne se renouvelle plus qu'il importe que toutes soient représentées dans les colléges électoraux et dans les Chambres, afin que le Gouvernement représentatif, accomplissant sa grande mission intellectuelle, change en une lutte parlementaire les combats qui, autrefois, se décidaient par les armes et par l'effusion du sang humain.

« Voici encore une considération qui ne doit pas être oubliée. Si une seconde session a lieu, la Chambre élective sera arrivée à son cinquième terme, et, d'après l'usage constamment suivi dans les gouvernements représentatifs, il est vraisemblable qu'elle sera renouvelée. Alors, Messieurs, il importe au salut de la France de ne pas voir se renouveler cet éloignement des colléges, cette espèce d'émigration à l'intérieur que nous avons vue en 1831 et qui a dû, nécessairement, modifier d'une manière si profonde les résultats des élections.

« En Angleterre, en Allemagne, en Amérique, les électeurs, quoi qu'en ait dit M. le rapporteur, ne prêtent aucun serment; en France, les électeurs désignés par les votes de six millions de Français, pour nommer les membres de l'Assemblée nationale de 89, ne se sont engagés qu'à *s'acquitter de leur mission en honneur et en conscience;* mais aucun serment ne leur a été imposé.

« On m'opposera, peut-être, que, sous la Restauration, les électeurs étaient astreints à un serment avant de pouvoir exercer leurs droits. Mais, d'abord, le principe n'est plus le même; et puis, il ne faut jamais oublier que la Restauration a été renversée *comme ayant blessé la dignité nationale, en paraissant octroyer aux Français des droits qui leur appartiennent essentiellement.* — Ce sont les propres expressions de votre déclaration du 9 août. — Le serment était une suite de cet octroi.

« Au reste, quel que soit le sort de cette pétition, je veux qu'on sache bien le motif qui m'a fait prendre la parole en cette occasion. Je crois utile, pour lever des scrupules que je respecte, des scrupules fort honorables, que le serment soit aboli. Mais, me dira-t-on, ces scrupules ne vous ont pas arrêté : il est vrai, Messieurs, et la preuve, c'est que j'ai l'honneur de siéger au milieu de vous.

« Quand, au 10 août 1830, je disais ici : *Je jure, parce que c'est le seul moyen de contribuer au salut de la patrie*, j'ai contracté un engagement sacré : celui de respecter les lois et de n'attendre que des majorités le triomphe des convictions politiques qui, selon moi, doivent assurer le bonheur de mon pays.

« Mais ces lois sont votées par la majorité et, pour que cette majorité soit celle de l'opinion nationale, pour qu'elle ne soit pas une fiction, il faut que toutes les opinions soient réellement, sincèrement représentées.

« Au surplus, Messieurs, tout ce que je dis ici se trouve, implicitement et explicitement, exprimé dans un article du *Moniteur* que le Gouvernement fit publier avant la séance de la Chambre des Pairs où nous fûmes tous appelés à prêter serment. Voici les paroles textuelles du *Moniteur* du 9 août 1830 :

« Qu'est-ce qu'un serment ? c'est l'engagement,
« pour le fonctionnaire, de consacrer au bien du
« pays l'autorité dont il est revêtu. Le principe de
« tout serment est donc le bien public. Que de
« vaines subtilités, qu'une fausse pudeur, qu'une dé-
« plorable question d'étiquette ne retardent donc pas
« l'accomplissement du vœu national ; fonction-
« naires, juges, magistrats, songez, avant tout, que
« vous êtes Français ; que le roi, lui-même, n'a reçu la
« couronne qu'après avoir prêté le serment de rendre
« la France heureuse. »

« Si le Gouvernement nouveau considérait de cette manière le serment des fonctionnaires qui recevaient, pour ainsi dire, une nouvelle délégation du pouvoir, on ne peut pas croire qu'il voulût restreindre la liberté de l'électeur et du député, véritables représentants des droits de la nation.

« C'eût été une atteinte à la liberté et une violation du principe même de la constitution.

« Je demande que la pétition soit renvoyée à M. le président du Conseil. »

M. Villemain. — Je demande à répondre quelques mots à l'honorable préopinant... Il a dit, je crois, que l'Assemblée constituante n'avait pas....

M. de Brézé. — « J'ai dit que les six millions d'électeurs qui ont nommé l'assemblée constituante n'avaient été assujettis qu'au serment que j'ai rappelé...... »

M. Villemain. — C'est l'Assemblée constituante qui ordonna le serment, et de l'Assemblée constituante date pour nous l'ère constitutionnelle. Quant à ce que le très-honorable préopinant a dit de la Restauration, qu'elle avait fait l'octroi d'une constitution.... je ne partage pas cet avis : cette constitution, la France l'avait adoptée, et la restauration n'est tombée que parce que, violemment, elle osa toucher à ces droits qu'elle avait reconnus.

M. de Dreux-Brézé. — « Je le soutiens : Le reproche continuel fait à la Restauration fut cet octroi de la Charte. »

SESSION DE 1833.

OUVERTE LE 26 AVRIL ET FERMÉE LE 26 JUIN 1833.

SÉANCE DU 26 AVRIL 1833.

Depuis la révolution de juillet, il avait été impossible de présenter et d'arrêter, en temps utile, le budget de l'exercice prochain. Aussi, durant le cours des sessions précédentes, le Gouvernement avait toujours été obligé de venir demander, au commencement de chaque année, l'autorisation de percevoir, pendant deux ou trois mois, une partie des impôts d'après le budget antérieur; c'est ce qu'on appelait : *douzièmes provisoires*. Afin de faire cesser cet état de choses, fâcheux pour les finances et la comptabilité, on se résolut à faire, comme en 1822, sous la Restauration, deux sessions en un an ; mais afin, aussi, de s'épargner les embarras résultant toujours pour le ministère, des discussions qui s'élèvent sur le projet d'adresse en réponse au discours de la couronne à l'*ouverture* de chaque session, on se résolut en même temps à faire un discours de *clôture;* ce qui était sans exemple, et ce qui pouvait établir un *précédent* fâcheux, en ce que cette mesure tendait à soustraire le ministère, la politique générale et le système gouvernemental à l'examen et aux épreuves qui accompagnent toujours la réponse au discours du trône. — En conséquence, la session de 1832 fut fermée le 25 avril 1833 par un discours de clôture, avec l'appareil accoutumé pour les séances d'ouverture, et la session de 1833 fut ouverte le lendemain 26, au moyen d'une ordonnance simplement insérée dans un supplément du *Moniteur.* — C'est contre cette mesure et les conséquences qu'elle pouvait amener, que le jour même, et aussitôt que la Chambre fut entrée en séance, M. de Dreux-Brézé protesta dans le discours suivant :

« Maintenant que la Chambre est constituée, Messieurs, je ne saurais m'empêcher de signaler à son attention l'innovation qu'on veut introduire dans nos formes constitutionnelles, innovation sur laquelle le ministère aurait dû s'expliquer.

« Les discours d'ouverture des sessions sont l'exposé de l'ensemble du système qui sera suivi par le gouvernement.

« Les Adresses des Chambres ont pour but de promettre le concours à ce système, ou d'en montrer les inconvénients.

« Ces discussions sont un grand enseignement pour le pays. Ce sont elles qui lui apprennent la position dans laquelle il se trouve, non-seulement à l'intérieur, mais encore à l'égard de ses relations avec l'étranger. Pourquoi veut-on refuser cet enseignement à la France, contrairement à nos usages constitutionnels ?

« Les Chambres ont deux manières de porter un jugement sur la marche suivie par le ministère !

« Premièrement, dans la discussion de l'adresse qui embrasse tout le système politique;

« Secondement, dans la discussion des projets de loi qui se rattachent plus ou moins à ce système.

« C'est, évidemment, Messieurs, le premier de ces jugements auxquels on veut se soustraire.

« Mais, dira-t-on, le ministère a obtenu une majorité nombreuse dans les deux Chambres, pendant le cours de la dernière session ; cette majorité, qu'il avait hier, soyez persuadé qu'il l'aura demain. Je ne le nie pas, Messieurs; mais, cependant, vous me permettrez de vous faire observer que vos convictions sont au moins modifiées depuis la discussion de l'adresse de l'an dernier. Seul, alors, je m'élevai contre la marche suivie pendant l'intervalle des deux sessions; seul, alors, je flétris l'état de siége qui avait été imposé à la capitale et aux départements de l'Ouest.

« Si, par des motifs qu'il ne m'appartient pas d'approfondir, vous ne voulûtes pas alors blâmer avec moi le ministère, cependant, Messieurs, depuis, vous lui avez refusé la loi d'état de siége qu'il était venu vous apporter avec une sorte de confiance, par la raison que vous n'aviez pas exprimé votre désapprobation au début de la session.

« Eh bien! aujourd'hui, si vous aviez eu à répondre à un discours d'ouverture, vous auriez pu vous plaindre du maintien de l'état de siége dans l'Ouest; bien plus, vous eussiez été obligés de le faire, puisque vous avez refusé la loi à l'aide de laquelle on voudrait le maintenir d'une manière légale.

« Vous auriez pu écouter les orateurs qui n'eussent pas manqué de vous exposer les vexations auxquelles sont soumis la Bretagne, la Vendée, le Poitou, l'Anjou et une partie de la Touraine; vous auriez pu condamner des mesures qui accablent de tant de souffrances les villages de ces malheureuses contrées, où chaque sergent, chaque caporal, exerce la puissance d'une espèce de visir.

« Vous auriez pu, lorsqu'on nous parle de la bonne intelligence qui règne entre nous et les cabinets étrangers, demander quand arrivera le moment où nous obtiendrons enfin le désarmement si désiré et le dégrèvement d'impôts qui doit le suivre. Vous auriez pu, lorsqu'on nous fait pressentir une loi sur l'instruction primaire, dire que c'est la liberté complète de l'enseignement que la Charte nous a promise et qu'on ne veut pas nous donner.

« Lorsqu'on annonce une loi sur la responsabilité des ministres, vous auriez pu dire qu'avec le système des majorités, la responsabilité des ministres n'est qu'un leurre ; mais que c'est une loi sur la responsabilité des agents subalternes qui est nécessaire, afin d'être préservé des vexations auxquelles on est en butte dans les provinces.

« Vous auriez pu, enfin, et vous auriez dû protester contre la violation du principe de la liberté individuelle, dans la personne d'une auguste princesse que les vicissitudes de la fortune ont mise entre les mains du ministère. Vous auriez pu protester contre la bastille de Blaye, qui s'élève comme pour menacer ce principe de la liberté individuelle, contre ce monopole de violence et d'iniquité.

« Voilà, Messieurs, une partie des vérités que

vous auriez dû faire entendre à la France, au lieu de garder un silence qui ne saurait convenir à la dignité de cette assemblée.

« Pour ma part, je proteste contre cette infraction à nos formes constitutionnelles, la première de ce genre, je prie la Chambre de le remarquer, qui ait eu lieu depuis seize années. »

SÉANCE DU 14 MAI 1833.

Un projet de loi sur l'*organisation départementale* avait été présenté dans la session précédente à la Chambre des Députés qui l'avait adopté avec des amendements, puis, le 29 février, à la Chambre des Pairs qui avait entendu un rapport à ce sujet, dans sa séance du 4 avril. En apportant le projet de loi à la Chambre inamovible, le ministère avait déclaré qu'il n'acceptait, ni ne rejetait les amendements introduits par la Chambre élective et qu'il comptait s'éclairer, sur ce point, par la discussion de la Chambre des Pairs. — La clôture de la session n'ayant pas permis à la Chambre haute de discuter cette loi, elle lui fut présentée de nouveau avec une déclaration semblable, relativement aux amendements.

La discussion, qui se prolongea pendant sept séances, fut ouverte le 14 mai et M. de Dreux-Brézé, premier orateur inscrit, s'exprima en ces termes :

« MESSIEURS,

« Le projet de loi qui vous est présenté, promis par l'art. 69 de la Charte de 1830, lequel porte : « Qu'il sera pourvu dans le plus court délai pos- « sible à des institutions départementales et munici- « pales, fondées sur un système électif, » ce projet nous arrive seulement au bout de trois années et à une époque où, malgré le zèle apparent du ministère, il me semble impossible d'espérer qu'il puisse obtenir l'assentiment des trois pouvoirs.

« J'ai dit : le zèle apparent du ministère, parce que, s'il avait sincèrement désiré doter prochainement la France de cette loi, il ne serait pas resté aussi longtemps à nous l'apporter dans la dernière session après le vote de la Chambre des Députés et que ce projet, devant encore probablement vous revenir, après avoir subi une nouvelle discussion à la Chambre élective, lorsque des travaux urgents vous occuperont, il y a beaucoup de chances pour que cette loi soit ajournée à un avenir indéfini.

« Le débat qui s'ouvre, aujourd'hui, est donc à peu près nul, quant aux résultats immédiats qu'on peut attendre, et la meilleure preuve, Messieurs, c'est l'absence de M. le ministre de l'Intérieur.

M. LE PRÉSIDENT — Il est dans une commission.

M. D'ARGOUT entre dans la salle.

M. DE BRÉZÉ. — « Je suis bien aise d'avoir ce reproche de moins à adresser à MM. les ministres.

« Je pense qu'il serait sans utilité d'entrer dans tous les détails d'application d'une loi dont le Gouvernement a favorisé l'ajournement, malgré les engagements si formels de la Charte. Il en serait, surtout, ainsi pour moi qui ne comprendrais l'avantage d'un nouveau projet de loi sur cette matière, qu'autant qu'il reposerait sur une large base électorale, ayant pour point de départ la commune. Mais, entrant dans la pensée de l'honorable rapporteur, je me hasarderai à vous présenter quelques observations générales à l'occasion de ce projet. J'insisterai, expressément, sur les points que votre commission a seulement cru convenable de soumettre à vos réflexions.

« Elle s'est occupée, avec une attention particulière, d'un projet indiqué à la Chambre des Députés dans une opinion fort remarquable; mais, au lieu d'en faire la base de la loi nouvelle, elle a pensé qu'elle ne devait être que l'objet de vos méditations.

« J'avoue, Messieurs, que je n'ai pas compris le savant rapporteur lorsqu'il nous dit que la commission, persuadée des avantages manifestes de ce système, ajoute qu'il ne pouvait convenir à la Chambre des Pairs de prendre une si grande initiative et de s'écarter ainsi, totalement, du projet du gouvernement et de la Chambre des Députés. Pourquoi faut-il qu'en cette occasion, comme en 1830, lors du rapport de la loi électorale, dans lequel M. Bérenger déclara que le système des élections à deux degrés était le meilleur; pourquoi faut-il, dis-je, qu'on abandonne de même, aujourd'hui, ce qui paraît préférable, pour conserver le pouvoir à une portion de citoyens qui seront obligés, tôt ou tard, de l'abandonner à tous?

« Quelle serait donc notre position dans l'État, si nous n'intervenions pas entre le gouvernement et la Chambre élective, pour indiquer dans quelle situation la France peut enfin trouver le repos qu'elle désire et dont elle a un si grand besoin.

« J'adopte, entièrement, pour ma part, les paroles qui ont été citées dans le rapport, paroles qui ont été tirées de l'opinion d'un honorable Député, M. Bresson, et qui commencent par ces mots :

« Vous ne ferez rien de complet et de durable sans

« une représentation directe de chaque commune, à
« des conseils de canton. »

« Je n'ai cessé de le répéter, dans cette enceinte, et je suis heureux d'entendre proclamer ces vérités à la tribune des Pairs. C'est, uniquement, par une bonne organisation municipale, cantonale et départementale que la France peut, enfin, arriver au mouvement dans l'ordre, et notre génération est destinée à résoudre ce problème posé depuis quarante ans et qui n'a pas encore été résolu.

« Je crois faux le système qui tendrait à continuer l'espèce d'absolutisme administratif de la Restauration et de l'Empire, surtout lorsque toutes les conditions sont changées et lorsque ce système a si mal réussi à ceux qui l'employaient. Aujourd'hui, la liberté est le principe de tout l'ordre social; l'élection, la seule puissance à laquelle il ne doit être apporté de restriction que dans l'intérêt bien évident de la liberté de tous. C'est par ces motifs que j'ai demandé l'abolition du serment pour l'exercice des droits politiques. Je comprends l'obligation du serment pour les fonctionnaires, pour tout ce qui est agent du pouvoir. Mais le serment me paraît absurde pour l'exercice d'un droit, et c'est pour cela que j'ai demandé le vote public et l'extension la plus large des droits électoraux. Soyez bien convaincus, Messieurs, que ce n'est nullement dans le désir de faire au ministère une opposition systématique que je réclame ces bienfaits; c'est parce que je les regarde comme nécessaires, indispensables au bonheur du pays, en tout état de cause et quels que soient les événements que nous puissions avoir encore à traverser.

« L'ère de la monarchie administrative est passée; celle des libertés locales doit commencer, ou nous serons infailliblement exposés à passer sous le niveau du despotisme.

« Beaucoup d'hommes éclairés s'étaient efforcés, sous la Restauration, de démontrer le vice d'une organisation qui, en retenant entre les mains du pouvoir, et encore plus entre celles de ses agents, tous les fils de l'administration, paralysait toute action locale. Aujourd'hui, comment comprendrait-on qu'un pouvoir, qu'on dit né du peuple et qui, par conséquent, ne saurait avoir d'autre appui que les intérêts populaires, ne cherchât pas sa force dans le principe dont il émane ?

« Si les esprits, comme l'a dit l'honorable rapporteur, se sont vus violemment reportés vers les immenses questions de politique générale, d'organisation sociale, de paix, de guerre, de liberté publique, c'est parce que toutes les affaires locales ont été concentrées dans la capitale, c'est parce que les affaires communales n'ont pas été portées à la discussion de la commune.

« Prenez pour base et pour point de départ la commune, et vous aurez une organisation toute faite. La commune est, parce qu'elle est ; personne ne l'a créée. Là, tout est connu, défini, démontré, incontesté ; là, tout est vrai ; là, les citoyens réunis ont un esprit, une direction ; ils savent, non-seulement ce qu'ils veulent, mais encore ce qu'il faut vouloir. Là, les capacités et les incapacités sont jugées, sans procès, par une voix qui ne trompe jamais. Là, tout est calme, régulier, parce que l'ordre y est le premier besoin. On se connaît, on sait qui a droit ou qui n'a pas droit; on sait, surtout, où est l'intérêt commun, ce qu'il est et qui est capable de le défendre. A cet égard, Messieurs, l'éducation politique des Français est toute faite ; l'amour de la patrie et ses intérêts constituent une capacité morale bien suffisante pour choisir ceux qui devront élire les capacités intellectuelles.

« Toutes les fois que des questions de cette nature ont été agitées dans cette enceinte et que j'ai cru devoir prendre les intérêts de la commune, j'ai été accusé par MM. les ministres (car, j'ai le malheur de me trouver souvent en butte à leurs accusations) de vouloir faire prévaloir des influences qu'on appelle, je ne sais trop pourquoi, aristocratiques, ou de favoriser des idées démocratiques.

« Ces deux accusations sont tellement exclusives l'une de l'autre que je serais dispensé d'y répondre; mais, si l'on y trouvait la preuve que deux intérêts, qu'on a cru jusqu'ici opposés, peuvent se concilier dans l'ordre monarchique, ce serait avoir obtenu la solution du problème social qui tient en suspens toutes les destinées de la France.

« La loi que nous discutons devrait avoir ses racines dans la profondeur du sol; elle ne devrait, surtout, fonder l'oligarchie au profit de personne ; l'erreur des hommes exclusifs, c'est de croire que la France est leur propriété et leur domaine, qu'elle leur appartient et que, par conséquent, eux seuls doivent avoir puissance et influence. Cette logique de passion et d'amour-propre égare, il faut le dire, plus que qui que ce soit les puissances du jour.

« Messieurs, la France n'appartient à personne qu'à elle-même ; s'il n'y a plus de classes dans l'État, aucune, je le pense, n'est investie du droit de faire prévaloir, seule, ses idées et ses opinions.

« L'esprit de méfiance et d'exclusion, le sentiment plus ou moins passionné d'envie, la réaction contre ceux qui ont exercé pouvoir et influence, tous ces motifs d'alarmes, signalés par votre commission, m'effraient, je l'avoue, beaucoup moins qu'elle. Je ne sais si je me trompe, mais je crois que le seul remède à ce mal, s'il existe, est loin d'être incurable.

« Donnez aux communes de véritables attributions ; faites nommer le Conseil municipal par tous les citoyens inscrits au rôle de la contribution et vous pouvez être assurés que, lorsque les membres du Conseil municipal auront les intérêts de la commune entre les mains, la commune nommera des hommes probes pour l'administrer.

« La probité, mise à la base de nos institutions, ce serait déjà un grand pas de fait ; nous pourrions être alors sans inquiétude sur les conséquences; mais si, par le manque d'attributions, la représentation devient illusoire, il n'y aura aucun soin dans les choix et, par conséquent, aucune réalité. C'est ce qui nous arrive aujourd'hui, car, si nos premières assemblées législatives se sont beaucoup occupées des libertés générales et *des droits de l'homme*, elles ont complétement négligé les intérêts de localité. La manie des théories a fait oublier tout ce qui était pratique.

« S'il y eut alors des améliorations et des réformes introduites dans l'administration, si quelques abus disparurent, en corrigeant la forme, on entama le fond, et les institutions vraiment nationales ont fini par se perdre.

« La loi municipale de 1831, qui devait redonner à la commune la vie qui lui appartient, n'a été, il faut le dire, qu'un règlement arbitraire puisque, après avoir concentré l'élection dans une mince portion de citoyens dont on a encore diminué le nombre par l'obligation d'un serment que, je le répète, je ne m'expliquerai jamais quand il s'agira de l'exercice d'un droit politique, on a laissé de côté, jusqu'à présent, la question vitale des attributions qui aurait dû la précéder. Ainsi, l'on a voulu un système étroit et mesquin, un système bâtard du bien et du mal, rêvant *pondération de pouvoir*, véritable amphibie politique qui ne crée que dans le but de neutraliser les influences, au lieu de chercher les meilleures pour s'attacher à les faire prévaloir.

« Ce qu'il y avait à faire, en premier lieu à cette époque, c'était surtout d'étendre la sphère des attributions de la commune, de les *utiliser* au profit de la communauté, car il importe peu que l'organisation du Conseil municipal soit plus ou moins parfaite, si le cercle de ses pouvoirs n'est pas considérablement élargi, si on le maintient dans l'impuissance de faire le bien. Un projet de loi sur les attributions municipales occupe, je le sais, dans ce moment la Chambre élective; s'il m'est interdit de rien préjuger sur le résultat d'une discussion qui ne nous est pas encore soumise, je crois être en droit d'affirmer que ce projet est loin de répondre aux espérances qu'on avait conçues; les débats ont prouvé jusqu'à l'évidence 1° que le ministère voulait maintenir les communes dans un état de dépendance au moins égal à celui qui existe aujourd'hui ; 2° et que la loi, loin de décentraliser, ne se propose que de mettre la centralisation dans la loi. La pensée ministérielle s'est trahie tout entière par cet aveu de M. le ministre du Commerce, lorsqu'il a dit à la Chambre des Députés : « Gardez-vous d'affranchir les communes, « car cet affranchissement serait tout à l'avantage du « parti légitimiste. »

« Je vous prierai, Messieurs, d'excuser cette digression ; mais il m'était impossible de ne pas appeler un moment votre attention sur l'organisation communale, puisque, dans mon opinion, elle devrait servir de base à la loi dont nous nous occupons. Au surplus, je n'ai fait que rappeler, très-succinctement, les idées que j'ai eu l'honneur de développer plus longuement, lors de la discussion de la loi municipale.

« Non-seulement, il serait à désirer que les cantons pussent nommer leur représentant au Conseil-général, afin que les membres du Conseil-général représentassent les droits de tous les cantons du département, mais il faudrait encore qu'il y eût des conseils cantonaux représentant les droits de toutes les communes du canton.

« C'est en liant, l'une à l'autre, toutes les parties de la France; c'est en attachant les individus à la famille, les familles à la commune, les communes au canton, les cantons au département, les départements à l'État, qu'on ferait concourir toutes les forces de la nation au bien général.

« Un conseil cantonal, formé de délégués des communes et déléguant, à son tour, des Députés au Conseil-général, m'a toujours paru la forme d'administration la plus parfaite. Les hommes éclairés, habitant les villes, comme l'a dit l'honorable rapporteur, afin d'être élus dans le canton où ils ont leur domaine, établiraient nécessairement des relations plus habituelles avec les campagnes et chercheraient à se concilier les suffrages.

« C'est ainsi, Messieurs, que nous pourrions avoir en France, non pas une aristocratie, car ce mot aristocratie implique le privilége et, ici, il n'y a de privilége pour personne, mais des notabilités réelles; c'est ainsi, qu'au lieu des hommes qui usurpent au centre une existence factice et qu'on impose ensuite aux localités, il sortirait, des intérêts de localité, des hommes qui viendraient au centre avec toute l'autorité d'un mandat véritable et que le gouvernement, au lieu de subir une influence aveugle, connaîtrait réellement les besoins du pays, puisque sa représentation serait sincère.

« C'est, seulement, avec un semblable système, large dans sa base, mais si simple dans son mécanisme, que l'on parviendrait à détruire cette centralisation prête à crouler sous le poids de la réprobation de toutes les opinions généreuses et qui ne se soutient, aujourd'hui, que par des hommes qui sont personnellement intéressés à la conserver.

« A quelque combinaison que l'on s'arrête, on n'obtiendra jamais rien de satisfaisant et de national tant qu'on ne mettra pas l'institution municipale en rapport, en harmonie avec tous les degrés de la représentation ; tant qu'on ne liera pas les intérêts privés avec l'intérêt général, par tous leurs intermédiaires.

« Le projet de loi n'a pour but, selon moi, que de reproduire, sous une autre forme, ce qu'il y a de vicieux dans le système actuel.

« La commune isolée de son arrondissement, l'arrondissement isolé de son département, le département isolé de la représentation nationale, le pouvoir ministériel planant au-dessus de ces vanités qui ne se donnent aucune valeur relative et tenant, dans la main, le ressort qui leur imprime un mouvement artificiel, voilà, Messieurs, tout ce que j'aperçois dans le projet de loi du Gouvernement.

« Les hommes impartiaux ont reconnu le vice de

ce projet de loi, comme on reconnaîtra celui de tous les projets qui n'auront pas pour base la commune attachée à l'ensemble du système représentatif dans tous ses degrés. Ce ne pourrait être parce que le gouvernement et la Chambre élective, par des motifs que je ne veux pas approfondir, ont cru devoir se jeter dans de fausses voies, que nous devrions craindre d'entrer dans celles de la vérité ; ma raison ne pourrait le comprendre ; mais elle me dit que, d'après les expériences qui ont été faites, il est temps d'embrasser le seul moyen de salut qui nous reste, en prenant les choses dans leur nature et dans leur réalité.

« La loi qui vous est soumise ne pourrait être encore, évidemment, qu'une loi passagère ; et je ne vois que danger et désordre dans ces lois transitoires, toujours imparfaites quand elles sortent des mains du législateur, si défectueuses et toujours impossibles, quand il s'agit de les appliquer.

« Donnons enfin à la France les lois stables dont elle a besoin. Un pays qui change les siennes à chaque instant est un vaisseau qui a perdu sa boussole et son gouvernail.

« Je vote contre le projet. »

SÉANCES DES 4 ET 8 JUIN 1833.

Déjà à plusieurs reprises, M. de Dreux-Brézé s'était plaint, dans la session précédente, du silence qu'on avait gardé sur un grand nombre de pétitions et, notamment, sur celles qui étaient relatives à la détention de Madame, duchesse de Berri, dans la citadelle de Blaye et à l'*état de siège* sous lequel gémissaient les provinces de l'Ouest. — Dans la séance du 4 juin, la Chambre devait entendre un rapport de M. le baron Mounier sur son règlement intérieur. L'honorable rapporteur ayant demandé quelques instants pour opérer des modifications qui lui avaient été indiquées par la commission, la Chambre s'occupa de diverses pétitions qui lui avaient été adressées. Parmi celles-ci, s'en trouva une ainsi conçue :

« M. Félix Mercier, à Rougemont (Doubs), invite la Chambre à statuer, dans la session de 1833, sur les pétitions dont elle ne s'est point occupée dans la session de 1832. »

M. DE DREUX-BRÉZÉ demande la parole, et dit : « Je ne viens pas combattre le rapport de votre commission. Comme l'honorable rapporteur, je respecterai les usages suivis jusqu'à ce jour ; mais je demanderai l'exécution de la Charte en ce qui concerne le droit de pétition, ce droit sacré ; eh bien ! Messieurs, pendant le cours de la session précédente, un nombre considérable de pétitions contre la détention illégale de madame la duchesse de Berri nous a été présenté, et je ne sais par quelle influence ces soixante-deux demandes, appuyées de quinze ou vingt mille signatures, ont été soustraites à votre délibération. Je m'en suis plaint deux fois ; on m'a répondu par le silence. D'autres ont été présentées et ont eu le même sort.

Elles demandaient la levée de l'état de siége dans l'Ouest. Elles n'ont point été discutées; pourquoi? parce qu'on craignait qu'une voix généreuse ne s'élevât contre le despotisme monstrueux qui frappe ces provinces, traitées en pays ennemi et avec plus de rigueur que ne le sont les Arabes à Alger. Et quand on en parlait à MM. les ministres, ils répondaient : « Eh bien, oui, c'est comme cela! » (*Sensation.*) C'est cependant à ces observations que l'on doit l'*ordre du jour* rendu dernièrement et qui porte : « On ne tirera « plus sur les paysans dans les champs. » (*Mouvement.*) Malgré cet *ordre du jour*, savez-vous ce qui se passe dans ce malheureux pays? (*Profond silence.*) Dernièrement, trois malheureux paysans fuyaient devant un détachement; ils étaient réfractaires; on les poursuivait; ils se réfugièrent dans une chaumière…. les soldats y pénètrent et, sortis après de vaines recherches, ils aperçoivent, dans un champ, trois hommes en fuite et sans armes : « Tirez sur ces brigands! s'écrie le caporal qui commandait le détachement. » — On tire, en effet, et l'un de ces malheureux tombe frappé de trois balles dans la tête…. On le relève, on le jette sur une charrette et on l'emmène comme un trophée dans la ville prochaine. (*Sensation profonde.*)

« Voici un autre fait. Un lieutenant sorti de notre armée, M. Bascher, est saisi dans une métairie; on le traîne dehors : il faut qu'il suive la route de Rennes, les pieds nus et sanglants, car on ne lui a pas donné le temps de prendre ses souliers….. A quelques pas de là, il s'arrête exténué de fatigue. « J'aime mieux « mourir sur la place que d'aller plus loin, s'écrie-il, « fusillez-moi ! — Ah ! tu veux être fusillé, tu vas « l'être…. » Et on le fusilla ! (*Indignation profonde.*) Je comprends que le ministère veuille soustraire de telles horreurs à la publicité, mais cependant il est utile que la France en soit informée. Je demande donc que, conformément à la Charte et à l'article 47 de votre règlement, les pétitions soient exactement rapportées dans l'ordre de leurs numéros. » (*Très-bien !*)

M. LE PRÉSIDENT. — J'aurai l'honneur de faire observer au préopinant qu'il n'a point été présenté à la Chambre de pétitions sur les faits qu'il vient de signaler.

M. DE DREUX-BRÉZÉ. —« Je vous demande pardon, monsieur le Président ; je n'ai point dit qu'il eût été présenté de pétition à ce sujet, je me plains seulement du silence gardé sur les pétitions de l'Ouest. »

M. LE PRÉSIDENT. — M. de Dreux-Brézé n'a point été interrompu, je le prie de ne pas m'interrompre.

M. le président donne des explications sur le mode suivi par les comités de pétitions et termine en déclarant qu'il était de son devoir d'affirmer qu'aucune pétition relatant des faits aussi graves n'avait été présentée, afin que l'on ne crût pas, dit-il, que la Chambre pût se dispenser de s'en occuper.

M. MOLÉ. — Je fais partie de la commission qui s'est occupée de nouveau du règlement de la Chambre, et j'ai demandé que, pour arriver à l'épuisement des pétitions déposées, on ordonnât un rapport à des jours et à des intervalles fixes.

M. DE DREUX-BRÉZÉ. — « Je remercie M. le comte Molé de cette explication. »

M. LE DUC DE BROGLIE. — Le préopinant a parlé, je crois, d'une influence exercée sur telle ou telle commission, à l'effet d'empêcher le rapport de telle ou telle pétition..... J'oppose à cette assertion la dénégation la plus formelle. Quant aux faits signalés, je regrette que les ministres de la guerre et de l'intérieur soient absents, ils lui auraient répondu... pour ma part, je n'ai aucune connaissance de ces faits. Que le préopinant veuille adresser ces renseignements au ministre de la guerre et, s'il y a imprudence ou abus de pouvoir, justice sera faite.

M. LE BARON MOUNIER. — Au commencement de la dernière session, on adressa beaucoup de pétitions demandant la mise en liberté de madame la duchesse de Berri. Je dois faire observer que l'ordre des numéros est difficile à suivre; le travail commande les rapports. Il s'établit dans vos comités une sorte de dictature sur les pétitions à rapporter.

Cette dictature est fondée sur cet article de votre règlement que la Chambre ne peut s'occuper que des pétitions qui sont dans ses attributions. Ce règlement n'eût pas été aussi sévère que, dans l'ensemble des circonstances qui existaient alors et qu'il est inutile de rappeler, la commission dont je faisais partie eût été d'avis qu'une discussion sur ces pétitions ne pouvait amener aucun résultat heureux pour la malheureuse princesse et pour le bien du pays. S'il y a erreur dans cette décision, la commission en a assumé toute la responsabilité.

Quant aux pétitions sur l'état de siége, les mêmes circonstances n'existaient pas; mais nous n'avions pas à nous en occuper. Le comité, qui en était chargé, aurait dû présenter son travail à la Chambre. Pourquoi ne l'a-t-il pas fait? Je l'ignore. Depuis longtemps pas un coup de fusil n'a été tiré dans les provinces de l'Ouest, et l'état de siége doit cesser avec l'état de guerre. (Très-bien.)

M. LE COMTE TASCHER parle dans le même sens.

M. DE DREUX-BRÉZÉ. — « Je m'associe de tout mon pouvoir aux principes émis par M. le baron Mounier relativement à l'état de siége; mais je ne puis admettre qu'une commission ait, dans aucune circonstance, le droit de supprimer une pétition pour quelque motif que ce soit. Le droit de pétition est sacré, formel, inscrit dans la Charte, et une commission n'a pas le pouvoir de dire : Telle pétition est de nature à être rapportée; celle-ci doit être écartée. Toutes les pétitions adressées à la Chambre doivent être jugées par elle : c'est à la Chambre seule à se prononcer sur leur contenu. »(*Assentiment général*.)

Deux jours après cette séance, il parut, dans le Moniteur, un article d'après lequel les assertions avancées par M. de Brézé, dans la séance du 6, étaient démenties. Alors, à l'ouverture de la séance du 8, le noble Pair demande la parole et dit :

« MESSIEURS,

« J'appellerai un instant l'attention de la Chambre sur un article que le *Moniteur* a publié à l'occasion d'une opinion dernièrement émise par moi. Le *Moniteur* a un caractère d'officialité qui s'oppose au silence que je garderais s'il s'agissait d'un autre journal, de la *France Nouvelle*, par exemple, qui tronque mes opinions, ou du *Constitutionnel*, qui les dénature et qui dit que je suis un jésuite.

« Dans la dernière séance, j'ai parlé d'un *ordre du jour* qui constatait les malheurs de l'Ouest. Le *Moniteur* semble indiquer que cette pièce est inventée par moi. Je serais bien coupable, Messieurs, si je m'étais permis une pareille invention. Le *Moniteur* prétend qu'il n'existe rien de semblable. Lors de cette question, venue d'une manière incidente, je n'ai pu citer, textuellement, les termes de cet *ordre du jour* que j'ai signalé; mais je ne me suis pas mépris sur son esprit, et je vais vous en donner la preuve. Le *Moniteur* dit qu'il n'existe pas d'*ordre du jour*. Jugez de l'exactitude de l'assertion.

ORDRE DU JOUR DE LA XIIe DIVISION MILITAIRE.

Nantes, le 17 avril.

« Le lieutenant-général commandant la XIIe division militaire, remarque avec peine que souvent la *force armée fait feu avec trop de précipitation sur des hommes sans armes, qui fuient devant elle, et que ces mesures extrêmes sont* SOUVENT *employées par les colonnes mobiles sans une absolue nécessité.* Voulant prévenir *le retour de ces événements,* qui, déjà malheureux en eux-mêmes, ont encore le fâcheux résultat d'irriter l'esprit des populations, d'éloigner ainsi une pacification qui ne peut être générale et solide que lorsque les passions politiques sont tout à fait calmées, il invite MM. les maréchaux de camp, chefs de corps et de cantonnements, à donner des *ordres formels* pour que, dans la poursuite des individus suspects ou reconnus comme chouans, les militaires emploient tous les moyens possibles de les atteindre sans recourir à l'usage des armes, et n'en viennent à cette dernière extrémité que dans le cas où ces individus seraient armés ou feraient résistance. Les droits de l'humanité, comme l'importance des révélations et renseignements qu'on peut obtenir des personnes arrêtées, font un devoir à la troupe de la modération qui lui est recommandée.

« *Le lieutenant-général commandant la XIIe division militaire.*
« *Signé*, COMTE D'ERLON. »

« Vous le voyez donc, cet ordre du jour existe et je ne me suis pas trompé. Maintenant j'ai cité deux faits.... il en existe beaucoup d'autres, Messieurs ; si ceux-là se sont présentés à mon esprit, c'est qu'ils m'avaient, plus que tous les autres, indigné et, de plus, c'est qu'ils m'avaient été communiqués par des hommes du pays et confirmés par des membres de cette Chambre.... je ne citerai point leurs noms ;

ils désirent garder l'incognito, ce n'est pas moi qui le trahirai.. Mais, puisque MM. les ministres m'accusent en quelque sorte d'un faux, pourquoi ne sont-ils pas venus porter cette accusation à la tribune?

« On demande le jour où le sang a coulé, où l'infortuné Bascher a péri;... ce jour était le 8 juin ? le lieu du crime ? la commune de Maisédon.... On a frappé sur l'ordre et par les soins d'un sous-lieutenant de la ligne, et presque en présence de M. Roche, capitaine de la garde nationale et maire de la commune d'Aigrefeuille, qu'on avait laissé s'éloigner pour commettre plus facilement le crime et que les coups de fusil rappelèrent près du cadavre de la victime.... (*Sensation.*)

« Je n'arrêterai pas plus longtemps votre attention sur des faits aussi affligeants..... Les exemples sanglants ne nous manqueraient pas.... Vous savez la mort de Cathelineau, de Bonnechose, de mademoiselle de la Roberie. Du reste, M. le ministre des affaires étrangères m'a engagé à faire part au président du Conseil des faits qui sont à ma connaissance, en promettant que le Gouvernement ferait justice. Je réunis les pièces à l'appui de ces faits, et je ne serai pas longtemps sans les adresser à M. le ministre de la guerre. » (*Assentiment général.*)

M. D'ARGOUT. — Je demande à répondre quelques mots sur-le-champ, pour ne pas faire empiéter une discussion sur l'autre. Celle-ci est tout à fait indépendante de la question grecque. N'étant pas présent à la dernière séance, je n'ai pu répondre aux interpellations du préopinant.... Les accusations étaient trop graves pour les laisser sans réponse... Le *Moniteur* leur a répondu.... Je déclare être *mien* tout ce que renferme son article; je l'affirme et le prends sous ma responsabilité.

M. de Dreux-Brézé semble faire croire que l'habitude des soldats était de tirer sur les habitants de la campagne. Non, Messieurs, et nous n'avons à déplorer seulement que deux ou trois faits de cette nature. — UNE VOIX : *Seulement!*

M. le ministre assure que le fait de M. Bascher n'est point parvenu à sa connaissance ; il n'y a rien qui puisse jeter de la lumière sur cet événement. Si ce meurtre eût été commis, ainsi qu'il a été dit, les journaux, la justice, les autorités locales ne l'eussent-ils pas signalé !

Oui, Messieurs, il faut en convenir : des violences, des crimes ont été commis dans l'Ouest.... Mais ne pourrait-on pas répondre à ces récriminations par des récriminations ? Ne pourrais-je pas vous présenter une liste douloureuse des excès auxquels se sont portés les auteurs, les fauteurs de la guerre civile..... Que la honte, que la faute retombent sur ceux qui ont armé la révolte et y ont poussé des malheureux sans s'associer à leurs dangers ! (*Bruit. Murmures.*)

M. LE BARON MOUNIER. — Je demande la parole.

M. DE DREUX-BRÉZÉ, *s'élançant à la tribune.* « J'accepte l'espérance d'un état meilleur pour les provinces de l'Ouest ; mais je repousse, de toute la puissance de mon âme, l'insinuation que renferme la réponse de M. le ministre de l'Intérieur. En parlant d'hommes qui excitaient les troubles de la Vendée et qui ne suivaient pas, dans le péril, ceux qu'ils avaient égarés, il a semblé dire : L'homme qui descend de la tribune est un des fauteurs de la guerre civile... (*Tumulte. Interruption.*)

Voix nombreuses : Non, non ! cela ne peut vous regarder.
D'autres voix : Messieurs, laissez répondre !

M. DE BRÉZÉ, avec énergie : « Je repousse cette insinuation........ Plus que personne, j'ai protesté contre la guerre civile et l'appel à l'étranger ; si l'ennemi se montrait à nos frontières, je serais le premier à marcher contre lui. (*Très-bien! assez! assez!*)

M. d'Argout veut dire quelques mots. L'orateur continue avec la même énergie :

« Mes convictions, mes opinions sont bien connues ; je ne les ai jamais cachées, je les proclamerai toujours hautement ; mais je n'en devais pas moins repousser des accusations aussi perfides. (*Très-bien!*)

Par une ordonnance rendue le 13 juin suivant, l'*état de siège* fut levé dans les départements et les arrondissements de l'Ouest ; mais M. de Brézé, avec M. le duc de Fitz-James, n'en a pas moins, comme il en avait pris l'engagement, recueilli, transmis au président du conseil des ministres, et publié, par la voie de la presse, tous les actes authentiques qui constataient les violences de toutes sortes dont les départements de l'Ouest avaient été victimes pendant la durée de l'*état de siège*.

SÉANCE DU 8 JUIN 1833.

Afin de mettre un terme à la guerre d'extermination que la Turquie faisait aux Grecs pour conserver sa domination sur eux, déjà, sous la Restauration, la France, l'Angleterre et la Russie s'étaient unies, et la victoire navale de Navarin avait forcément amené un meilleur état de choses pour la Grèce. Mais les divisions des partis y entretenaient la guerre civile, et à l'aide d'un protocole ouvert par la France, l'Angleterre et la Russie, on était enfin parvenu à décider que la Grèce serait un état indépendant gouverné par un roi, et que ce roi, de l'assentiment des Grecs, serait le jeune Othon, fils mineur du roi de Bavière. Mais il fallait encore donner à ce nouveau gouvernement le moyen de se constituer, et de faire face à ses dépenses auxquelles les finances de la Grèce ne pouvaient pourvoir, épuisées, comme elles l'étaient, par les guerres antérieures, la cessation de toute agriculture et de tout commerce. Alors, les trois grandes puissances s'engagèrent, par un traité du 7 mai 1832, à garantir, au profit du nouveau royaume, un emprunt de 60 millions, réalisable par série, d'un tiers chacune. Pour l'exécution de ce traité, le Gouvernement français avait, dans la session précédente, demandé un crédit de 20 millions, pour la part que ce traité mettait à la charge de la France. La clôture de la session avait empêché la discussion législative. Ramené devant la Chambre des Députés, le projet de loi n'avait été adopté (art. 1er) qu'à la majorité de 26 voix, et, dans son ensemble, de 63. — Présenté, ensuite, à la Chambre des Pairs, il fut attaqué, comme on va le voir, par M. le marquis de Brézé, et n'en passa pas moins à une forte majorité.

« Messieurs,

« La question de l'emprunt grec n'est pas seulement une question financière: elle est aussi, comme l'a si bien dit l'honorable rapporteur, une question de haute politique; et, dans un moment où la fin d'une session va donner au Gouvernement tout pouvoir pour dépenser les trésors de la France, il est de notre devoir, en défendant les intérêts présents du pays, de l'éclairer, s'il se peut, sur les chances de son avenir.

« Et d'abord, quel intérêt la France peut-elle avoir à prêter vingt millions au fils du roi de Bavière, afin qu'il se fasse roi des Grecs? Nous nous assurons, dira-t-on, un ami au sein de l'Allemagne; mais l'Angleterre et la Russie ayant payé la même somme, auront le même droit à son amitié; et, en second lieu, les souvenirs de 1813 montrent jusqu'à point on peut compter sur cet ami... Celui contre lequel il se déclara alors, dans sa mauvaise fortune, celui qu'il attaqua dans ses revers, ne lui avait pas prêté vingt millions; il lui avait donné une couronne, il l'avait créé roi.

« Nous pouvons donc être bien sûrs que ce n'est pas l'amitié du roi de Bavière qui nous remboursera de nos avances. Sera-ce celle du roi Othon? Mais, en lui supposant les sentiments les plus généreux, que pourra-t-il faire? Qui vous dit que la position dans laquelle vous le mettez sera seulement tenable par elle-même? Quelles ressources aura-t-il, non-seulement pour payer les anciennes dettes, mais pour se dispenser d'en contracter de nouvelles?

« Que répondrait-il aux Grecs, par exemple, si, lorsqu'il voudra, suivant l'usage, les écraser d'impôts pour payer sa bien-venue, ils lui disaient qu'ils ne l'ont point appelé, et que c'est à ceux à qui il a plu de le déclarer roi de la Grèce à lui fournir les moyens de soutenir sa dignité ?

« Lorsque la Restauration envoya une expédition en Morée, il s'agissait d'arracher une population chrétienne au glaive musulman, et la vue du drapeau français suffit pour faire retirer Ibrahim, que les menaces de la France et de l'Angleterre n'ont pu forcer, tout à l'heure, à renoncer à aucune de ses prétentions.

« Mais, aujourd'hui, qu'aucun ennemi extérieur ne menace la Grèce; aujourd'hui, qu'il s'agit uniquement pour elle de se donner, ou plutôt, de recevoir un maître, qu'avons-nous besoin d'ajouter vingt millions à tant de dépenses déjà faites ? Quelle hypothèque avons-nous, d'ailleurs, qui nous garantisse un remboursement ? Quelle ressource a la Morée ? Quels sont les revenus de l'Attique ?

« Avant la libération de la Grèce, le Péloponèse, par exemple, comptait plus de 300,000 habitants; aujourd'hui, il n'en a pas même 50,000, et les animaux sauvages ont envahi la patrie de Lycurgue et d'Agésilas ! Ici, Messieurs, je n'invente pas ; ce document m'a été fourni par un ouvrage qu'a publié un aide de camp de M. le général Maison.

« En vérité, il est impossible de comprendre comment MM. les ministres, dans la situation financière où nous nous trouvons, osent proposer à la France d'ajouter vingt millions à ses charges pour soutenir, dans un tel pays, un roi allemand, sur un trône qui n'est pas même établi.

« On me dira que l'Angleterre et la Russie le font : soit ; mais ont-elles, comme nous, dépensé déjà quarante ou cinquante millions dans l'intérêt de la Grèce ? et alors nous demanderons à MM. les ministres si les dépenses que nous avons faites seuls, les dépenses que nous avons faites les premiers, nous seront remboursées dans leur ordre et avant les soixante millions dont on nous propose de payer un tiers.

« Voilà ce qu'il faut que la France sache, afin qu'elle voie dans quelle situation elle est placée à l'égard de l'Europe.

« Oui, il faut que la France sache ce que son Gouvernement la condamne à perdre, et si elle n'a d'espoir de remboursement qu'à l'abri des engagements pris par la Russie et l'Angleterre. Il aurait fallu que MM. les ministres nous dissent ce qui a été stipulé pour nos premières avances, et qu'en même temps ils nous expliquassent comment ils sont assurés que les vingt millions qu'ils nous demandent dans l'intérêt du roi Othon seront remboursés à la France ; car, enfin, dans une situation où nos dépenses, chaque année, ont dépassé nos recettes de plus de deux cents millions, d'après l'estimation de M. le ministre des finances lui-même ; où les impôts sur la propriété se sont élevés au taux des contributions de l'Empire ; où il est question de revenir sur les allégements momentanément accordés aux impôts indirects ; où, enfin, les moyens de crédit, ces précieuses ressources que les gouvernements sages ménagent pour les temps de calamités et de guerre, sont des ressources ordinaires pour les temps de calme et de paix ; il est du devoir du Gouvernement de ne pas ajouter aux charges du pays sans y être obligé par l'intérêt du pays, et sans lui prouver que c'est dans son intérêt qu'il a agi.

« Remarquons d'ailleurs, Messieurs, que ces vingt millions qu'on vous propose de jeter dans un véritable gouffre, ne sont pas les seules avances dont le retour soit aussi hasardé. Ainsi, lorsque le ministère nous demande de nouveaux sacrifices, il faudrait qu'il nous dît comment nous rentrerons dans les dépenses que, deux fois, nous avons faites pour la Belgique : la première fois, en la délivrant de l'invasion des Hollandais prêts à entrer dans la capitale du roi des Belges ; la seconde fois, en assiégeant, pour la Belgique, et en lui remettant la citadelle d'Anvers ! Le sang français ne devait, disait-on, couler que pour la France.

« On répondra que la gloire nous en a payé le prix : soit, et je suis bien loin de répudier la gloire de nos armes ; mais l'argent français qu'on ne devait dépenser que pour la France, les quarante ou cinquante millions que les deux expéditions ont coûté... Il importe qu'avant de nous entraîner dans de nouvelles dépenses, MM. les ministres nous disent si et comment ils nous seront remboursés.

« Il est encore d'autres questions sur lesquelles il est à désirer que MM. les ministres veuillent ou puissent nous donner des explications. Ainsi, je leur demanderai ce qu'il faut penser, aujourd'hui, de cette démolition des places fortes, si solennellement promise il y a deux ans. Ce travail est-il commencé, ou se dispose-t-on à l'entreprendre? Et si on ne l'entreprend pas, quel obstacle s'y oppose? Je leur demanderai, aussi, quel terme a été fixé au désarmement tant annoncé, tant promis, tant garanti, et qui est pour nous d'une nécessité toujours croissante?

« Quel motif s'oppose donc à la confiance de l'Europe? Est-ce parce que nous avons cinq cent mille hommes sous les armes, que l'Europe reste armée? ou bien restons-nous armés à cause de l'état d'armement de l'Europe? Et si nous ne sommes pas armés à cause de l'Europe, si l'Europe ne l'est pas à cause de nous, pourquoi ne sortons-nous pas d'un système qui nous ruine? En somme, beaucoup de promesses avaient été faites il y a trois ans, promesses d'économie, promesses de dignité, de fierté nationale.

« Il ne sera pas inutile, avant de céder à la demande de MM. les ministres, d'examiner jusqu'à quel point ces promesses ont été tenues.

« Sous le rapport de l'économie, la propriété a été grevée de nouveau de tous les impôts dont elle avait été déchargée; des emprunts et des ventes de forêts ont entamé les capitaux de la France et affaibli, d'une manière notable, les ressources autrefois réservées pour les temps de crise; sans compter les pertes éprouvées sur les fortunes particulières et les banqueroutes dont le nombre et la valeur dépassent tout ce qu'on avait vu dans ce genre, de nouvelles charges extraordinaires sont encore suspendues sur la tête des contribuables.

« Les exigences se succèdent et se multiplient autour de nous ; dès que l'une est satisfaite, une autre la remplace. Ainsi, voilà les Américains qui se présentent avec une prétention de vinq-cinq millions, et aussitôt vingt-cinq millions leur sont donnés.

« Les Américains nous doivent leur indépendance. Un de nos gouvernements leur a, pour ainsi dire, donné la Louisiane, et le produit net de ces bienfaits est une demande à laquelle la Restauration a constamment résisté : demande si peu fondée, que douze millions sous la Restauration avaient été offerts sur les vingt-cinq ! — Aujourd'hui, on reconnaît la dette intégralement sans marchander.

« Je demanderai à MM. les ministres de dire, au moins, à la France à quelle époque nous retrouverons ces dégrèvements que nous pouvions espérer il y a peu d'années ; comment et à quelle époque nous recouvrerons ces sept ou huit cents millions pris sur le capital public et sur la fortune de la France.

« Enfin, je leur demanderai à quelle époque, pour entrer dans l'exécution des promesses qui nous avaient été faites, nous obtiendrons des dégrèvements nouveaux, sans lesquels ces promesses seraient toujours vaines.

« Voyons, maintenant, Messieurs, si notre conduite, à l'égard de l'Europe, porte ce caractère de fierté, de grandeur, qui devait nous dédommager de tant de pertes, nous payer le prix de tant de sacrifices. Et d'abord, qu'est devenue cette nationalité de la Pologne, ce malheureux pays que nous devions sauver du naufrage où nous l'avions entraîné? Si ce n'était pas par politique, au moins ne devions-nous pas, par reconnaissance, réclamer l'exécution des traités en faveur d'un peuple si héroïque?

« En Italie, quelle est notre situation? Nous avons surpris, en pleine paix, une forteresse de l'État de l'Église. La présence d'une faible garnison, à Ancône, n'est qu'un simulacre qui ne produit plus d'illusion, et ne fait, au contraire, que mieux ressortir la débilité d'un cabinet qui a cru, au moyen de cette vaine et ridicule démonstration, établir l'opinion de sa force.

« Dans cette expédition, nous n'avons marché ni pour le Pape, ni pour les Autrichiens, ni pour les peuples; sans but, sans objet utile, nous avons déplu à tout le monde; mais, en revanche, nous avons dépensé des millions : ce résultat est toujours le plus clair et le plus assuré de notre politique.

« En cas de guerre, la possession d'Ancône ne servirait qu'à nous priver des braves qui forment sa garnison; en temps de paix, c'est un prétexte offert à l'Autriche pour perpétuer, dans les États romains, la présence de ses troupes qui, sans cela, les auraient évacués depuis longtemps. Si je me trompe, que MM. les ministres nous disent et qu'ils disent à la France ce qu'a gagné notre dignité à cette inconcevable expédition.

« Au nord de la Suisse, nous trouvons l'Allemagne occidentale envahie par les armes de l'Autriche. Cette contrée, si digne de la liberté dont elle a joui en d'autres temps, sous ses Électeurs, se débat, aujourd'hui, sous l'effort des partis et de la puissance réprimante de la diète germanique, mélange affligeant de licence et d'arbitraire, de révolte et de despotisme; et la ville libre de Francfort, grâce à la souveraineté du peuple proclamée à Paris, vient de recevoir une garnison autrichienne.

« Telle est la destinée de cette politique sans principe et sans but, de cette politique qui perd à la fois la confiance des peuples qu'elle a égarés, l'estime des princes qu'elle menace par sa nature et flatte par sa faiblesse : expiation inévitable de tout ce qui est sans franchise et sans dignité.

« Si la Prusse nous voit, chaque année, sans s'émouvoir, faire une promenade militaire en Belgique, c'est pour trouver le moyen de s'assurer tous les avantages de la paix, par des traités de commerce et de douane qui accroissent son influence et sa prospérité. Mais comment les intérêts de la France sont-ils ménagés dans ces transactions ? Voilà ce qu'il faudrait savoir. Car il est une manière indirecte de faire la guerre à un pays, et de la faire avec plus de succès et de sûreté que par la voie des armes.

« Après deux années de négociations et de campagnes, une trêve est signée, qui suspend la question hollando-belge et la remet à la décision des cinq puissances ; le blocus est levé, on restitue à la Hollande ses cargaisons et ses prisonniers ; le commerce de l'Angleterre vogue à pleines voiles vers les ports néerlandais : là, tout est au mieux pour l'Angleterre et pour la Hollande. Quant à la France et à la Belgique, notre chère alliée, je ne sais jusqu'à quel point il sera avantageux que le cabinet de Londres et celui de Paris se soient dessaisis de la question pour la remettre aux cinq puissances et recommencer peut-être une série de protocoles, au risque de perdre le terrain qu'on avait gagné.

« Il est vrai qu'on a une paix provisoire, la navigaton provisoire de l'Escaut, un commerce et une prospérité provisoires. L'Angleterre, à la vérité, est notre alliée. Notre alliée ! elle le sera toujours, Messieurs, lorsque la France se trouvera privée de ses forces naturelles, quand il lui sera venu des maladies politiques qui l'auront affaiblie, rendue impuissante. Du moment que nous cessons de faire envie, elle est à nous tant que nous voulons ; dès que la jalousie ne s'en mêle pas, elle devient tout à fait amicale. Voilà pourquoi elle s'est montrée si fort notre ennemie sous Louis XIV et sous Napoléon ; de sorte que, pour la France, le plus sûr indice d'une mauvaise situation politique, c'est de vivre dans les bonnes grâces de l'Angleterre, et de mériter qu'elle nous prenne en affection. Mais, arrive le moment où nous aurions besoin de ses frégates et de ses matelots, où nous lui demanderions de s'associer à nous dans quelque entreprise à notre convenance, et nous verrons ce que deviendra l'alliance. Au surplus, sans attendre l'avenir, ne voyons-nous pas que, dès aujourd'hui, comme toujours, l'Angleterre n'est l'alliée que de ses intérêts ?

« Elle est avec la Russie pour la question d'Orient, avec la Hollande pour la question belge, avec la Confédération germanique pour la question du Luxembourg ; et, disons-le, parce que c'est la vérité, elle n'est avec nous que pour notre question révolutionnaire ; elle ménage l'affaire d'Alger comme une question de discorde et de guerre. L'Angleterre est donc notre alliée fidèle, parce qu'elle n'a pas la possibilité de faire la guerre ; mais, vienne le moment où elle sera pressée par ses intérêts et par l'opinion, et l'on verra quelle est cette alliance, dont la première condition est que la France n'obtienne jamais ni agrandissement, ni prospérité durable. Entre les deux pays, il y a cependant, pour être juste, un grand point de rapprochement : c'est que nous semblons avoir pris sa révolution de 1688, et que tout marche à ce que nous lui donnions la révolution de 1830.

« D'autres questions secondaires viennent encore se grouper autour de ces considérations ; mais je ne vois pas plus de force et de dignité dans les intérêts secondaires que dans ceux d'un ordre plus élevé. Ainsi, je demanderai à M. le ministre des affaires étrangères, lorsqu'il nous presse de donner vingt millions pour des intérêts étrangers, quels sont nos rapports avec Haïti ? pourquoi tant de milliers de familles françaises attendent-elles la juste indemnité de leurs propriétés, et par quels motifs le Gouvernement n'a-t-il pas voulu ou n'a-t-il pas pu faire respecter les stipulations conclues avec le Gouvernement du roi Charles X ? Les malheureux colons ne méritent-ils pas, à l'égal des Grecs et des Belges, un peu de commisération ?

« Il serait bon, aussi, avant de livrer nos trésors aux pays lointains, que nous fussions informés de la situation de la France, par rapport à Alger. D'étranges bruits ont circulé sur le commandement et l'administration de ce pays; il serait par trop funeste que 18 millions fussent annuellement dépensés pour opprimer et tourmenter sa population indigène, sans utilité pour les colons, et pour la métropole. Au moins, le temps, avec lequel justice finit par être rendue à tous, est venu venger la Restauration des calomnies qu'on avait inventées pour flétrir cette conquête : il est, aujourd'hui, bien avéré que le drapeau blanc ne demanda jamais la permission de conquérir Alger; que ce n'est pas sous le bon plaisir de la diplomatie, que nos soldats s'élancèrent sur la terre d'Afrique, et qu'alors, ils ne se munissaient pas d'un protocole pour feuille de route; et les ministres d'alors, quelque aveugles qu'ils pussent être sur l'état intérieur du pays, comprenaient, au moins, sa grandeur et sa dignité. Si la jalousie de nos voisins était, alors, aussi vive qu'aujourd'hui, la France avait l'attitude noble et ferme qui lui appartient; elle se sentait forte, et elle le disait : aujourd'hui, ceux qui sont chargés de ses affaires se disent forts, mais ne se sentent pas tels.

« Une question grave, une question fondamentale, qui, vu l'importance des événements d'Orient, passe presque inaperçue, appelle aussi toute notre attention ; c'est celle du changement de constitution en Espagne. Laisserons-nous anéantir le pacte de famille, relever la barrière des Pyrénées et rompre les liens qui, depuis Philippe V, ont uni la monarchie espagnole à la monarchie française? L'alliance avec l'Espagne, fruit heureux de la plus haute politique, a été, depuis près de deux siècles, le plus solide rempart de la France. Napoléon regardait cette alliance comme tellement importante, qu'il avait entrepris une guerre ruineuse, au moins autant pour satisfaire sa vanité, en plaçant sur le front de son frère une couronne, que pour renouveler, au profit de l'Espagne et de la France, ce pacte de famille, gage de paix et de prospérité, à l'ombre duquel les provinces méridionales ont joui de tant d'années de sécurité et qui faisait que, sans crainte pour cette portion de notre territoire, nous avions pu nous défendre au Nord contre les guerres de coalition et, quelquefois, obtenir des agrandissements par suite de nos victoires.

« Si, comme tout l'annonce, la loi salique est abolie, toutes ces conditions salutaires sont changées ; un prince anglais ou un prince de la maison d'Autriche peut s'asseoir sur le trône des Bourbons d'Espagne ; et la puissance autrichienne, déjà si formidable, nous pressant de tous côtés, peut renouveler ces luttes sanglantes que le pacte de famille était venu terminer. Si nous étions sur le point de voir s'accomplir une des plus grandes injures et un des plus grands préjudices que puisse recevoir notre pays, serions-nous prêts à obtenir justice par les négociations, ou par les armes, s'il en était besoin?

« C'est à M. le ministre des affaires étrangères à vouloir bien nous éclairer à cet égard.

« Un mot reste encore à dire pour faire sentir la nullité de notre influence chez l'étranger. Le plus puissant pacha de notre plus ancien allié se révolte contre lui ; il est, lui-même, notre ami et notre allié ; il a été, il est encore aidé, par nous, dans l'établissement de sa puissance : le succès de ses armes est tel que, dès la première campagne, il fait trembler le sultan et menace Constantinople. A qui recourt le sultan dans sa détresse ? C'est à la France sans doute, à la France, amie du pacha d'Égypte et qui peut, au besoin, agir efficacement contre lui par ses flottes? Non, c'est à la Russie que le sultan s'adresse; le sultan demande au czar, au descendant de Pierre-le-Grand, au successeur de Catherine, d'envoyer à Constantinople une flotte et une armée!

« L'armée et la flotte arrivent ; un traité est proposé au pacha, dans lequel quatre pachaliks sont ajoutés à sa puissance. Cependant l'ambassadeur de France demande, avec une fierté apparente, l'éloignement des Russes et promet, au nom de son Gouvernement, de faire consentir le pacha à un traité où la Porte ne sacrifierait que deux pachaliks. Que fait alors la flotte russe? Elle reste, elle s'augmente et les troupes russes s'établissent sur le Bosphore. — Que fait, de son côté, le pacha? Il s'abandonne probablement aux conseils du Gouvernement français et à son influence? non : au lieu de diminuer ses demandes, il les accroît et il exige la cession d'Adana. La France, alors appuyée de l'Angleterre, le menace de bloquer Alexandrie. On croit qu'aidé de ce secours, le sultan va revenir sur ses concessions et que l'orgueilleux pacha diminuera de ses exigences? —Eh bien, non : le pacha persiste, le sultan cède, et un firman d'amnistie rétablit ainsi la paix de l'Empire, avant qu'un soldat ou un vaisseau russe ait reçu l'ordre de quitter le Bosphore!

Où est la dignité, où est l'action de la France dans de pareilles transactions? et quel résultat, cependant, Messieurs, que les Russes à Constantinople, sans que l'Autriche s'alarme, sans que l'Angleterre s'émeuve, sans que la France s'irrite, sans que l'Europe, en un mot, paraisse s'apercevoir de ce grand événement!

« Ainsi, de quelque côté que nous envisagions notre situation à l'extérieur, nous trouvons la France privée de cette position élevée que les siècles glorieux de la monarchie lui avaient assignée.

« La garantie qu'on nous demande, mise en présence de la question générale, comme de la question particulière à laquelle cette garantie se rattache, me paraît une déception ajoutée à tant de déceptions. Je voudrais voir, pour mon pays, un intérêt d'honneur et d'utilité résulter de ce sacrifice de 20 millions en faveur de la Grèce et, je l'avoue, je ne l'aperçois pas.

Nous avons beaucoup fait pour les Grecs; et la Restauration, à cet égard, a noblement payé la dette de la justice et de l'humanité.

« La révolution de 1830 fait, il faut le dire, une triste expérience de la gratitude des nations émancipées par nos armes et par nos trésors : — les exigences des États-Unis; le lion de Waterloo conservé par les Belges; les dédains du chef d'Haïti, ne sont pas des faits propres à nous encourager à faire de nouveaux sacrifices.

« Sans doute, je le sais, cela tient à la mauvaise position où nous nous trouvons placés; mais cela, seul, est un argument contre le projet de loi et, pour ma part, je partage l'opinion de l'honorable M. Bignon : je pense, comme lui, qu'il vaut mieux garder nos 20 millions pour en disposer en faveur des Grecs comme nous l'entendrons. Et d'ailleurs, Messieurs, est-ce le moment d'être généreux, que celui où, après avoir été obligés de proclamer près d'un milliard de déficit, résultat de la situation des trois dernières années, on est encore obligé d'avouer près de 50 millions de déficit nouveau dans le budget qu'on avait annoncé comme devant, enfin, mettre en équilibre les recettes avec les dépenses de l'État? Dans une telle situation, je vote contre le projet de loi pour les Grecs, en faveur des contribuables de France. »

Une perte bien douloureuse (1), les soins et les travaux de toute nature auxquels M. de Brézé s'était livré, depuis trois ans, ayant altéré sa santé, il avait dû faire un voyage dans le Midi avant même la clôture de la session de 1833. A son passage à Nîmes, tout ce que cette grande ville renferme d'honnête et de dévoué voulut offrir un hommage public au courageux défenseur de l'honneur, des libertés et des droits nationaux de la France. — C'est à la *Gazette du Languedoc* que nous empruntons les détails qui suivent :

« Nîmes, 20 octobre 1833.

« M. le marquis de Dreux-Brézé est arrivé à Nîmes samedi soir, venant du Dauphiné, et se rendant à Nice en famille. Son voyage n'avait rien de politique ; mais le noble Pair est un des hommes qui, par la cause sacrée qu'ils défendent, ont éveillé le plus de sympathies dans nos populations, et nos compatriotes ont dû saisir la première occasion qui leur était offerte de lui donner un témoignage public des sentiments que sa conduite parlementaire leur inspire. Dimanche, une députation de trente personnes s'est rendue, individuellement, à l'Hôtel-du-Midi où M. de Dreux-Brézé était descendu ; elle a été aussitôt introduite, et l'un des membres qui la composaient lui a adressé, au nom de tous, le discours suivant :

« Monsieur,

« Quand un illustre défenseur de nos libertés est dans nos murs, nous ne savons pas résister au besoin de venir lui témoigner notre reconnaissance.

« Depuis trois ans qu'une commotion violente a sapé le principe de la légitimité dans sa base, votre courage et votre talent se sont maintenus à la hauteur de la position que les circon-

---

(1) La mort de sa fille.

stances vous ont faites. La tâche à remplir était immense : vous l'avez remplie tout entière. Seul, ou presque seul dans la Chambre haute, vous avez défendu les doctrines monarchiques et les libertés publiques qui leur servent de fondement. Vous avez flétri de votre indignation ce monopole absurde et dégradant qui nous ruine après avoir fait de nous des esclaves. Vous avez attaqué l'arbitraire sous toutes ses formes et dans toutes ses tentatives, à Paris comme dans l'Ouest, dans le Gouvernement comme dans la Chambre, et vos adversaires, eux-mêmes, ont applaudi à cette générosité du talent qui étend sa protection à toutes les causes justes.

« Quand votre éloge est dans toutes les bouches, comment ne vous exprimerions-nous pas notre gratitude et notre admiration, nous qui partageons toutes vos sympathies et à qui, en plus d'une occasion, vous avez daigné servir d'organe.

« L'avenir, Monsieur, appartient à notre cause; il acquittera le prix de tant d'efforts. »

M. de Dreux-Brézé a répondu :

« Étranger à ce pays, que je parcours à la hâte, je ne saurais, en effet, Messieurs, attribuer l'accueil si bienveillant, si honorable que je reçois dans cette ville, qu'à la sympathie qui existe entre les opinions politiques de la majorité de ses habitants et celles qu'il m'a été donné de proclamer, depuis trois ans, à la tribune. Heureux et fier de vos suffrages, j'y puiserai de nouveaux encouragements pour persévérer dans la ligne de conduite que je me suis tracée dès l'époque où je me décidai à ne pas abandonner la carrière parlementaire qui m'était ouverte.

« Jeune encore, je ne désespérai pas de l'avenir de la patrie et je ne doutai point que quelques années écoulées ne fissent justice de nombre d'erreurs et de beaucoup de mensonges. Plus nous marchons, plus je persiste dans mes prévisions, car je ne vois que désordre, confusion de tous les principes, division, inconséquence, dans les rangs de nos différents adversaires. Aidons au temps. Récemment, les électeurs de Nîmes ont offert à la France un noble exemple d'indépendance par leur mémorable protestation contre le serment et le monopole électoral. — Hommes des Chambres, ou hors des Chambres, unissons nos efforts pour faire tomber ces deux barrières inventées, depuis 89, par l'arbitraire révolutionnaire. Réclamons sans cesse contre l'absurde inconséquence d'un pouvoir égoïste qui, se disant fondé sur le vœu national, exclut de toute participation aux droits politiques l'immense majorité des contribuables et réduit encore le nombre de ceux qu'il y admet, par l'obligation d'un serment que la publicité des débats parlementaires m'a permis, pour ce qui me concerne, d'expliquer souvent à la France et que j'expliquerai encore toutes les fois que l'occasion s'en présentera.

« Je respecte, Messieurs, toutes les convictions politiques, quand elles sont sincères et désintéressées ; à plus forte raison, vous pouvez le croire, celles des hommes que j'aime à appeler mes amis. Loin donc de ma pensée de blâmer des scrupules honorables et de m'élever contre eux. Permettez-moi, seulement, de vous répéter, à tous, ici présents, ce que nous nous disons tous en particulier : « Point de di-
« visions entre nous ; défenseurs des droits et des
« intérêts nationaux, combattons chacun, publique-

« ment, au grand jour de la vérité, au poste où la
« Providence nous a placés. Unis de vœux et de sen-
« timents, nous triompherons ; car, parmi les diffé-
« rents partis qui fractionnent, malheureusement,
« aujourd'hui, notre commune patrie, le nôtre seul
« possède dans son sein des croyances inaltérables
« et des convictions réelles. »

« Dans l'impossibilité d'aller vous remercier individuellement de votre témoignage si flatteur d'estime et d'attachement, je vous prie, Messieurs, de recevoir, ici, ainsi que tous vos amis, dont vous êtes les organes, l'expression de ma vive et profonde reconnaissance. »

SESSION DE 1834.

La session législative de 1834, ouverte le 23 décembre 1833, avait été remplie, outre la discussion des lois ordinaires de finances, 1° par les débats relatifs au crédit, refusé, des 25 millions demandés pour les États-Unis, ce qui avait amené un changement dans le ministère; — 2° par les propositions de diverses lois d'ordre politique: augmentation de la gendarmerie dans l'Ouest; mesures contre les crieurs publics; autorisation de poursuivre un membre de la Chambre des Députés; mesures contre les associations; résidence des étrangers réfugiés en France; — 3° par les émeutes qui eurent lieu à Lyon, à Saint-Etienne, à Paris (affaire *dite* du cloître Saint-Méry et de la rue Transnonain); par les projets de loi contre les détenteurs d'armes de guerre et les ordonnances qui déférèrent à la Cour des Pairs le jugement de tous les insurgés; — 4° enfin, dans les événements extérieurs, par l'insurrection d'une partie de l'Espagne en faveur du roi don Carlos, exilé à Lisbonne, et par le traité *dit de la quadruple-alliance* (22 avril), entre la France, l'Angleterre, l'Espagne et le Portugal, conclu dans le but de maintenir le résultat des révolutions qui avaient porté la couronne portugaise sur la tête de dona Maria, au préjudice de don Miguel, et la couronne espagnole sur la tête de l'infante Isabelle, avec la régence de sa mère Christine, au préjudice de don Carlos qui, au mois de juillet suivant, se sauva de Londres, où il était réfugié, traversa la France, *incognito*, et parut, inopinément, au milieu de la Navarre et des populations basques soulevées et commandées par Zumalacarrégui.

SESSION DE 1835.

OUVERTE LE 31 JUILLET 1834, ET CLOSE LE 11 SEPTEMBRE 1835.

Comme nous l'avons déjà dit, la santé de M. le marquis de Dreux-Brézé, fatiguée de ses nombreux travaux des années précédentes, l'avait forcé de passer tout l'hiver en Italie et, par conséquent, de ne point assister aux débats de la session de 1834. Mais cette session ayant été close le 24 mai, la Chambre des Députés, qui siégeait depuis 1831, ayant été dissoute le lendemain, 25 ; des élections générales ayant eu lieu et le parlement nouveau ayant été convoqué pour le 31 juillet, le noble Pair s'empressa de revenir à son poste et de se trouver au début de la session de 1835. Elle fut ouverte, comme d'ordinaire, par une allocution du trône à laquelle on proposa de répondre, selon l'usage, par une ADRESSE qui provoqua, de la part de M. de Dreux-Brézé, le discours suivant:

SÉANCE DU 9 AOUT 1834.

« MESSIEURS,

« Éloigné de vos délibérations, pendant l'hiver dernier, j'ai souvent regretté de ne pouvoir m'unir à vos travaux; aussi, me trouvé-je heureux de l'occasion qui m'est offerte de prendre part aux premiers débats d'une session qui, je voudrais l'espérer, portera ses fruits et sera plus profitable aux intérêts réels de la patrie que les sessions qui se sont écoulées depuis quatre années.

« Habitué à la bienveillance de cette assemblée, j'ose espérer qu'elle ne me refusera pas, aujourd'hui, ce qu'elle a daigné m'accorder en toute circonstance, alors même que mes convictions politiques se trouvaient en désaccord avec celles de la grande majorité des membres de cette Chambre.

« Si l'expérience nous a appris que les réponses aux discours d'ouverture des sessions parlementaires sont des actes d'une haute importance, puisque leur discussion permet d'embrasser, dans son ensemble, la marche suivie par le ministère, tant à l'intérieur que dans nos relations avec l'étranger, les circonstances présentes sont de nature à fixer toute notre attention sur l'adresse qui se trouve en délibération.

« Commençons, donc, par remercier l'opinion publique de s'être assez nettement prononcée pour obliger le ministère à faire une sérieuse ouverture du parlement, au lieu du simulacre d'ouverture qu'il projetait; rendons grâce à la presse qui, en éclairant les esprits, nous a donné la possibilité de remplir notre devoir envers la France, de demander compte à MM. les ministres de ce qu'ils ont fait pour elle dans le passé, comme aussi des espérances qu'il lui est permis de concevoir pour l'avenir. Félicitons-nous, enfin, Messieurs, de ce que les armes soient tombées des mains de tous les partis et que nous puissions aborder avec impartialité, mais avec autant de franchise que de vérité, des questions qui, en raison des événements antérieurs, pouvaient exiger des ménagements commandés par les circonstances.

« Quatre années viennent de s'écouler depuis le jour où éclata une révolution qui, en brisant les couronnes de trois générations de rois appelés à régner par le droit de leur naissance, plaça sur le trône, en vertu de la souveraineté du peuple, un prince dont la famille n'en était séparée que par un enfant. La constitution fut changée en vertu de ce même principe ; la Pairie fut violemment mutilée et son hérédité détruite ; mais, en compensation de la destruction de l'antique principe d'hérédité monarchique et des modifications apportées à la constitution ou, plutôt, à cause de ces modifications, on nous promit :

« Des garanties de libertés plus étendues ;

« Des réductions notables dans les charges publiques, en affirmant (pour me servir des expressions employées à cette époque) que nous aurions *un gouvernement à bon marché;*

« On nous promit, surtout, de replacer la France, qu'on disait asservie au joug de l'étranger, dans une situation plus conforme à sa grandeur et à sa dignité.

« Alors, un premier ministère fut formé, en partie, des hommes qui avaient le plus secondé ce qu'on a appelé la victoire du peuple. Cette victoire est bientôt devenue le triomphe de quelques ambitions individuelles, et ce premier cabinet sembla n'avoir été mis à la direction des affaires que pour faire place à d'autres ministères. Puis, ceux-ci se sont dits héritiers des pensées politiques d'un homme qui, après avoir brillé dans l'opposition, s'est trouvé en butte aux attaques les plus véhémentes de ses anciens amis (1). Ne craignez pas, Messieurs, que j'abuse des instants que vous m'accordez, pour établir un parallèle entre l'administration de Casimir Périer et celle de ses successeurs. Il me suffira de profiter de l'occasion qui m'est offerte, par le discours d'ouverture de la session, pour vous démontrer que, depuis la mort de cet homme d'État, le pouvoir a constamment marché dans les voies de l'arbitraire ; que, contrairement aux promesses faites en juillet 1830, le désordre s'accroît dans nos finances d'une manière effrayante. Il me suffira de vous faire voir que, sans avantage pour la dignité de la France, nos relations extérieures se compliquent, chaque jour, de telle sorte que nous sommes plus loin de la paix et du désarmement, tant promis et si nécessaire, que nous ne l'étions il y a trois ans.

« Je vais entrer dans l'examen des divers points que j'ai signalés.

« Le ministère se félicite, en affirmant que le succès de ses efforts a répondu à l'attente de la nation. Libre à MM. les ministres de se féliciter. Quant à moi, Messieurs, je crois que la France était loin de s'attendre à ce que la révolution, qu'on lui présentait comme l'ère nouvelle de la prospérité, du bonheur et de la liberté, donnerait, en définitive, les résultats qui, depuis quatre ans, pèsent sur elle? Mais

(1) M. C. Périer.

puisque enfin MM. les ministres s'applaudissent de leur persévérance dans la voie qu'ils ont choisie, il faut qu'ils nous disent ou, plutôt, qu'ils disent à la France si elle doit se résigner à porter jusqu'au bout les conséquences d'un système qu'elle apprécie aujourd'hui.

« Que M. le ministre de la guerre, par exemple, nous dise s'il faudra, éternellement, payer une armée de quatre cent mille hommes pour maintenir cette paix, au jour le jour, qui nous a fait dépenser, en quatre ans, ce que n'auraient pas coûté deux armées d'une grande et glorieuse guerre?

« Le Gouvernement se loue pourtant de ses relations avec les puissances étrangères! Mais, si ce n'est pas à cause de l'étranger que nous sommes forcés de supporter ces armements exagérés et ces dépenses énormes, contre qui donc sont-ils dirigés?

« Serait-ce contre les partis? Mais quels peuvent être en France les partis qui, *séparés ou combinés*, exigent un si grand déploiement de puissance militaire? Si de tels partis existaient, ce ne seraient plus des partis, mais la nation entière qu'il faudrait avoir à maîtriser par la force des baïonnettes... Ne nous dit-on pas, d'ailleurs, que la garde nationale et l'armée ont réprimé les désordres et que la paisible exécution des lois prouve l'impuissance des perturbateurs? Ainsi, Messieurs, d'après le gouvernement lui-même, ce ne sont ni les étrangers, ni les partis qui l'obligent à faire peser sur la France une armée de quatre cent mille hommes et, par conséquent, nous avons le droit de lui demander ici, au nom de la France, qu'il nous nomme l'ennemi qui la force, pour sa sécurité, à entretenir en temps de paix plus de soldats sous les armes qu'aux époques où elle luttait avec gloire contre l'Europe coalisée ?

« On avait promis à la France que, sous le principe de la souveraineté du peuple, elle verrait ses charges diminuer et ses ressources s'accroître. Plus d'une fois, depuis quatre ans, on nous avait donné l'assurance que, bientôt, les dépenses du Gouvernement seraient ramenées au niveau des impôts ordinaires.

« Cependant, qu'est-il arrivé jusqu'à présent ? Non-seulement les dépenses n'ont pas été diminuées, mais les impôts se sont accrus ; mais les ressources, qu'accumulait l'amortissement, pour les cas de guerre, ont été immolées aux nécessités de la paix telle qu'on nous l'a faite.

« Les forêts de l'État, autre ressource réservée pour les temps de calamités, ont été jetées avec profusion dans le même gouffre; et cela a-t-il suffi ? Non, Messieurs, chacun des emprunts et l'accroissement exorbitant de la dette flottante, couvrant ou dissimulant des déficits nouveaux, ajoutent, par les intérêts, aux charges de l'avenir.

« Cet état, qui ne peut durer sans nous mener à la banqueroute, aura-t-il bientôt un terme? C'est à M. le ministre des finances à répondre.

« Il y a lieu d'espérer, dit le ministère, que la « prospérité toujours croissante du pays permettra

« de faire face aux dépenses publiques avec les res-
« sources ordinaires de l'État. »

« Mais quelles sont ces ressources ordinaires dont le Gouvernement entend parler?

« Sont-ce les impôts tels qu'ils sont aujourd'hui, ou bien les impôts ramenés au taux auquel ils avaient été réduits il y a quelques années?

« Il est important, pour la France qui paie, que M. le ministre des finances veuille bien, également, s'expliquer sur ce point et, de plus, qu'il nous dise à quelle époque il prévoit que les dépenses publiques seront véritablement ramenées au niveau des revenus ordinaires. Enfin, il faut qu'il dise à la France à quelle époque elle peut espérer de rentrer dans les huit ou neuf cents millions de dépenses extraordinaires que la révolution de juillet lui a imposés depuis quatre ans, ou combien d'autres millions y seront ajoutés encore.

« Il est un point sur lequel je prierai M. le ministre de l'intérieur de nous donner quelques éclaircissements.

« Cent millions ont été mis à la disposition du Gouvernement pour occuper les classes ouvrières; c'était un moyen puissant, ajouté à tant d'autres, pour préserver l'ordre public, si violemment ébranlé depuis quelques années; mais aussi, il faut le dire, cette allocation est, sous un autre nom et sous une autre forme, une *véritable taxe des pauvres.* (*Sensation prolongée.*) Or, quand ces cent millions seront épuisés, faudra-t-il continuer et renouveler le même sacrifice?

« C'est une question d'une haute importance pour le retour à l'équilibre entre les recettes et les dépenses; et, puisque j'ai parlé d'ordre public, M. le ministre de l'intérieur pourrait-il nous dire si le Gouvernement aura longtemps besoin, pour la police, de tant de millions auxquels il faut sans cesse ajouter, et de ces vingt mille gendarmes qui couvrent la surface du pays? — Il fut un temps où les hommes qui sont, aujourd'hui, à la direction des affaires trouvaient que 1,800,000 fr. et douze mille gendarmes surpassaient les besoins.

« Aujourd'hui, il est possible que les moyens mis à la disposition du Gouvernement donnent des résultats satisfaisants dans ce qu'on pourrait appeler *la basse police;* mais des exemples éclatants prouvent que, lorsqu'il s'agit d'une surveillance plus élevée, la police, toute nombreuse et toute riche qu'elle est, ne voit rien, n'entend rien, n'empêche rien. (*Approbation.*)

« Le cabinet a suivi, dit-il, la politique de la Charte.... Eh quoi! Messieurs, tant de faits qui sont des atteintes flagrantes, non-seulement à la Charte, mais aux droits naturels des hommes réunis en société, peuvent-ils être considérés comme les conséquences de la Charte? Je ne parle pas, Messieurs, de l'état de siége de la capitale, en 1832, imposé après la victoire; la Cour suprême en a fait justice, alors, comme, vous-mêmes, vous avez fait, depuis, justice du projet de loi sur l'état de siége.

« Je ne parle pas de ces procès à outrance dirigés contre la presse, lorsque l'on avait dit que la révolution de juillet, commencée par la presse et accomplie par elle, devait fonder sa puissance sur la base même de sa constitution.

« Je ne parle pas non plus des répressions violentes dictées par des ordres *impitoyables*.

M. Guizot. — Ce mot est inexact ; il n'a jamais été prononcé par aucun ministre.

M. LE MARQUIS DE DREUX-BRÉZÉ. — « J'accepte avec grand plaisir la rétractation de M. le ministre de l'instruction publique : ce mot, si souvent répété, n'ayant jamais été démenti par aucun ministre, on était autorisé à le croire vrai ; mais, je le répète, je suis heureux d'apprendre qu'il n'est sorti de la bouche d'aucun Français.

« Je n'insisterai pas sur ces ignobles coups de bâton, infligés au peuple de Paris par les satellites de la police (1), humiliation sans exemple et que notre triste temps, seul, pouvait produire et faire supporter. (*Sensation.*)

« Mais je demanderai à M. le ministre de la justice

---

(1) Dans une des nombreuses émeutes qui avaient éclaté précédemment à Paris, un rassemblement s'étant formé sur la place de la Bourse, les sergents de ville, déguisés en bourgeois, s'étaient servis, pour le dissiper, de gourdins ferrés dont ils avaient indistinctement frappé toute la foule amassée dans cet endroit.

si les visites domiciliaires, si les arrestations préventives, si les détentions, arbitrairement prolongées, qui au bout de trois, de six et même de neuf mois amènent des arrêts de *non-lieu*, sont dans la politique de la Charte et dans les droits réguliers qu'elle donne au Gouvernement?

« Je lui demanderai si la France doit être encore longtemps condamnée à voir ses prisons encombrées comme aux époques les plus funestes de la première révolution?

« Je lui demanderai dans quel temps on a vu un fait aussi monstrueux que l'arrestation d'un banquier en pleine bourse (1) pour un acte qu'aucun Gouvernement n'avait jamais ni interdit ni blâmé (2), et cela, afin de rendre une valeur éphémère à des fonds dépréciés par un événement dont l'authenticité ne pouvait être ignorée du Gouvernement (3)? (*Murmures.*)

« Je lui demanderai, enfin, si la politique de la Charte autorise le Gouvernement à laisser sans punition, que dis-je, Messieurs, sans poursuites, des attentats comme ceux dont Paris frémit encore et dont la rue Transnonain a été le théâtre?

« Quoi! des soldats aux mains desquels la patrie remet des armes pour la protéger et la défendre! des soldats, envoyés pour préserver l'ordre public

(1) M. Jauge.
(2) Emprunt ouvert et négocié par M. Jauge pour don Carlos.
(3) Arrivée de don Carlos en Espagne après avoir traversé secrètement la France.

et garantir les citoyens des horreurs de la guerre civile, entrent dans une maison qui n'est pas même occupée par des insurgés! quatorze citoyens, quatorze Français innocents, hommes, femmes, vieillards, enfants, sont égorgés, dans leur domicile, par la force qui leur devait protection! cet acte, qu'on punirait à l'armée, cet acte de barbarie qui n'a pas même d'exemple dans les jours de sang de notre première révolution, ne provoque pas la sollicitude, l'animadversion même de l'autorité! Un seul homme dans les deux Chambres, mon noble ami, M. le baron Mounier, a demandé, pendant la dernière session, justice au pouvoir contre ces attentats!

« Eh bien! cette justice, quelquefois si prompte qu'elle saisit le prévenu avant qu'aucun motif d'arrestation soit connu, cette justice a-t-elle agi? a-t-on fait des enquêtes? a-t-on entendu des témoins?

« Ministres de Louis-Philippe, songez que vous répondrez, devant Dieu et devant les hommes, du sang innocent. Un jour viendra où la patrie, rendue à elle-même, vous demandera compte de la vie de ses enfants.

« Ici, Messieurs, qu'on ne me fasse pas l'injustice de dire qu'en élevant la voix contre de telles horreurs, je cherche à me concilier les suffrages d'un parti adverse. Non, je viens flétrir les massacres de la rue Transnonain au même titre que je défendais, l'an dernier, devant vous, les Vendéens persécutés, massacrés et proscrits. C'est toujours la même cause que je défends ; c'est la cause de la liberté et de l'humanité !

« Si de tels excès n'étaient pas restés impunis, Marseille, peut-être, n'aurait pas été témoin d'un autre exemple de barbarie commis par un agent de la force publique. Mais, voyez la différence! et c'est ici qu'il importe au Gouvernement d'expliquer sa politique. A Marseille, où les moyens militaires sont faibles et où l'autorité est en présence d'une population énergique qui réclame vengeance, non-seulement le meurtrier du malheureux *Montélescault* est envoyé devant la justice, mais le corps auquel il appartient est congédié, suspendu, dissous, peut-être, et les hommes qui le composent, obligés de paraître dans la ville, n'y paraissent que dépouillés de tout ce qui pourrait indiquer qu'ils ont fait partie de ce corps.

« A Paris, tout au contraire, où la puissance est armée par les cinquante mille hommes qui, depuis la révolution de juillet, n'ont cessé d'entourer la capitale, les meurtriers de Louis Breffort, de Beaulieu, d'individus de tout âge et de tout sexe, ne sont ni recherchés ni poursuivis (1).

« Le Gouvernement se loue de l'énergie et de la fidélité des gardes nationales ; — comment se fait-il que cette fidélité et cette énergie ne lui inspirent pas plus de confiance?

« Ainsi, comment se fait-il que, lorsque la garde nationale de Paris lui présente une masse de quatre-vingt mille hommes disponibles et tout armés, il se croie obligé d'avoir, constamment, autour de la capi-

(1) Victimes des événements de la rue Transnonain, et dont les parents avaient adressé une requête pour demander une information.

tale, cinquante mille soldats disposés de telle sorte qu'en quarante-huit heures ils puissent se trouver réunis en corps d'armée sous ses murs? Enfin, comment se fait-il qu'à chaque instant nous voyons dissoudre et désarmer, non-seulement les gardes nationales dans les plus grandes et les plus importantes villes du royaume, mais dans celles qui ont montré le plus de sympathie pour la révolution de juillet, et cela, Messieurs, presque toujours sans aucun motif avoué ou connu, par un acte de bon plaisir qu'on ne peut attribuer qu'à l'horreur que donnent à MM. les ministres des nominations d'officiers pris en dehors de leurs créatures.

« Je vous ai exposé, Messieurs, dans ses résultats ou, si vous le voulez, dans sa nudité, cette *politique de la Charte*, cette *politique libérale et modérée* (1) qui, suivant le ministère, a conquis l'assentiment de la nation. Il nous est permis de croire que, si la nation eût été vraiment consultée, le ministère serait désabusé d'une erreur aussi funeste; heureusement, le cri de la réforme a retenti et, je vous le prédis, Messieurs, ce cri passionnera dans peu toute la France.

« Examinons maintenant si, pour prix de ces sacrifices, nous occupons en Europe le rang qui nous appartient.

« MM. les ministres disent, dans le discours d'ouverture de la session, que le gouvernement *n'a qu'à*

(1) Expressions du discours d'ouverture.

se féliciter de ses relations avec les puissances étrangères; que l'état de l'Orient est rassurant; que les dissensions intestines du Portugal ont atteint leur terme; que nous sommes intimement unis avec l'Angleterre, et que la quadruple alliance donne une sérieuse attention aux complications nouvelles survenues en Espagne (1).

« Le gouvernement est satisfait de ses relations avec les puissances étrangères; — mais, alors, contre qui l'Europe est-elle armée? Ce n'est pas à cause de leurs populations, qui sont tranquilles, que les souverains de l'Europe tiennent leurs armées sur le pied de guerre. Ce n'est pas non plus à raison de la crainte qu'ils s'inspirent, mutuellement, puisqu'ils sont tous sans nous et, je crois, au fond contre nous, dans les rapports les plus intimes. Par conséquent, tranchons le mot, les souverains de l'Europe sont armés parce que nous le sommes; mais il y a cette différence que leur état d'armement leur coûtant, proportionnellement, à peu près la moitié de ce que le nôtre nous coûte, nous nous ruinons quand ils ne font que s'obérer.

« Ainsi, dans la réalité, c'est une guerre d'argent que l'on se fait; mais quand cessera cette guerre d'une nouvelle espèce, et comment finira-t-elle?

« Depuis trois ans, on nous berce de l'espérance d'un désarmement réciproque; on nous avait promis aussi la démolition des places fortes du nord, éle-

---

(1) Passages du discours d'ouverture.

vées contre nous et avec notre argent après l'époque désastreuse où les mêmes principes d'insurrection et presque les mêmes hommes qui, par les événements de 1830, ont déjà coûté un milliard à la France, lui en coûtèrent quatre et lui infligèrent la honte d'une seconde invasion. Cependant, malgré toutes ces promesses, on ne détruit pas les places fortes, on ne désarme pas. Quelle est donc la cause d'un tel état de choses? Il faut que la France la connaisse, et je vais essayer de la lui dire.

« L'Europe s'est armée parce qu'elle a craint que le principe d'insurrection de juillet n'amenât la république et la guerre. Aujourd'hui, elle voit la révolution de juillet neutralisée et la république comprimée ; mais elle voit le gouvernement qui maintient ses troupes sur le pied de guerre ; elle le voit qui emploie son influence pour faire éclore de toutes parts, autour de lui, des gouvernements basés sur le même principe ; c'est, par conséquent, contre nous, qui en sommes la source, que l'Europe reste armée ; et comme il serait imprudent de désarmer sans que l'Europe désarme, il en résulte que cet état de défiance réciproque, avec toutes ses conséquences, se maintiendra jusqu'au jour où quelque grande catastrophe y mettra forcément un terme.

« Et voilà ces relations avec les puissances étrangères dont le gouvernement se félicite !

« L'état de l'Orient, nous dit-on, est satisfaisant... Cela veut dire apparemment que la situation des affaires ne présente pas les probabilités d'une guerre prochaine ; mais, Messieurs, pour la France, ce qu'il y a de plus important c'est de savoir si elle joue, dans l'Orient, un rôle qui lui convienne. Or, nous étions, autrefois, les premiers alliés du sultan et notre influence était prépondérante à Constantinople. Aujourd'hui, que voyons-nous?

« La Russie, qui était l'ennemie naturelle de l'empire turc, est toute-puissante dans le divan ; elle a conquis à tel point sa confiance que c'est à elle qu'il s'adresse pour avoir des conseils et des secours contre un sujet trop puissant ; c'est par son intermédiaire, en nous excluant, ainsi que les Anglais, qu'il termine ses différends avec le pacha d'Égypte ; enfin, lorsque les Dardanelles sont ouvertes aux vaisseaux de Sébastopol, on répare et on arme les forteresses qui doivent nous rendre impossible le passage du détroit, si Pétersbourg s'y oppose.

« Et MM. les ministres se contentent de cette situation! et elle leur paraît rassurante! Pour moi, Messieurs, elle ne me semble pas assez honorable pour que la France en soit satisfaite.

« Les dissensions qui désolaient le Portugal ont « atteint leur terme, » dit-on dans le discours d'ouverture de la session; — mais comment l'ont-elles atteint? La part que nous y avons prise est-elle conforme à la loyauté et à la dignité qui, dans tous les temps, ont caractérisé la politique de la France? Le résultat, quelle que soit d'ailleurs sa durée, est-il dans son intérêt?

« Un prince régnait en Portugal ; il avait la nation

pour lui ; mais sa fierté s'indignait d'être le vassal de l'Angleterre ; son frère avait rompu tout pacte avec la commune patrie, en se faisant souverain d'un pays qui fut jadis la plus belle colonie du Portugal. Excité par l'Angleterre qui craint de voir contester la suzeraineté qu'elle exerce sur ce pays depuis un siècle, il veut, non-seulement imposer sa fille aux Portugais, mais il prétend changer la loi fondamentale du pays et la remplacer, violemment, par une constitution que l'Angleterre a dictée.

« Qu'arrive-t-il? Soutenu par les secours clandestins de la Grande-Bretagne et de la France, il parvient à s'emparer, avec des soldats étrangers, d'une ville tout anglaise. Son frère l'assiége avec des Portugais, et le siége dure près d'un an, et dans ce long intervalle, remarquez-le bien, Messieurs, pas une ville, une bourgade qui se soit déclarée en faveur de l'usurpation. Cependant, une trahison est obtenue à prix d'argent, car, dans ce temps de vénalité et de cupidité, les plus grandes questions sociales se résolvent avec de l'or ; cette trahison livre à D. Pédro la flotte de son frère et le rend maître de la capitale. Voilà comment les divisions intestines du Portugal ont atteint leur terme ; voilà comment ce pays se trouve replacé violemment sous le vasselage de l'Angleterre ; voilà comment l'honneur et la dignité de la France ont guidé, dans cette grande affaire, la politique du Gouvernement !

« Le ministère nous annonce que la situation de l'Espagne appelle une sérieuse attention de la part des souverains signataires du traité de la quadruple alliance ; il aurait pu ajouter, sans se tromper : et de la part de tous les souverains de l'Europe.

« Examinons, toutefois, la place que nous avons prise dans les circonstances qui ont amené les malheurs sous le poids desquels se trouve l'Espagne, et la position dans laquelle cette participation nous place.

« Un roi que la puissance de nos armes avait arraché à la fureur d'une révolution dont la fausseté de sa politique avait été la seule cause ; un roi qu'un fils de France avait replacé sur son trône et qui, sans doute, nous devait quelque reconnaissance, ce roi détruit l'œuvre de Louis XIV et foule aux pieds les traités qui sont le fondement de sa puissance. On ne niera pas, je pense, que la justice, le droit, l'honneur et la politique ne fissent au gouvernement français un devoir de s'opposer à un acte aussi contraire aux intérêts de notre pays.

« Que faisons-nous, cependant ? D'accord avec l'Angleterre, qui ne perd jamais le soin de ses bénéfices, nous nous unissons à un acte qui détruit dans l'avenir notre influence à Madrid, puisque l'abolition de la loi salique permet à un prince anglais ou à un prince de la maison d'Autriche de venir s'asseoir sur le trône des Bourbons d'Espagne. Est-ce là, je le demande, une politique fondée sur nos véritables intérêts ?

« Mais voyons *les résultats de la salutaire influence* que cette politique a exercée sur la Péninsule.

« Au lieu de réformer les institutions que la marche des siècles avait consolidées, on change violemment l'ordre de succession et, par ce changement du principe fondamental de la monarchie espagnole, on constitue, virtuellement, le pays en état de guerre civile.

« Un changement dans le principe du Gouvernement est une révolution, et une révolution, contre le droit établi, provoque toujours des mouvements d'opinions armées qui ont pour objet d'attaquer ou de maintenir le fait nouveau dont chaque révolution prétend consacrer le droit.

« Ainsi, déjà, voyons-nous, à Madrid, le peuple qui se soulève et donne à l'Europe effrayée le spectacle d'un 2 septembre. D'un autre côté, le fait qui s'établit contre le droit peut bien l'empêcher, par la force, de produire ses conséquences; mais il ne l'anéantit pas comme droit; et, quand ce droit se représente, si une force l'appuie, il reprend tous ses avantages. C'est ce qui arrive en Espagne, où la présence d'un prince qui sent bouillonner dans ses veines le sang d'Henri IV, dont il descend, suffit pour soulever, contre le fait révolutionnaire, les provinces du nord. Par conséquent, en ne considérant la question que relativement à l'Espagne, l'effet de la *salutaire influence*, dont MM. les ministres se félicitent, est d'avoir divisé la nation en trois parties ou trois camps; l'un qui soutient le droit de don Carlos; l'autre qui soutient le fait par lequel règne Isabelle;

le troisième qui prépare une nouvelle révolution, laquelle commence par des massacres.

« Que ferons-nous, cependant, nous qui, pour assurer ce résultat, avons immolé les grands intérêts qui se rattachaient, pour la France, à l'œuvre de Louis XIV et dont Napoléon avait si bien compris toute l'importance qu'il s'était efforcé de la renouveler au profit de sa famille.

« Je ne demande pas à M. le ministre des affaires étrangères le secret du Gouvernement; mais je veux présenter ici la situation difficile qui est résultée de la politique qu'on a suivie.

« Le Gouvernement français abandonnera-t-il l'Espagne aux convulsions et aux déchirements dont il a été la véritable cause en admettant le testament de Ferdinand ? Fera-t-il comme pour la Pologne qu'il a laissé écraser, après avoir proclamé devant les deux Chambres que la cause polonaise ne périrait pas ? Mais, alors, que dira la France, que dira le monde entier d'un aussi lâche abandon, et quel sera le jugement de l'inexorable histoire ?

« Interviendrons-nous, contre don Carlos, en faveur d'Isabelle et de la révolution ? Mais, dans ce cas, on se demande quel parti prendra l'Europe, l'Europe qui, en retirant ses ambassadeurs, a reconnu implicitement don Carlos et ne peut l'abandonner sans déshonneur ?

« Interviendrons-nous, à la fois, contre don Carlos et contre la révolution qui menace de bouleverser l'Espagne ? Ceci est encore plus difficile et, cependant, les moments pressent si on ne veut pas se trouver, plus tard, dans de plus grands embarras.

« Enfin, Messieurs, le Gouvernement se félicite, et c'est là le point fondamental de sa politique, d'être intimement uni avec l'Angleterre. Je ne rappellerai ni la foi punique, ni l'incendie, en pleine paix, des vaisseaux danois dans le port de Copenhague ; j'observerai, uniquement, que nous sommes la seule puissance maritime capable de disputer aux Anglais l'empire des mers, que notre industrie et notre commerce sont les seuls rivaux de l'industrie et du commerce anglais, et, qu'en principe, une alliance entre rivaux naturels est une alliance contre nature et, par conséquent, éphémère.

« Il ne serait pas sans intérêt, peut-être, de rechercher au prix de quels sacrifices nous obtenons, en ce moment, la périlleuse amitié des Anglais ; mais je me bornerai à demander à M. le ministre des affaires étrangères si c'est par suite d'une convention ou par l'effet du hasard que, dans les escadres combinées des deux nations, les forces anglaises sont toujours supérieures aux nôtres, et le commandement toujours dévolu à un chef anglais ? C'est un principe dont l'Angleterre, qui a sans cesse l'œil ouvert sur l'accroissement de toutes les marines, ne s'est jamais départie, je le sais ; mais cette intime amitié dont le Gouvernement se vante, méritait qu'elle renonçât aujourd'hui à un orgueilleux usage, et la dignité de la France lui faisait, ce me semble, un devoir de l'exiger.

« Je pourrais, Messieurs, pousser plus loin cet examen de notre situation; mais je crains déjà d'avoir abusé des moments que vous avez bien voulu m'accorder, et je m'arrête; seulement, avant de descendre de la tribune, j'adresserai encore une question à M. le ministre des affaires étrangères.

« Voilà trois années qu'une armée française a délivré la Belgique, envahie par les Hollandais; dix-huit mois se sont écoulés depuis qu'une autre armée française a assiégé et pris Anvers pour remettre cette importante place au roi des Belges. Les frais de ces deux expéditions ont été supportés, en entier, par nos finances et la Belgique nous les doit.

« Comment se fait-il que, dans un temps où nous sommes accablés d'impôts énormes qui ne suffisent pas même à couvrir nos dépenses, rien n'ait été stipulé pour faire rentrer une dette qui, après tout, est celle de la reconnaissance.

« Telle est, Messieurs, d'après les faits, au dedans comme au dehors, la politique du Gouvernement. Félicitez-vous, maintenant, si vous en avez le courage, des résultats qu'en recueille la France.

« Je vote contre l'adresse. »

Ce discours est suivi d'une grande agitation sur tous les bancs et de marques non équivoques d'approbation dans les tribunes publiques.

M. DE LASCOURS, qui a eu le commandement du quartier de la rue Transnonain, pendant les journées d'avril, demande à répondre à M. le marquis de Dreux-Brézé. Il explique qu'il n'était pas là au moment de l'événement, mais que les soldats n'ont eu à combattre que des brigands, des chouans, qui se défendaient avec un acharnement déplorable.

M. de Lascours repousse le mépris dont on veut couvrir le 35ᵉ régiment de ligne : il prétend que c'est à cause de son dévouement au roi de juillet, mais il espère que son exemple sera suivi par tous les régiments de Paris.

M. LE MARQUIS DE DREUX-BRÉZÉ. — « Je demanderai à M. le ministre de la guerre combien il y avait d'insurgés, le 14, et combien il y avait de troupes pour les réprimer ? Le nombre des révoltés était comparativement si minime, que c'était le cas d'employer la plus grande modération. On a déployé plus de quarante mille hommes de troupes ; avec des forces aussi imposantes, on n'avait pas besoin d'avoir recours à des violences. »

M. LE MARÉCHAL LOBAU, commandant de la garde nationale.— On a tiré des fenêtres, et j'ai fait enfoncer les portes. Il y avait beaucoup plus d'insurgés que ne le croit M. de Brézé ; et s'il pense qu'on a employé trop de troupes pour rétablir l'ordre, la première fois, j'en mettrai cent mille !

M. DE BRÉZÉ. — « Mettez-en deux cent mille et épargnez le sang français ! »

M. D'ARGOUT, ministre de l'intérieur, répète qu'en avril ce sont les troupes qui ont eu affaire à des assassins, à des brigands, et que le Gouvernement a tout fait pour éviter des événements déplorables, mais inévitables ; c'était une victoire nécessaire.

M. GUIZOT, ministre de l'instruction publique, déclare qu'il n'a pas voulu la révolution de juillet, mais qu'elle a été commencée par le parjure, et qu'il a bien fallu la subir. Elle nous coûte cher, dit-il. Toutes les révolutions sont déplorables ; mais il n'y en a pas qui n'ait coûté plus cher que la révolution de juillet. Et, d'ailleurs, elle a donné en dédommagement des *concessions* ou extensions qui étonnent tout le monde. J'en appelle aux étrangers; ils sont frappés du grand nombre de nos libertés. La révolution a donné beaucoup plus qu'elle n'avait promis.

Malgré des principes de liberté aussi étendus que possible, le Gouvernement n'a pas perdu de vue que l'ordre est le premier besoin d'un état, et il a travaillé de tout son pouvoir au rétablissement de l'ordre, car, c'est de l'ordre qu'il faut, avant tout, à la France, et le Gouvernement a réussi à le lui donner.

L'honorable orateur, qui descend de cette tribune, a parlé du désordre qui régnait dans nos finances; mais quoique la révolution ait coûté fort cher, elle coûte encore moins que la Restauration, avec l'argent donné aux étrangers et le milliard d'indemnité.

M. LE MARQUIS DE DREUX-BRÉZÉ. — « Je demande la parole. »

M. GUIZOT. — Je sais que l'honorable orateur va me dire que ces dépenses étaient nécessaires; mais il n'est pas moins vrai qu'elles ont été faites.

Quant à la révolution, elle a réduit les impôts sur les boissons de 40 millions, et je trouve qu'elle a eu tort; c'est une faute impardonnable.

On ne cesse de répéter aussi que nous avons une armée de quatre cent mille hommes pour ne rien faire, pour rester l'arme au bras devant les étrangers; le fait n'est pas exact; l'armée est réduite à deux cent quatre-vingt mille hommes de quatre cent douze mille, qu'elle avait il y a deux ans.

Il est évident que l'on attaque les actes du gouvernement dans le but de le détruire et non de l'éclairer. Par exemple, il existe en France une *coterie* qui demande la réforme parlementaire et le suffrage universel.

Croyez-vous, Messieurs, que ce soit dans l'intérêt du peuple qu'on réclame la réforme parlementaire? Non, ceux qui la demandent sont des hommes de désordre; ce sont des révolutionnaires qui font de la politique de démolition; ils savent que c'est avec le vote universel qu'on a démoli en 1789, et ils demandent le vote universel afin de démolir encore, et c'est pour cela aussi que nous n'en voulons pas, nous qu'on accuse, nous que l'on poursuit avec cette politique mensongère; la réforme parlementaire est absurde pour le philosophe et impraticable pour l'homme politique.

M. DE DREUX-BRÉZÉ, *de sa place*.— « Le vote universel produisit les cahiers de 89, qui sont un monument de sagesse, et c'est l'insurrection de la Bastille, que vous glorifiez, qui a produit la chûte du trône. »

M. GUIZOT. — Et le croira-t-on, Messieurs ! ceux qui ont adopté cette manœuvre de démolition sont les hommes de l'ancien régime qui ont toujours voulu le contraire.
Le parti de l'ancien régime a donc renié ses principes d'ordre pour demander la réforme parlementaire; nous sommes obligés de le dire : il y a honte de sa part à abjurer les principes qui faisaient sa force.

M. LE MARQUIS DE DREUX-BRÉZÉ. — « M. le ministre a dit que la réforme électorale était un mensonge politique. J'aurai occasion de revenir sur cette importante question. En attendant, je dois dire que le vote universel n'est que le grand mouvement de 1789. Nous ne demandons qu'une chose, c'est que la France soit sincèrement consultée. Et ici, Messieurs, il ne s'agit pas de l'ancien régime auquel je n'appartiens ni par mon âge ni par mes principes politiques.

« Mais, M. le le ministre a dit que la Restauration avait coûté plus cher que la révolution, et il a cité à ce propos ce qu'a coûté l'invasion et l'indemnité d'un milliard. D'abord, ce ne sont pas les Bourbons qui ont amené l'invasion ; nous la déplorons comme hommes, comme Français ; ce qui a amené l'invasion, c'est l'ambition d'un grand capitaine que, d'ailleurs, je m'honore d'avoir servi; mais on ne saurait trop le redire, parce que c'est la vérité et, sur ce point, je m'en rapporte à la conscience de tous les hommes de bonne foi. Qu'ils répondent! Croient-ils que, si le principe de la légitimité monarchique ne s'était pas, deux fois, interposé entre les étrangers et la France, lorsque l'épée de Napoléon s'est brisée dans sa main, la France n'eût pas eu de bien autres malheurs à subir? Messieurs, la France eût peut-être été partagée!

« Quant au milliard d'indemnité, on peut en croire, je pense, le rapport si éloquent de M. le comte Roy. Cet illustre financier a établi d'une manière bien remarquable le bilan de la Restauration. Vous n'avez pas oublié non plus, Messieurs, que l'initiative de cette mesure réparatrice est due à l'illustre maréchal (1) qui siége devant moi. Il ne la reniera pas, car c'est une de ses gloires. Mais je consens à entrer, un instant, dans la pensée de mes adversaires, et vous allez juger des conséquences.

« Si la Restauration fut coupable de donner l'indemnité, ceux qui l'ont reçue furent, sans doute, également coupables? Ainsi, le général Lafayette (je puis le nommer puisqu'il est mort) fut coupable de recevoir 1,500,000 fr. d'indemnité; un noble duc qui siége au milieu de cette Chambre (2), a été coupable de recevoir trois millions; le *vertueux Lian-*

(1) M. le duc de Tarente.
(2) M. le duc de Choiseul.

court fut coupable aussi, Messieurs, car il reçut trois millions ; et le plus coupable, assurément.......... je ne le nomme pas.......... (*Stupéfaction générale et profond silence.*) fut donc celui qui reçut le plus! vingt-huit millions d'indemnité (1)! —On m'a forcé, Messieurs, à m'expliquer nettement sur cette question ; j'espère qu'on ne la soulèvera plus. »

N. B. Après le vote de l'*Adresse*, les Chambres furent prorogées d'abord au 29, puis au 1er décembre. C'est dans cet entr'acte législatif que le M. maréchal Gérard, alors président du Conseil et ministre de la guerre, n'ayant pu obtenir du Gouvernement l'amnistie que l'opinion publique sollicitait vivement et qu'il avait demandée en faveur des condamnés politiques, se retira du cabinet, et que sa retraite ayant disloqué le ministère, dit *doctrinaire*, on forma, le 10 novembre 1834, un nouveau ministère qui ne dura que trois jours, et fut remplacé, le 18, par les précédents ministres, sous la présidence du maréchal Mortier, duc de Trévise; mais, au mois de février 1835, et le maréchal ayant donné sa démission, M. le duc de Broglie le remplaça avec le portefeuille des affaires étrangères, et constitua ainsi ce qu'on appela le *ministère du 11 mars*. Toute la session se traîna péniblement, sans autre intérêt politique que celui du procès des insurgés de Lyon, de Saint-Étienne, Grenoble, Arbois, Besançon, Marseille, Lunéville, Épinal, Paris, renvoyé, instruit et jugé devant la Cour des Pairs, avec de violents et nombreux incidents. Cette affaire, à laquelle M. le marquis de Dreux-Brézé ainsi que M. le comte Molé et trente-cinq autres membres de la Chambre des Pairs, ne voulurent point prendre part, prolongea la session que le Gouvernement laissait ouverte afin de recourir à l'appui des deux Chambres réunies, dans le cas où se manifesteraient quelques événements, imprévus, mais présumables, d'après l'agitation publique causée par une enquête sur la situation commerciale, par les fluctuations ministérielles antérieures et par les débats du procès d'avril. En effet, et pendant la célébration des fêtes du cinquième anniversaire de la révolution de 1830, le 28 juillet, à la revue qui avait lieu le long des boulevarts, une machine infernale éclata, en

(1) M. le duc d'Orléans.

face du jardin Turc, et dirigée sur le cortége royal, frappa mortellement un grand nombre de victimes, parmi lesquelles se trouva M. le maréchal Mortier, duc de Trévise. Revenu du premier moment de terreur qu'avait justement et généralement causé un si odieux forfait, le ministère s'empressa de présenter aux Chambres divers projets de loi d'exception sur la presse et le jury, dont on l'accusait, depuis longtemps, de vouloir, secrètement, restreindre la liberté.— Dans les séances des 1er et 5 septembre, M. de Dreux-Brézé fit entendre des observations préliminaires qui ne furent point accueillies (1), et enfin, les débats solennels s'étant ouverts le 8, et tous les ministres étant présents à la séance, le noble Pair prononça le discours suivant :

SÉANCE DU 8 SEPTEMBRE 1835.

« MESSIEURS,

« Ce n'est pas sans un sentiment profond de douleur et d'amertume que je viens aborder la discus-

---

(1) *Séance du 1er septembre.* — M. LE MARQUIS DE DREUX-BRÉZÉ : (*profond silence.*) « Messieurs, les précédents sont une grande autorité dans un gouvernement représentatif : or, j'espère que vous me saurez gré, peut-être, de venir vous rappeler ce qui se passa dans cette Chambre, en 1827, à l'occasion de la présentation d'un projet de loi sur la presse, lequel, depuis quelque temps, a souvent été comparé à celui qui vient de vous être présenté.

« Ce projet avait également obtenu l'assentiment de la Chambre des Députés lorsqu'il fut apporté à cette assemblée.

« Un noble duc, qui y exerçait une haute influence par l'ascendant de son talent, et qui, alors, était un des apôtres les plus zélés de la liberté de la presse, puisqu'il présidait l'association qui s'était établie pour la défendre, puisque, le premier, il introduisit en France l'usage des souscriptions pour payer les amendes *, demanda à votre commission, dont il faisait partie, de se constituer en comité d'enquête ; sa proposition fut agréée et, pour la première fois, votre commission appela dans son sein des écrivains, des journalistes, enfin toutes les corporations intéressées.

* M. le duc de Broglie.

sion de la loi *meurtrière* (ainsi que l'appelle très-justement M. le garde des sceaux), dont, il y a peu de jours, je vous demandais l'ajournement.

« Aucun de mes anciens collègues ne l'ignore : lorsque parurent les ordonnances de juillet 1830, en me maintenant dans la ligne de mes devoirs, je me prononçai hautement contre elles, parce que j'étais du nombre de ceux qui pensaient que, si les ordonnances étaient dans le principe de la Charte de 1814, elles n'en étaient pas moins contraires à la liberté et aux lois. Il y avait, peut-être, quelque courage politique à exprimer mes convictions à cet égard ; car, tandis que les hommes qui sont aujourd'hui sur le banc ministériel conquéraient, ainsi que leurs amis, la popularité qui devait leur frayer le chemin des honneurs, j'éprouvais le cruel chagrin de déplaire à

« La demande de notre collègue avait aussi évidemment pour but de laisser à l'opinion publique le temps de se faire jour, de se produire, de se manifester.

« Eh bien ! Messieurs, quel fut le résultat de cette mesure de prudence ? Le retrait de la loi par ordonnance royale.

« Dans une circonstance plus récente, en 1832, après le mémorable arrêt de la Cour de cassation, le ministère vous présenta un projet de loi sur l'état de siége ; les instances de MM. les ministres étaient pressantes, car M. le garde des sceaux nous disait, en propres termes, dans son exposé des motifs : « Le vœu des populations s'élève pour demander au gouvernement une pro-« tection plus sûre et plus efficace. »

« Que fit la Chambre des Pairs ? Elle ajourna la discussion. Deux mois s'écoulèrent, et le ministère lui-même abandonna son projet.

Ainsi, Messieurs, vous le voyez, avant la révolution de juillet, comme depuis 1830, la sagesse de cette assemblée, le calme et la modération inhérents à notre institution ont fait échouer, à toutes les époques, les projets de loi conçus au milieu des agitations.

« Conformément à ces deux précédents et à l'exemple donné par M. le

un prince auquel j'avais voué autant d'amour que de respect. Toutefois, rien ne put me faire hésiter ; je n'hésiterai pas plus, aujourd'hui, à m'opposer aux mesures réclamées par le pouvoir, lorsqu'il s'engage dans des voies qui n'ont pour issue que l'arbitraire ou l'anarchie.

« Je laisserai, volontiers, aux membres de cette Chambre qui en auront le courage, le soin d'examiner dans ses détails le projet qui vous est présenté. Quant à moi, je ne me le sens pas, lorsque l'absence de MM. les Députés nous rend tout amendement impossible; mais je m'efforcerai de le considérer sous un point de vue général.

duc de Broglie, je demanderai donc que la discussion de celui-ci soit ajournée après le procès dont vous êtes saisis, et que, d'ici à cette époque, les intéressés au projet de loi soient admis, comme en 1827, dans le sein de votre commission.

« Je connais trop bien et mes devoirs et les usages de la Chambre pour vouloir entrer prématurément dans la discussion du projet de loi; mais je ne saurais m'empêcher de vous faire remarquer qu'il est motivé sur l'exécrable attentat du 28 juillet.

« Or, avant de frapper l'une des plus précieuses de nos libertés, n'est-il pas juste et convenable d'attendre que nous sachions si la presse est véritablement la coupable? — Comment pourrions-nous être éclairés, à cet égard, avant les débats du procès?

« J'entends dire tous les jours aux amis de MM. les ministres que ceux-ci doivent se hâter d'obtenir les lois politiques qu'ils réclament de nous, parce que, dans deux mois, on ne les accorderait plus. (*Murmures.*)

« J'ai à cœur de ne pas mériter ces murmures, et ils me prouveraient, Messieurs, que nous vivons sous l'empire de passions qu'il importe de réprimer. Vous l'avouerai-je? De semblables manifestations m'étonnent; car je ne puis supposer que si les lois sont bonnes, elles ne soient pas adoptées aussi bien dans deux mois qu'elles le seraient aujourd'hui ; mais s'il était vrai que, plus tard, il devrait être reconnu qu'elles sont inopportunes ou inutiles, n'est-il pas infiniment préférable d'en différer la discussion plutôt que d'éprouver, à cette époque, les regrets d'avoir chargé la législation d'une loi qu'on

« M. le président du Conseil s'étant appliqué à rechercher les causes du malaise profond qui tourmente la société, c'est de même à l'examen de ces causes que je m'attacherai loyalement. Il importe, en effet, pour être sûr de l'efficacité du remède, de ne pas se tromper sur la nature du mal ; mais qu'on ne croie pas qu'en signalant le désordre moral qui nous afflige, il puisse entrer dans ma pensée de sacrifier les intérêts de l'ordre ; je ne les séparerai jamais de ceux de la liberté.

« Je ne nierai donc point le désordre moral. Oui, je le reconnais : la France, sous le rapport de l'esprit

ne vous demande pas (remarquez-le bien) d'une manière temporaire, mais qui est destinée à rester à jamais dans nos codes ?

« Ne nous le dissimulons pas, Messieurs ; en ce moment, il y a dans les esprits un entraînement qu'il eût été de la sagesse du Gouvernement de modérer ; s'il ne l'a pas compris, notre devoir, à nous, est de ne pas nous laisser dominer par des périls dont il est impossible de nier la gravité, mais que des lois imprudentes ne peuvent qu'accroître.

« J'oubliais, Messieurs, une observation importante qui doit avoir de l'empire sur vos esprits, car elle est puisée dans la dignité de la Chambre : c'est l'impossibilité où vous allez vous trouver de discuter ce projet en pleine liberté ; au moment où je parle, MM. les députés des départements ont tous regagné leurs foyers : il vous sera donc impossible de proposer aucun amendement à la loi, alors même que vous le jugeriez le plus indispensable.

« Je vous le demande, est-il possible de délibérer dans une telle situation ?

« La Chambre des Pairs, quoi qu'on en ait pu dire, a été, à toutes les époques, la plus sûre gardienne des libertés publiques. »

M. LE PRÉSIDENT. — « La proposition est-elle appuyée ? »

(Oui! oui!)

M. LE PRÉSIDENT. — « L'*ordre du jour* a la priorité. Je vais le mettre aux voix. »

La Chambre passe à l'*ordre du jour*.

Séance du 5 septembre. — M. LE PRÉSIDENT. « La parole est à M. le

public et de la morale, est dans l'état le plus déplorable : la religion n'y est pas respectée ; le pouvoir y est livré au mépris et à la dérision ; la révolte est partout ; le crime et le suicide se multiplient chaque jour sous nos yeux ; de funestes pensées, des théories désorganisatrices, des projets de haine et de vengeance couvent dans les cœurs. J'en conviens hautement ; mais quelle est la cause de ces maux ? C'est ce qu'il est nécessaire de rechercher pour porter un jugement éclairé sur les lois qui nous sont demandées.

rapporteur de la commission chargée de l'examen du projet de loi sur la presse. »

M. LE MARQUIS DE DREUX-BRÉZÉ. — « Je demande à faire une observation avant le rapport. »

M. LE PRÉSIDENT. — « Est-ce contre l'ordre du jour ? »

M. LE MARQUIS DE BRÉZÉ. — « C'est relatif à l'ordre du jour. Le rapport qui va être lu a été fait par une commission qui, je crois le savoir, n'était pas complète. M. Villemain, qui avait été mis au nombre des membres de cette commission, n'a pas assisté à ses délibérations. M. Villemain est un des hommes les plus éclairés de cette assemblée ; il eût le mieux exposé son opinion ; il est notoire aussi qu'il est engagé, en ce moment, dans une opposition sans doute convenable, ou enfin, si on l'aime mieux, qu'il n'est pas dans les voies ministérielles. Par conséquent, je m'étonne, je l'avoue, que M. Villemain n'ait pas été remplacé par un de nos collègues de la même nuance (*mouvement*), ou au moins qui eût pu discuter les intérêts de la presse avec avantage.

« Plusieurs pétitions ont été adressées à la Chambre contre la loi dont on va vous faire le rapport. J'ai reçu, moi-même, ce matin, une lettre de Lille, dans laquelle on me parle de pétitions adressées au président de la Chambre. La personne qui m'écrit est excessivement mesurée dans sa conduite, dans sa manière d'être ; elle me dit que la pétition est conçue dans les termes les plus convenables. Je crois, par conséquent, qu'on aurait bien fait, si la Chambre ne croit pas devoir en entendre le rapport avant la discussion de la

« Le désordre moral consiste dans le désaccord des faits et des idées : il y a désordre quand, pendant quinze ans, on a entraîné les idées dans le sens de la liberté absolue et quand, aujourd'hui, on entraîne la législation dans l'exagération du pouvoir.

« Il y a désordre, quand on proclame en théories tous les principes d'une liberté républicaine et quand le pouvoir gravite, en maintenant ces théories, vers la monarchie absolue.

« Il y a désordre, quand, voulant relever la mo-

loi, de renvoyer ces diverses pétitions à la commission, pour qu'elle les examinât. »

M. LE MARQUIS DE LAPLACE. — « Comme membre du comité des pétitions, je dois dire que les pétitions sur la presse ont été renvoyées à la commission nommée pour examiner le projet de loi. »

M. LE PRÉSIDENT. — « Le président n'a besoin, pour se disculper, que de rappeler les faits. Le président proposa de nommer une commission de neuf membres, à cause de la gravité de la matière et, aussi, pour pourvoir à ce que, si un membre désigné venait à manquer, la commission fût dans un nombre assez considérable, et je dirai, assez respectable pour donner toute créance à ses travaux. Ce que l'on signale en ce moment est arrivé à presque toutes, je dirai à toutes les commissions. Quand un membre a manqué à une commission, et que ce membre en a averti le président, ce dernier lui a donné un remplaçant. Or, M. Villemain ne m'a rien fait savoir, je n'ai donc pas été à même de le remplacer. »

M. LE MARQUIS DE DREUX-BRÉZÉ. — « Je serais fâché que M. le président eût rien vu dans mes paroles qui lui fût personnel ; s'il en était ainsi, je m'empresserais de les rétracter. Je n'en dirai pas moins que quand une commission est composée de huit membres, il peut se trouver quatre voix pour l'adoption, quatre voix pour le rejet. Il faut, pour amener nécessairement une solution, qu'une commission soit en nombre impair.

PLUSIEURS VOIX. — « L'ordre du jour ! l'ordre du jour ! »

On passe à *l'ordre du jour.*

narchie, on condamne et on flétrit les principes qui la constituent.

« Il y a désordre, quand les faits du Gouvernement sont en contradiction avec les idées qu'on a évoquées, avec les maximes qu'on a proclamées; quand la législature, s'animant à la fois de deux esprits contraires, récompense l'insurrection dans le passé et la condamne dans le présent, sans cesser de la glorifier en théorie.

« Il y a désordre, enfin, quand on a placé dans la même constitution des principes ennemis les uns des autres et qui, selon la belle image de Burke, *ressemblent, alors, à des animaux féroces d'espèces différentes qui, enfermés dans la même cage, se détruisent et se dévorent.*

« Qui ne conçoit que, si un pays avait été mis dans une telle situation, la division serait inévitable; que des partis, également autorisés par les préceptes et les exemples des hommes du pouvoir, chercheraient à faire prévaloir ceux de ces principes qu'ils auraient adoptés? car l'esprit humain tend à l'unité; le despotisme, seul, peut vouloir l'arrêter entre les principes et leurs conséquences, et il ne peut le tenter sans exciter la révolte de la raison, si voisine de la révolte des cœurs.

« Qui ne sait que, dans les régions de la politique, la force de la logique devient la force de la conscience et produit, selon qu'elle part d'un principe vrai ou faux, ces dévouements éclatants qui sont l'admiration ou l'effroi du monde?

« L'unité de principes fait l'unité nationale; la pluralité des principes fait la division et tend à l'anarchie.

« C'est l'unité de principes que veulent également les différents partis qui divisent notre malheureuse patrie. Les uns veulent réaliser les conséquences du droit d'insurrection et de la souveraineté du peuple, dont les théories ont été admises en 1830; les autres veulent réaliser les conséquences du droit héréditaire, dont le principe a été rétabli par ceux mêmes qui, après avoir détruit l'hérédité, sont venus proclamer le principe contraire.

« Que la presse manifeste et développe ces tendances opposées des opinions à faire prévaloir un principe unique, c'est ce que je n'ai nulle envie de contester; car la liberté consiste, précisément, dans l'exercice extérieur et public de cette faculté de l'esprit humain qui déduit les conséquences des faits et des théories; mais c'est en cela, surtout, que cette liberté est utile; car elle met à jour le fond même de la situation sociale et soumet au contrôle du raisonnement les systèmes et les voies du Gouvernement.

« La presse est un flambeau qui éclaire le mal comme le bien; mais éclairer le mal, est-ce le produire; manifester le désordre, est-ce le causer?

« Si j'ai réussi à préciser la source véritable de ce désordre moral signalé par MM. les ministres, il me restera à expliquer, d'après les invariables lois de la nature des choses, cette irritation passionnée qui est venue envenimer les discussions politiques et donner à nos divisions ce caractère de violence dont tous les bons citoyens sont si justement alarmés.

« Cette violence est inévitable quand les opinions sont contrariées dans leur logique par les mêmes hommes qui les ont évoquées ; quand ces hommes, après avoir établi les maximes, après les avoir autorisées, justifiées, développées par leurs discours et leurs exemples, entreprennent d'en condamner et d'en flétrir les conséquences et s'engagent dans une lutte à mort contre ceux qui continuent à les défendre.

« Dès lors, Messieurs, les dissidences politiques se compliquent d'un grief personnel, et ce grief s'agrandit et s'envenime par les rigueurs de la résistance.

« Les partis se croient en droit d'accuser ceux qui les poursuivent ; et chaque coup, frappé par ces derniers, soulève une récrimination amère qui finit par engendrer dans les cœurs des ressentiments profonds et des résolutions de vengeance.

« Le débat politique devient une guerre de l'homme à l'homme ; et le pouvoir déconsidéré, affaibli par les variations de ceux qui l'exercent, voit se tourner contre lui toute l'animosité qu'ils ont excitée.

« Sans doute, Messieurs, la presse vient encore ici manifester cet état violent ; elle sert même, quelquefois, d'instrument aux passions que cette guerre allume ; mais ici, encore, elle éclaire la situation et ne la produit pas ; elle sert à épancher les colères et n'en est pas la cause. Malheur aux imprudents qui voudraient créer des ténèbres autour des ressentiments qu'ils ont fait naître !

« Il ne me reste donc plus, pour apprécier les mesures qui vous sont demandées, qu'à rechercher si la France est bien réellement dans cette situation que j'ai essayé d'esquisser sous une forme générale et hypothétique; et ici, Messieurs, je suis forcé d'arrêter un moment vos regards sur les actes publics des hommes qui ont exercé, depuis vingt ans, la plus grande influence sur les destinées de la France.

« C'est à mon grand regret, sans doute, que je vois se personnifier, en quelque sorte, les causes de ce désordre moral auquel il serait si urgent de remédier; mais, quand il s'agit de porter atteinte aux libertés générales, c'est bien le moins qu'il nous soit permis d'examiner à quels intérêts ces libertés seraient, en effet, sacrifiées.

« Où en sommes-nous, Messieurs ? Si je cherche à déterminer le point où nous nous trouvons après tant d'orages et de tempêtes politiques, ce n'est pas sans étonnement que je vois la France revenue de quinze ans en arrière à ces jours de douloureuse mémoire où, après un affreux attentat, on vint vous demander, comme aujourd'hui, des mesures également violentes contre nos libertés. Alors, comme aujourd'hui, la presse était le coupable qu'il fallait enchaîner, et les hommes indépendants, des suspects pour lesquels les prisons et les lieux de déportation devaient s'ouvrir.

« Les hommes qui, en 1820, étaient venus vous faire cette demande, disparurent du pouvoir ; les lois d'exception furent abolies et la France respira. En peu d'années, la France parvint au plus haut degré de gloire et de bien-être. Oui, pendant neuf années, nous avons eu tranquillité intérieure, considération au dehors, progrès de civilisation et de commerce, diminution des charges publiques ; enfin, notre crédit et notre prospérité ont fait envie au monde entier.

« Les hommes qui, après le crime de Louvel, avaient attaqué si violemment la liberté individuelle et la liberté de la presse, renonçant temporairement à leurs doctrines, n'ont pas tardé à embrasser les théories révolutionnaires. Après avoir attaqué les garanties constitutionnelles, ils se sont jetés dans la licence ; corrompant l'esprit public, semant partout des germes de division, faisant un appel aux plus mauvaises passions, ils ont embrassé le principe d'insurrection et préparé les fatales journées qui ont précipité du trône trois générations de rois et mis la France sur le bord de l'abîme.

« Je le demande, Messieurs, qui est entré dans les associations secrètes ? Qui a donné la main dans les colléges électoraux aux partisans du principe de la souveraineté du peuple ? Qui a fait des serments dont le but était de renverser le royauté ? Qui a publié des livres et des brochures où le droit de tout discuter est établi en principe ? Qui a fondé un journal pour exalter la révolution de 1688 et la Constitution de 91 ? Qui a porté dans les écoles et dans les cours publics le dogme de la souveraineté de la raison individuelle ? Qui a précipité la jeunesse dans tous les égarements, lui a montré la religion comme un préjugé, l'autorité comme un abus, l'insubordination comme un droit ? Précisément ceux-là même, ou leurs amis, qui, en 1820, voulaient agir contre ces désordres en retirant, par des lois d'exception, les libertés promises par la Charte ; les mêmes hommes, ou leurs amis, qui viennent, aujourd'hui, au nom de l'ordre public, vous demander de leur livrer les libertés et les droits promis à tous.

« Et lorsque l'émeute, triomphante sur la place publique, vint traduire en un fait cette conjuration intellectuelle contre la royauté et l'ordre général, ces mêmes hommes sont venus, hypocritement, entonner le chant de la victoire ; ils se sont inclinés devant le principe de la souveraineté du peuple ; leurs mains ont distribué des récompenses et des honneurs à toutes les insurrections ; la prise de la Bastille et la prise du Louvre ont eu leur livre de pensions ; la *Marseillaise* a été rémunérée et un de nos temples chrétiens, profané par une fête impie, les a entendus chanter des hymnes à l'anarchie !

« Tous les pouvoirs publics portent encore les traces de la souveraineté du peuple. Ce n'est pas, seulement, la royauté qui a été changée : la Chambre des Députés, devenue constituante, n'a-t-elle pas arraché de leurs siéges quatre-vingt-trois de nos collègues et détruit cette hérédité proclamée, jusque alors, la plus sûre garantie de notre indépendance?

« Cinq ans se sont à peine écoulés, et les mêmes hommes, ou leurs amis, réagissent de nouveau contre les excès qu'ils ont enfantés! Après avoir dépassé, en dix ans, tout ce que le philosophisme et le libéralisme avaient produit de licence et d'excès, ils dépassent maintenant tout ce que le despotisme impérial, tout ce que l'arbitraire de tous les temps, tout ce que la situation critique de la royauté, en 1830, nous ont offert de mesures extrêmes, et nous rappellent de déplorables souvenirs.

« Je le demanderai, maintenant, à tout homme d'intelligence et de bonne foi : à qui faut-il attribuer cette triste situation, situation sur laquelle on s'appuie aujourd'hui pour obtenir de nous des lois inhumaines et révoltantes par leur exagération? Qui a évoqué toutes ces idées auxquelles il a fallu répondre par des emprisonnements et des rigueurs de tous genres, par des procès et des coups de canon? La France répond : Hommes du principe de nécessité, qui avez glorifié l'insurrection et la souveraineté du peuple, c'est vous seuls qui nous avez mis dans cette déplorable situation!

« Vous avez, tour à tour, au gré de vos intérêts et de vos vues personnelles, embrassé le bien et le mal, cherché l'ordre ou fêté les complices du désordre; vous avez tendu la main à l'anarchie; vous avez abusé de la presse, et vous ne voulez plus même, aujourd'hui, qu'on en use! Vous avez confondu, dénaturé, violé tous les principes, et vous traitez comme criminelle la discussion des principes! Oui, l'ordre moral est détruit; mais quels sont les auteurs du chaos intellectuel et politique qui nous environne?

« Je le répète, Messieurs; c'est à regret que je trouve des hommes, dans cette recherche des causes du désordre qu'on voudrait attribuer à l'insuffisance de la législation; mais tout se tient et s'enchaîne dans le monde; les faits ont un rapport nécessaire avec les passions ou les vertus, les erreurs ou les lumières des directeurs de l'opinion; et à quelque hauteur que l'on se place pour observer les événements, on voit toujours des volontés individuelles et collectives servir de lien entre le passé et le présent.

« A Dieu ne plaise cependant que, professant un rigorisme outré, je vienne soutenir que tout homme qui s'est trompé est déchu pour jamais de la confiance publique et ne peut plus servir à la cause du bien dont une erreur ou une faiblesse l'a séparé! Ce serait nier la plus belle faculté de la conscience humaine, celle de s'éclairer par l'expérience et de s'élever à la perfection par tous les degrés.

« Mais les hommes sont unis à leurs actes tant qu'ils n'ont pas condamné les doctrines dont ces actes sont les conséquences, tant qu'ils n'ont pas brisé, en quelque sorte, avec leur passé, tant qu'ils n'ont pas réparé le dommage qu'ils ont causé à la morale publique.

« Je n'ignore pas tous les arguments que l'égoïsme

ministériel peut puiser dans la nécessité de sa conservation ; mais prenez-y garde : dans la situation où vous vous êtes mis, il y a guerre et combat à mort entre vous et les partis, vos anciens alliés ; entre eux et vous le pacte est rompu ; de part et d'autre, les actes n'apparaissent plus que comme des représailles et des réactions ; aussi, chaque jour ajoute une violence à la violence, un acte arbitraire à l'arbitraire.

« Quand cette lutte à mort finira-t-elle ? Et tandis que vous livrez ces combats, la patrie reçoit les coups que vous vous portez, la liberté expire sous les atteintes de deux implacables ennemis : *l'anarchie* et le *despotisme*.

« Voyons maintenant, Messieurs, si les mesures qu'on nous propose peuvent remédier au désordre que nous reconnaissons tous et dont nous voulons tous sortir.

« Jusqu'ici, toutes les fois que des désordres nous ont affligés, MM. les ministres sont venus nous demander des mesures de rigueur, et ces mesures de rigueur n'ont fait qu'aggraver le mal. La marche du Gouvernement s'est accomplie au milieu des procès, des emprisonnements, et chaque pas a été la confiscation de nos libertés. Sommes-nous sortis du désordre par ces voies ? Que l'on suive la progression. Aux premiers pas du ministère, l'émeute se montra ; on demanda l'état de siége ; vous n'avez pas cru devoir l'accorder, et les lois existantes ont suffi pour réprimer les désordres. Le projet de construire des forteresses dans Paris a été abandonné par suite de l'opposition qu'il a rencontrée dans les Chambres. Dans ces tentatives multipliées se retrouve toujours la pensée qui poursuit le ministère. Ainsi, c'est toujours par des actes de rigueur que voulait procéder le pouvoir ; et qui peut savoir où nous serions arrivés si vous l'aviez suivi dans cette voie?

« Une grande mesure de sagesse et de modération fut proposée dans la session dernière. Que n'a-t-elle été adoptée, Messieurs! vous n'auriez pas été témoins des scènes de violence qui ont affligé cette enceinte! Maintenant, voici encore d'autres rigueurs : des déportements, des confiscations, des emprisonnements sans fin et sans nombre! Quelle sera la réponse de l'anarchie à ces nouvelles mesures? après ce que nous avons vu, on frémit d'y songer.

« Ainsi, Messieurs, ne cherchons point, dans l'insuffisance des lois, les causes de la division des opinions et l'irritation déplorable qui est venue envenimer la position des dépositaires du pouvoir et de leurs adversaires ; cette cause est dans le passé autant que dans le présent.

« Des tentatives suivies, jusqu'ici repoussées par vous, ont attesté, dans les hommes qui gouvernent, l'intention déterminée de s'armer d'une puissance exorbitante dont le secret se trouve plutôt dans les nécessités de leur situation particulière que dans celles de la société.

« La cause du désordre n'est pas dans la législation de la presse et c'est là, sans doute, ce qui, dans une autre enceinte que celle-ci, a autorisé un orateur (1) à chercher le motif réel des lois proposées dans quelques influences ténébreuses, étrangères à la France, dans l'exécution de promesses faites, depuis longtemps, à certaines puissances qui auraient mis à ce prix leur inaction et leur tolérance.

« Messieurs, vous savez que, plus que personne, j'ai déploré la révolution de juillet; eh bien! cependant, une semblable pensée m'irrite et me révolte ; car je ne voudrais voir les intérêts de mon pays confiés qu'à lui-même et non pas soumis à des volontés étrangères dans lesquelles je ne saurais avoir aucune confiance.

« Quoi qu'il en soit de cette supposition à laquelle ces lois ont donné lieu, je crois ne pouvoir être démenti par aucun homme de bonne foi en déclarant que le ministère méditait, depuis longtemps, ce véritable coup d'état.

« J'ose affirmer que l'exécrable attentat qui est venu priver la France de tant d'honorables citoyens n'a été qu'une occasion pour la réalisation de ses projets.

« Aussi, je le dis avec douleur, dans cette circonstance, les paroles de MM. les ministres ne sont point empreintes de ce caractère de sincérité, de bonne foi qui devrait être la base de leurs rapports avec les deux Chambres. Du reste, les mots de *ruse*

---

(1) M. Bignon.

et de *subterfuges*, prononcés par une voix bien autrement puissante que la mienne (1), ont flétri, sous ce rapport, le projet de loi de stygmates ineffaçables.

« Le ministère, a dit ailleurs M. le président du « Conseil, a dû prévoir, depuis longtemps, que ces « mesures deviendraient nécessaires. »

« Quel malheur que cette prévoyance ne se soit pas appliquée à la situation sociale que j'ai dépeinte et qu'elle n'ait pas devancé, surtout, le tragique événement dont on s'autorise pour détruire nos libertés!

« Ainsi, Messieurs, si c'est en effet l'ordre moral que les dépositaires du pouvoir veulent rétablir, qu'ils ne viennent pas ajouter aux causes de désordre en augmentant le désordre des idées et des faits; qu'ils rétablissent, au contraire, l'unité de principe dans la législation. Nous leur dirons :

« Puisque vous voulez l'ordre moral, rapportez donc la loi qui a pensionné l'insurrection de la Bastille ; rétablissez le deuil du 21 janvier, afin qu'il soit reconnu que le meurtre d'un Roi (car j'éviterai de me servir du mot de régicide, employé par M. le rapporteur) est le plus grand attentat contre l'ordre social; ne venez plus demander à la France des tributs pour célébrer l'anniversaire des jours qui virent les citoyens armés les uns contre les autres ; qu'ils soient des jours néfastes et non des jours de fêtes ; rendez-nous nos collègues, violemment arrachés de leurs

---

(1) M. Royer-Collard.

siéges ; au lieu de vendre à l'encan les ruines de la Chapelle de la rue de Richelieu dont chaque pierre, épandue aujourd'hui dans la fange, est un digne monument de l'immoralité de votre administration, offrez aux regards ce souvenir de la douleur de la France! Qui vous dit que le jour même où le nouveau Louvel a conçu la pensée de son crime, il n'a pas passé devant ces ruines éloquentes? Ouvrez les portes de Ham ; ne retenez pas plus longtemps, dans les fers, quatre ministres dont la captivité révolte, aujourd'hui, la conscience publique !

« Vous voulez rétablir l'ordre moral et vous sentez que la religion, seule, peut le fonder dans les esprits! vous avez raison ; mais, alors, ne vous contentez pas d'avoir paru, pour la première fois, depuis cinq ans, au pied des autels, car le peuple dirait que vous n'invoquez le secours du Très-Haut que lorsque vos intérêts vous le commandent : croyez qu'il n'a pas oublié que vous n'aviez point de prières pour lui, il y a trois ans, alors que le plus affreux des fléaux le décimait ; ne laissez pas errant dans la capitale le premier pasteur de l'église de France ; que le palais des archevêques de Paris se relève sur cette place aujourd'hui couverte de haillons ; rétablissez l'image du Christ dans le sanctuaire de la justice ; relevez la croix de Saint-Germain-l'Auxerrois ; rendez au culte cette basilique de Sainte-Geneviève qui s'est étonnée des chants profanes dont vous avez fait retentir ses voûtes, et où vous avez célébré le premier anniversaire de l'*anarchie!* » (*Sensation.*)

M. LE PRÉSIDENT interrompt M. le marquis de Brézé, et lui demande d'expliquer sa dernière phrase.

M. DE DREUX-BRÉZÉ : « J'expliquerai ma pensée en toute franchise et loyauté, car si j'ai pour habitude de ne pas me mentir à moi-même, consentirais-je à mentir à une assemblée ? Je ne prétends pas que nous soyons dans un état d'anarchie ; je reconnais même que nous avons fait des progrès dans le bien et que nous en faisons tous les jours ; mais, en parlant de l'anniversaire de l'anarchie, j'ai voulu dire, en effet, l'anniversaire de la révolution de juillet. »

M. le marquis de Brézé est rappelé à l'ordre par M. le président de la Chambre et, après cet incident, il continue :

« C'est ainsi, Messieurs les ministres, mais seulement ainsi, que vous rétablirez l'ordre moral. Jusque-là, vous ne ferez qu'augmenter le désordre des idées et l'irritation des partis ; car, selon la pensée d'un célèbre publiciste : « Les États périssent quand on veut
« combiner la pratique du despotisme avec les théo-
« ries de la liberté (1). »

« Il m'est donc impossible de voir une amélioration dans une provocation nouvelle, dans des rigueurs qui dépassent tout ce qu'on avait vu jusqu'ici.

« C'est la première fois, en effet, que la loi permet de quadrupler le *maximum* de la peine ;

---

(1) M. Benjamin-Constant.

« C'est la première fois que la loi décide formellement que les condamnations afflictives et autres seront cumulées ;

« C'est la première fois que la loi défend et punit des souscriptions ou, plutôt, leur simple annonce en faveur des malheureux qu'elle a frappés ;

« C'est la première fois qu'elle punit la publication d'un fait inoffensif, d'une chose connue et publique, d'une liste, en un mot, d'hommes honorables, de la liste des jurés ;

« C'est la première fois qu'on imagine de punir un homme qui donne son blanc-seing pour des choses dont il demeure responsable devant la loi.

« Et les peines pour ces délits de nouvelle invention ne sont pas des peines légères ; car elles se formulent par années de prison et par milliers de francs d'amende : triste honneur pour le ministère que celui de toutes ces inventions nouvelles !

« La Convention avait infligé la mort pour tous les délits de la presse ; il y avait atrocité, sans doute ; mais, du moins, elle restait dans la vérité en conservant la qualification réelle des actes qu'elle punissait. Aujourd'hui, on change la qualification des actes pour que la peine la plus voisine de la mort en paraisse la conséquence naturelle. C'est l'hypocrisie dans la cruauté.

« Et, cependant, votre noble et savant rapporteur (1) n'a pas craint de justifier cette disposition,

---

(1) M. de Barante.

en disant (p. 18 du rapport) : « L'infraction que la
« loi punit d'une peine correctionnelle est un délit;
« l'infraction que la loi punit d'une peine afflictive
« et infamante est un crime. »

« Messieurs, cette définition m'a rappelé un mot d'une mâle énergie, prononcé par un homme d'un courage inébranlable, père d'un de nos collègues, par Lanjuinais, lorsqu'au milieu de la Convention, et menacé par le boucher Legendre, il s'écria : *Eh bien ! décrète donc que je suis un bœuf afin de me faire assommer !* Le monstre recula.

« Les Gouvernements ne peuvent pas déclarer qu'ils ne sont que des faits ; tous ont besoin de s'appuyer sur une loi morale, sur un principe de raison et de justice. Vous avez détruit le principe de la légitimité pour le remplacer par celui de la souveraineté du peuple qui implique le droit d'examen et de discussion. Aujourd'hui, vous venez supprimer ce droit auquel, récemment encore, vous juriez qu'il ne serait porté aucune atteinte ; car vous ne pouvez avoir oublié les paroles prononcées par M. le garde des sceaux pendant les débats de la loi sur les associations : — « En détruisant, disait-il, un droit
« respecté sous la Restauration, nous conservons,
« nous respectons le grand droit de discussion qu'elle
« a méconnu. » — Ainsi donc, de votre propre aveu, vous détruisez, aujourd'hui, le seul principe que vous eussiez respecté.

« Un volcan existe, il est vrai, sous vos pieds ; eh bien ! il faut travailler à l'éteindre ; mais le murer, c'est vouloir en rendre l'explosion plus terrible ; c'est appeler de nouvelles révolutions au lieu de les prévenir.

« Détruire le droit de discussion, c'est anéantir le principe de 1830 sans en établir un autre. Et qu'on ne dise pas qu'en Angleterre et en Amérique on ne permet point de discuter le principe du Gouvernement. Les Anglais et les Américains définissent le droit de discussion : « le droit qu'a tout
« citoyen d'attaquer, par la controverse, toutes les
« institutions et d'en démontrer les inconvénients ;
« de proposer les améliorations et les changements
« que sa conscience lui indique comme devant
« tourner au bien du plus grand nombre de ses
« concitoyens. »

« Ces principes sont ceux des pays où l'on nous disait, en 1829, qu'on voulait aller chercher des exemples de liberté. Telles sont les maximes qui ont été établies, en 1830, quand on a renversé le Gouvernement de la Restauration.

« C'est ainsi qu'avec tous les hommes indépendants, j'ai entendu le Gouvernement actuel ; et il faut le dire, le projet de loi qu'on nous apporte est une nouvelle révolution.

« Comment ! après avoir établi, en principe, la liberté d'examen et la liberté de discussion sur toutes les matières religieuses ; après avoir proclamé qu'il n'y avait plus de religion de l'état, vous voulez, par un acte spontané et sous les principes de la souveraineté du peuple, établir l'unité de foi politique ?

Mais c'est le dernier terme de l'illusion que de croire au succès d'une pareille entreprise ; car, alors, pour être conséquent, il faudrait que vous nous fissiez rétrograder, non pas de cinq années, mais de trois cents ans; il faudrait, en un mot, que l'unité de croyance religieuse fût admise avant l'unité de croyance politique.

« La révolution de 1688 a été conséquente avec elle-même : née du protestantisme, elle a vécu avec lui ; et si elle s'écroule aujourd'hui, c'est que le protestantisme s'en va ; mais vouloir, dans un même pays, l'unité de foi politique et la diversité de croyance religieuse, c'est tenter de réaliser l'impossible.

« Vous voulez que la justice soit prompte ; mais il faut aussi qu'elle soit juste ; et, pour être juste, qu'elle soit éclairée. Or, vous détruisez les garanties, jusqu'ici jugées nécessaires, et jusqu'à cette proportion numérique du jury que, pour ma part, je regardai comme le seul bienfait de la révolution de juillet.

« En résumé, que veut-on ? mettre partout la force matérielle à la place de l'ordre moral qui échappe et qu'on ne peut ressaisir. Une telle marche mène à la destruction de la souveraineté du peuple, principe sur lequel repose le Gouvernement. Or, songez-y bien; sans la souveraineté du peuple, la révolution de juillet n'est plus qu'un mensonge et un crime.

« Les ordonnances de juillet étaient dans le principe de la Charte de 1814 : je les ai blâmées.

« Votre projet est contre l'esprit de la Charte de 1830; j'ai bien le droit de le combattre et de voter contre lui. »

La loi est adoptée.

FIN DU TOME PREMIER.

TABLE DES MATIÈRES

DU TOME PREMIER.

                                                         Pages.

AVERTISSEMENT biographique sur M. le marquis de Dreux-Brézé . .   1

INTRODUCTION, ou Esquisse historique sur les Constitutions . . .   23

Situation sommaire de la France pendant les premiers mois de l'année 1830. — Maison de Bourbon. — Charte de 1814. — Continuation du ministère Polignac jusqu'aux journées de juillet. — Charte de 1830   79

DISCOURS DE M. DE DREUX-BRÉZÉ.

Années.

1830. 10 septembre. — Sur le rappel des régicides 113

      7 décembre. — Loi sur les journaux 117

      10 — — Loi sur les récompenses nationales à accorder aux combattants de juillet, et réclamations en faveur des soldats de la garde royale et de l'armée d'Afrique . . . 119

1831. 2 mars. — Sur l'Ordre de Saint-Louis. 124

      3 — — Loi municipale. — Le ministre de l'Intérieur combat l'amendement proposé par M. de Brézé et attaque la sincérité de ses opinions. — Réponse de celui-ci. . . . 127

      29 mars. — Droit d'interpellations aux ministres 136

      30 — — Loi sur les élections 138

      15 avril. — Deuxième discours sur la même loi. . . . : . 147

      16 — — Contre la retenue proposée sur les traitements militaires 152

Pages.

19 — — Loi relative à l'exclusion perpétuelle du roi
Charles X et de sa famille 154

12 septembre. — Pétition pour les ouvriers sans ouvrage . . 161

4 novembre. — Projet de loi sur un crédit de 13 millions, en
faveur des classes indigentes, et de 5 millions pour des besoins indéterminés 163

26 novembre. — *Adresse* sur les premiers troubles de Lyon. 174

23 décembre. — Abolition de l'hérédité de la Pairie . . . 177

1832. 12 janvier. — Deuxième discours sur le projet de loi relatif à
l'exclusion perpétuelle des Bourbons 199

21 février. — Projet de loi sur l'abrogation des cérémonies
funèbres du 21 janvier 210

29 février. — Discours divers sur les pensionnaires de l'ancienne liste civile et la caisse de vétérance. 220

27 novembre. — *Adresse* en réponse au discours d'ouverture
de la session de 1832. — Insurrections de la Vendée et de
Paris (journées des 5 et 6 juin); — état de siége; — Arrestation de Madame, duchesse de Berry, de MM. de Chateaubriand, de Fitz-James, Hyde de Neuville et de trois
députés; — Procès de M. Berryer à Blois; — vote de
M. de Dreux-Brézé dans le procès des ministres de
Charles X 241

12 décembre. — Nomination des commissions par le président de la Chambre, à propos du projet de loi sur l'état de
siége. 252

14 décembre. — Discussion sur les trois-douzièmes provisoires;
état des finances sous la Restauration. 254

1833. 15 et 17 janvier. — Deuxième discours sur le 21 janvier . . 266

17 janvier. — Deuxième discours sur l'état des finances pendant la Restauration. 270

15 février. — Projet de loi relatif à l'état de siége. . . . 272

6 mars. — Pétition sur l'Ordre de Saint-Louis. 297

9 et 15. — Pensions et récompenses nationales aux *vainqueurs de la Bastille.* — Réponse de M. Villemain — Mirabeau et le propos qu'on lui a prêté au 23 juin. — Réplique de M. de Dreux-Brézé. 302-4

	Pages.
30 mars. — Serment politique	322
26 avril. — Sur le discours de clôture de la session de 1832 et le défaut de discours d'ouverture pour la session de 1833.	330
14 mai. — Projet de loi sur l'organisation départementale.	334
4 et 8 juin. — Droit de pétition. — Violences militaires commises dans l'Ouest par suite de l'état de siége. — *Ordre du jour* du commandant de la XIIe division militaire. — MADAME, duchesse de Berry. — Discussion à ce sujet. — Réponse du ministre de l'Intérieur. — Réplique de M. de Dreux-Brézé	346
8 juin. — Emprunt grec.	365
20 octobre. — Voyage de M. de Dreux-Brézé dans le Midi. — Discours qui lui est adressé par les habitants de Nîmes. — Sa réponse.	371
1834. Sommaire des événements et de la session 1834.	375
9 août. — Discours sur l'*Adresse* en réponse au DISCOURS D'OUVERTURE DE LA SESSION 1835. — Examen de l'origine et des résultats de la politique extérieure et intérieure depuis 1830. — Événements de la rue Transnonain. — MM. de Lascours, le maréchal Lobau, d'Argout, Guizot. — Indemnité des émigrés. — Répliques de M. de Dreux-Brézé.	377
1835. 1, 5 et 8 septembre. — Discussion des lois de septembre après l'attentat de Fieschi.	404

FIN DE LA TABLE DU TOME PREMIER.

www.ingramcontent.com/pod-product-compliance
Lightning Source LLC
Chambersburg PA
CBHW072216240426
43670CB00038B/1550